上岗轻松学

图解 汽车电路图识读 快速入门

主 编 林传洪

机械工业出版社

本书充分考虑汽车电路图识读的特点，从基础知识入手，着重针对市场上常见的车型，详细介绍了汽车电路图的识读方法。本书的主要内容包括：汽车电路图识读基础、汽车主要电路图的识读、大众车系电路图的识读、宝马车系电路图的识读、丰田车系电路图的识读、雪铁龙车系电路图的识读、日产车系电路图的识读、本田车系电路图的识读、马自达车系电路图的识读、通用车系电路图的识读、克莱斯勒车系电路图的识读。书后还附有汽车上常见的警告灯和指示灯标志。

本书图文并茂、通俗易懂，可供汽车维修人员使用，也可供职业院校汽车维修类专业师生参考，还可作为汽车维修电工培训用书。

图书在版编目（CIP）数据

图解汽车电路图识读快速入门 / 林传洪主编. — 北京：机械工业出版社，2016.2（2022.1重印）

（上岗轻松学）

ISBN 978-7-111-52608-7

Ⅰ. ①图⋯ Ⅱ. ①林⋯ Ⅲ. ①汽车 – 电气设备 – 电路图 – 识别 Ⅳ. ① U463.6

中国版本图书馆 CIP 数据核字（2016）第 001744 号

机械工业出版社（北京市百万庄大街22号　邮政编码100037）
策划编辑：陈玉芝　责任编辑：王华庆
责任校对：刘怡丹　责任印制：张　博
三河市宏达印刷有限公司印刷
2022年1月第1版第7次印刷
184mm×260mm·12.75 印张·312 千字
12 401—14 300册
标准书号：ISBN 978-7-111-52608-7
定价：39.80元

凡购本书，如有缺页、倒页、脱页，由本社发行部调换

电话服务　　　　　　　　　　　网络服务
服务咨询热线：010-88361066　　机工官网：www.cmpbook.com
读者购书热线：010-68326294　　机工官博：weibo.com/cmp1952
　　　　　　　010-88379203　　金 书 网：www.golden-book.com
封面无防伪标均为盗版　　　　教育服务网：www.cmpedu.com

前 言

随着电子技术的迅速发展以及人们对汽车性能要求的不断提高,电子技术在汽车上的应用越来越广,汽车电路图变得越来越复杂,再加上市场上汽车品牌众多,各品牌汽车电路图的绘制方法、电路图中的图形符号、标注方式等各异,读懂汽车电路图,对于相当一部分汽车维修人员来说,就变成了一件较困难的事情。为使广大汽车维修人员快速掌握汽车电路图的识读方法,我们编写了《图解汽车电路图识读快速入门》一书。

在内容结构方面,本书按照总分的方式,从基础知识入手,接着介绍汽车主要电路图的通用识读方法,然后针对不同车系的电路图特点,分别介绍各车系电路图的识读方法。

在内容选取方面,本书充分考虑当前市场需求和读者情况,结合实际工作岗位,以实用和够用为原则,并严格按照从业的需求展开,确保内容符合实际工作的需要。

在编写形式方面,本书突破传统图书的编排和表述方式,采用双色图解的方式向读者介绍汽车电路识图方法,将传统意义上的以"读"为主变成以"看"为主,力求用生动的图例演示取代枯燥的文字叙述,使学习者通过图解方式直观地获取实用技能中的关键环节和知识要点。本书力求在最大程度上丰富纸质载体的表现力,充分调动学习者的学习兴趣,达到最佳的学习效果。

本书由林传洪任主编,郑德立、王伟齐、崔国伟、胡兴平、张磊、郑玉贵、李伟平、张东升、胡虎、于建成参加编写。

在本书的编写过程中,参考了相关文献资料,在此向这些文献资料的作者表示衷心的感谢!

为与实际工作保持一致,本书中各车系电路图中的元器件符号仍采用原车电路图符号,有些图形符号在现行标准中已不再采用,请读者在阅读时注意。

由于作者水平有限,书中难免存在不足与错误之处,敬请广大读者批评指正。

编　者

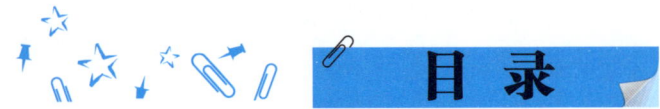

前言

第1章 汽车电路图识读基础 ·········· 1

1.1 汽车电路图的特点、类型与识读方法 ·········· 1
1.1.1 汽车电路图的特点 ·········· 1
1.1.2 汽车电路图的类型 ·········· 2
1.1.3 汽车电路图中接线柱的标志 ·········· 4
1.1.4 汽车电路图识读的一般方法 ·········· 11

1.2 汽车电路的图形符号、文字符号和项目代号 ·········· 12
1.2.1 电路图形符号和文字符号 ·········· 12
1.2.2 项目代号 ·········· 21

1.3 汽车电路的基本元器件 ·········· 22
1.3.1 开关 ·········· 22
1.3.2 显示装置 ·········· 28
1.3.3 继电器 ·········· 35
1.3.4 中央配电盒 ·········· 36
1.3.5 电路保护装置 ·········· 37

1.4 汽车电路图的识读原则 ·········· 39
1.4.1 接线端子的标记原则 ·········· 39
1.4.2 汽车电路原理图的识读技巧 ·········· 39
1.4.3 汽车线束图的识读方法 ·········· 40

第2章 汽车主要电路图的识读 ·········· 42

2.1 起动系统电路图 ·········· 42
2.1.1 起动系统的组成 ·········· 42
2.1.2 开关直接控制的起动电路图的识读 ·········· 43
2.1.3 带起动保护的起动电路图的识读 ·········· 44
2.1.4 具有预热定时器的起动电路图的识读 ·········· 47

2.2 充电系统电路图 ·········· 48
2.2.1 充电系统的组成 ·········· 48
2.2.2 外装调节器式充电电路图的识读 ·········· 49
2.2.3 整体式交流发电机充电电路图的识读 ·········· 51

2.3 点火系统电路图 ·········· 52
2.3.1 点火系统的组成 ·········· 52
2.3.2 传统点火系统电路图的识读 ·········· 54
2.3.3 电子点火系统电路图的识读 ·········· 55

2.3.4　微机控制点火系统电路图的识读 ……………………………………………… 57
　2.4　照明系统电路图 …………………………………………………………………………… 59
　　2.4.1　照明系统电路的组成 ………………………………………………………………… 59
　　2.4.2　照明系统电路图的识读 ……………………………………………………………… 60
　2.5　信号系统电路图 …………………………………………………………………………… 63
　　2.5.1　汽车信号装置的组成 ………………………………………………………………… 63
　　2.5.2　汽车转向系统电路图的识读 ………………………………………………………… 64
　　2.5.3　电喇叭电路图的识读 ………………………………………………………………… 66
　2.6　仪表系统电路图 …………………………………………………………………………… 67
　　2.6.1　仪表显示系统电路图的识读 ………………………………………………………… 67
　　2.6.2　仪表报警装置电路图的识读 ………………………………………………………… 68
　2.7　空调系统电路图 …………………………………………………………………………… 71
　　2.7.1　空调系统的组成 ……………………………………………………………………… 71
　　2.7.2　空调系统电路图的识读 ……………………………………………………………… 72
　2.8　安全气囊电路图 …………………………………………………………………………… 73
　　2.8.1　安全气囊电路的组成 ………………………………………………………………… 73
　　2.8.2　安全气囊电路图的识读 ……………………………………………………………… 74
　2.9　防盗报警系统电路图 ……………………………………………………………………… 76
　　2.9.1　防盗报警系统电路的组成 …………………………………………………………… 76
　　2.9.2　防盗报警系统电路图的识读 ………………………………………………………… 77
　2.10　汽车辅助电器电路图 …………………………………………………………………… 78
　　2.10.1　电动刮水器、洗涤器电路图的识读 ……………………………………………… 78
　　2.10.2　电动车窗电路图的识读 …………………………………………………………… 79
　　2.10.3　电动座椅电路图的识读 …………………………………………………………… 80
　　2.10.4　汽车音响系统电路图的识读 ……………………………………………………… 81
　　2.10.5　中央控制门锁系统电路图的识读 ………………………………………………… 82

第3章　大众车系电路图的识读　　　　　　　　　　　　　　　　　　　　83

　3.1　大众车系电路图识读基础 ………………………………………………………………… 83
　　3.1.1　电路图中符号的含义 ………………………………………………………………… 83
　　3.1.2　电路图的特点 ………………………………………………………………………… 86
　3.2　捷达轿车电路图的识读 …………………………………………………………………… 89
　　3.2.1　中央配电盒的布置 …………………………………………………………………… 89
　　3.2.2　捷达轿车电路图及识读方法 ………………………………………………………… 90

第4章　宝马车系电路图的识读　　　　　　　　　　　　　　　　　　　　100

　4.1　宝马车系电路图识读基础 ………………………………………………………………… 100
　　4.1.1　电路图中符号的含义 ………………………………………………………………… 100
　　4.1.2　电路图符号示例 ……………………………………………………………………… 102

4.2 宝马轿车电路图的识读 ·· 105
　　4.2.1 宝马轿车前照灯电路 ·· 105
　　4.2.2 宝马轿车点火电路 ·· 109

第 5 章　丰田车系电路图的识读 ·· 111
5.1 丰田车系电路图识读基础 ··· 111
　　5.1.1 电路图中符号的含义 ·· 111
　　5.1.2 电路图中导线的颜色及标示方法 ·· 113
5.2 雷克萨斯轿车电路图的识读 ··· 118
　　5.2.1 元器件的安装位置 ·· 118
　　5.2.2 刮水器和洗涤器电路图的识读 ·· 122

第 6 章　雪铁龙车系电路图的识读 ·· 126
6.1 雪铁龙车系电路图识读基础 ··· 126
　　6.1.1 电路图中符号的含义 ·· 126
　　6.1.2 电路图中导线的颜色 ·· 129
　　6.1.3 电路图各部分的含义 ·· 132
6.2 爱丽舍轿车电路图的识读 ··· 133
　　6.2.1 爱丽舍轿车熔断器盒 ·· 133
　　6.2.2 爱丽舍轿车电路图及识读方法 ·· 137

第 7 章　日产车系电路图的识读 ·· 141
7.1 日产车系电路图识读基础 ··· 141
　　7.1.1 导线的颜色及开关状态的表示方法 ·· 141
　　7.1.2 诊断电路的表示方法 ·· 143
7.2 日产风度轿车电源系统电路图的识读 ··· 144

第 8 章　本田车系电路图的识读 ·· 146
8.1 本田车系电路图识读基础 ··· 146
　　8.1.1 电路图中符号的含义 ·· 146
　　8.1.2 电路图的构成 ·· 148
8.2 本田雅阁轿车电路图的识读 ··· 149
　　8.2.1 继电器与熔断器的位置 ·· 149
　　8.2.2 布线图 ·· 152
　　8.2.3 本田雅阁轿车照明和信号系统电路图的识读 ···································· 153

第 9 章　马自达车系电路图的识读 ·· 169
9.1 马自达车系电路图识读基础 ··· 169
　　9.1.1 电路图中符号的含义 ·· 169
　　9.1.2 电路图中导线的颜色及电路图各部分的含义 ···································· 170

9.2 马自达 6 轿车电路图的识读 ··· 172
   9.2.1 中央配电盒 ··· 172
   9.2.2 喇叭电路图的识读 ··· 175

第 10 章 通用车系电路图的识读 ·· 176
10.1 通用车系电路图识读基础 ··· 176
   10.1.1 电路图中的符号及其含义 ·· 176
   10.1.2 车辆位置分区代码 ··· 180
10.2 通用轿车电路图的识读 ·· 182
   10.2.1 发动机罩下熔断器、断路器及继电器的位置 ····················· 182
   10.2.2 冷却风扇低速工作时的电路图识读 ································ 183

第 11 章 克莱斯勒车系电路图的识读 ·· 185
11.1 克莱斯勒车系电路图识读基础 ··· 185
   11.1.1 电路图中符号的含义 ·· 185
   11.1.2 电路图的构成 ··· 188
11.2 切诺基汽车电路图的识读 ··· 189
   11.2.1 前照灯电路图的识读 ·· 189
   11.2.2 雾灯电路图的识读 ··· 191

附录 汽车上常见的警告灯和指示灯标志 ······································ 192

参考文献 ·· 195

第1章 汽车电路图识读基础

1.1 汽车电路图的特点、类型与识读方法

1.1.1 汽车电路图的特点

现如今,市场上的车辆种类繁多,虽然车辆生产厂家不同,汽车的电路图在表现形式上有所差别,但是汽车电路具有共同的特点和一般的接线规律。

◆ 汽车电路的特点

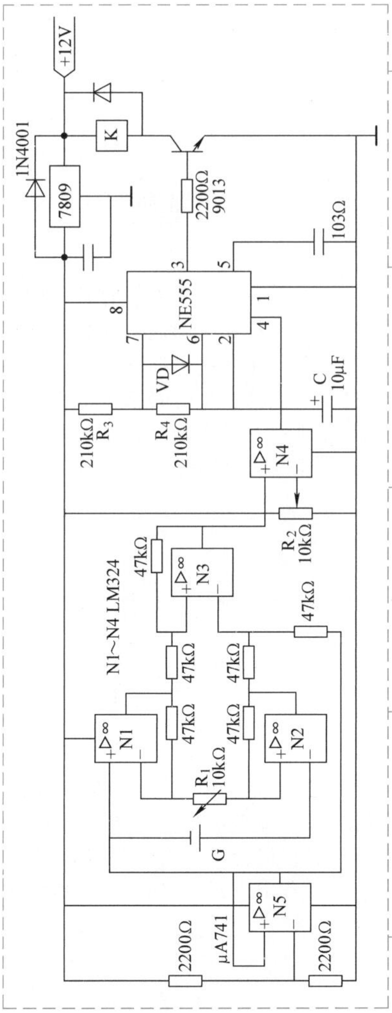

类别	序号	说明
低压	1	汽车内标称电压有12V、24V两种,轿车普遍采用12V,重型柴油车多采用24V。低压系统蓄电池单格数少,对减少蓄电池的质量和尺寸有利
直流	2	汽车内采用直流系统:发动机要靠起动机起动,起动机由蓄电池供电,而蓄电池的电能消耗后又必须用直流电充电
单线制	3	单线制是指电源与用电设备间只用一根导线连接,用汽车底盘、发动机等金属机体作为另一根共用导线,以使线路简化、清晰,安装和检修方便,且电气设备也不需与车体绝缘
并联	4	为了让各电气设备能独立工作,互不干扰,各电气设备均采用并联方式连接,每条电路均有自己的控制器件及保险装置。控制器件保证每条电路能独立工作,保险装置用于防止因电路短路或超载而使导线及用电器损坏
负极搭铁	5	采用单线制时,蓄电池的一个电极接到车体上,称为"搭铁"。若蓄电池的负极与车体连接,则称为负极搭铁。现在国内外汽车均统一采用负极搭铁

1.1.2 汽车电路图的类型

虽然汽车电路图的种类繁多，但是不同车型的电路图也存在一定差别，归纳起来汽车电路图主要有电路布线图、电路原理图、线束图等。

布线图

布线图就是汽车电线在车上、线束中的分布图。它按照电器在车身上的大致位置布线，整车电器数量准确，电线的走向清楚，有始有终，便于循线跟踪，查找起来比较方便。它按线束编号将电线分配到各条线束中，与各个插接件的位置严格对号。在各开关附近用表格法表示开关的接线柱与档位控制的关系，给出了熔断器与电线的连接关系，表明了电线的颜色与截面积。

电路原理图

电路原理图以电路连接最短、最清晰为原则布置电路，且基本表示出电气设备内部电路。电路原理图既表达了电气设备之间的连接情况，又体现了电气设备内部电路情况，容易分析各电气设备工作时电流的具体路径，了解其工作原理。因此，电路原理图应用比较广泛。电路原理图有整车电路原理图和局部电路原理图之分。

整车电路原理图

为了生产与教学的需要，常常要尽快找到某条电路的始末，以便确定故障分析的路线。在分析故障原因时，不能孤立地局限于某一部分，而要将这一部分电路在整车电路中的位置及与相关电路的联系都表达出来。

局部电路原理图

为了弄清汽车电气设备的内部结构，以及各个部件之间相互连接的关系，弄懂某个局部电路的工作原理，常从整车电路图中抽出某个需要研究的局部电路，参照其他翔实的资料进行分析。

线束图

线束图常用于汽车厂总装线，以及修理厂的连接、检修与配线。线束图主要表明线束与各电气设备的连接部位、接线柱的标记、插接器的形状及位置等。它是人们在汽车上能够实际接触到的汽车电路图。典型的线束图见下页。这种图一般不详细描绘线束内部的电线走向，只对露在线束外面的线头与插接器进行详细编号或用字母标记。它是一种突出装配记号的电路表现形式，便于安装、配线、检测与维修。如果将此图中各线端都用序号、颜色准确无误地标注出来，与电路原理图和布线图结合使用，会起到更大的作用且能收到更好的效果。

典型线束图

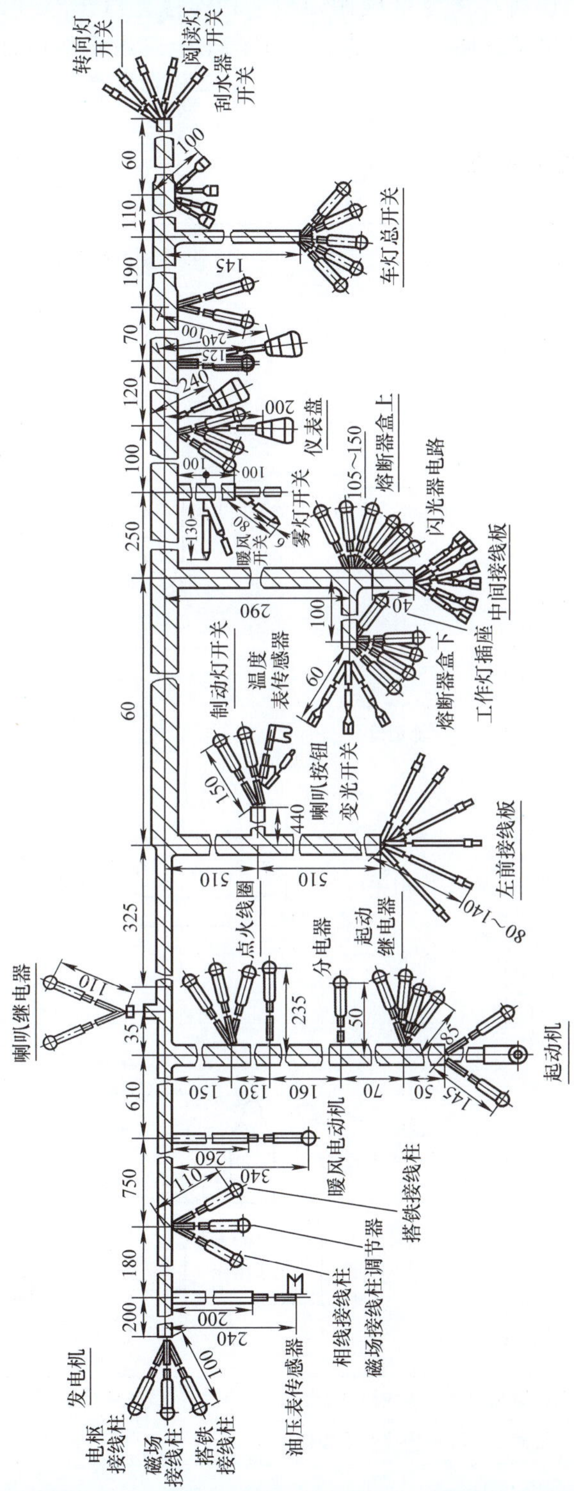

1.1.3 汽车电路图中接线柱的标志

为了使电线与电气设备尽可能准确无误地互相连接,汽车电气设备早就采用了大量的接线柱标志。赋有一定含义的接线柱标志,对于汽车电气设备的设计制造或汽车电路配线、检修具有重要的意义。

点火系统接线柱标志

接线柱标志	接线柱标志的含义	接线图典型应用
1	点火线圈和分电器上,互相连接的低压接线柱;电子点火装置中,点火线圈上输入信号的低压接线柱	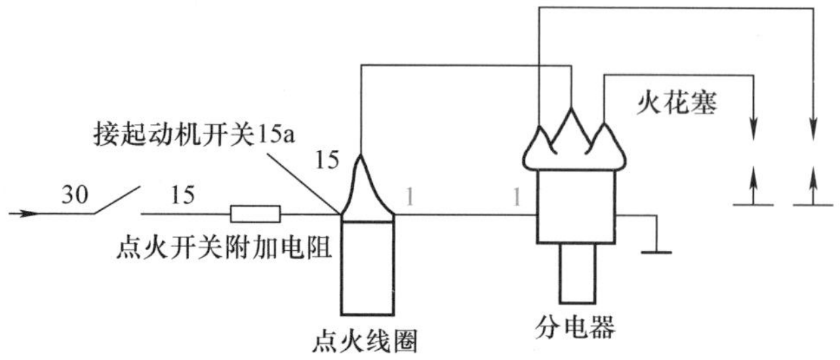 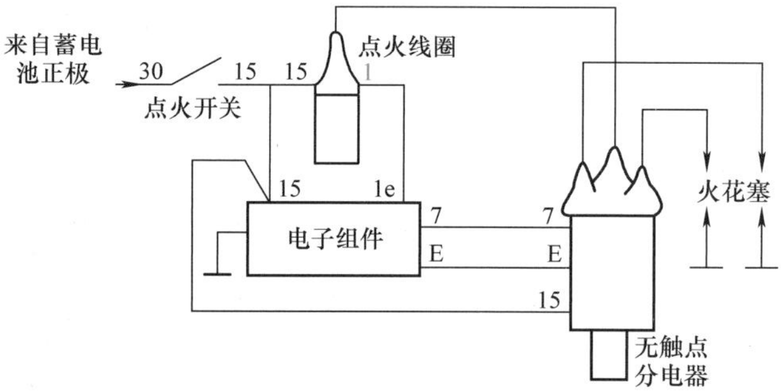
1e	电子组件上,输入信号的接线柱	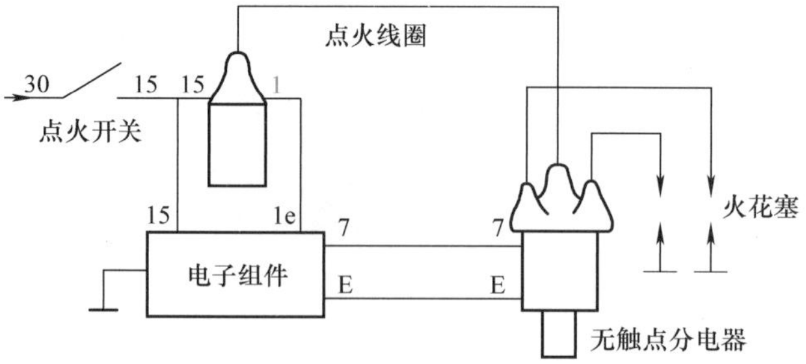
7	无触点分电器上,输出信号的接线柱电子组件上,输出信号的接线柱	
15	点火开关和点火线圈上,互相连接的接线柱	

预热起动系统接线柱标志

接线柱标志	接线柱标志的含义	接线图典型应用
15	预热起动开关上的接其他用电设备的接线柱	接起动继电器 来自蓄电池正极 接其他用电设备 预热起动开关　预热塞
19	预热起动开关上的预热接线柱	
50	预热起动开关上的起动接线柱	
30	电气设备上接蓄电池正极或电源的接线柱	
31	电气设备上接蓄电池负极的接线柱	除发电机装置外，所有电路中都可使用
E	电气设备上的搭铁接线柱	

起动系统接线柱标志

接线柱标志	接线柱标志的含义	接线图典型应用
15a	起动机开关上点火线圈的接线柱	点火开关 来自蓄电池正极 30a 50 来自蓄电池正极 30 50 起动机开关 15a → 接点火线圈15接线柱
30a	12～14V 电压转换开关上接蓄电池的接线柱	
31	12～24V 电压转换开关接蓄电池负极的接线柱	
48	起动继电器上或12～24V 电压转换开关上，控制起动机电磁开关上的输出接线柱；起动机电磁开关上的相应接线柱	起动继电器 48 30 A 86 50 30 来自蓄电池正极 接直流发电机A接线柱 48 30 来自蓄电池正极 电磁开关

接线柱标志	接线柱标志的含义	接线图典型应用
50	点火开关上、预热起动开关上，用于起动的输出接线柱、点火开关的输出接线柱 机械式起动开关上的相应接线柱带有12~24V电压转换开关时，电压转换开关上控制本身输入的接线柱	可参照48接线柱标志的典型应用电路
61a	复合起动继电器上，接充电指示灯的接线柱	可参照50接线柱标志的典型应用电路
86	起动继电器上，绕组始端接线柱	可参照48和50接线柱标志的典型应用电路
A	起动继电器上，接交流发电机A的接线柱	可参照48接线柱标志的典型应用电路
N	起动继电器上，接交流发电机N或类似的接线柱	可参照50接线柱标志的典型应用电路

 发电机及其调节器的接线柱标志

接线柱标志	接线柱标志的含义	接线图典型应用
61	交流发电机和调节器上，接充电指示灯的接线柱，曾用L标记	
A	直流发电机上的电枢输出接线柱，调节器上的相应接线柱，曾用S标记	
B	交流发电机上的输出接线柱	

第1章 汽车电路图识读基础

(续)

接线柱标志	接线柱标志的含义	接线图典型应用
B	交流发电机调节器上，接电源开关或点火开关的接线柱	双联调节器，接电源开关，B S N F，起动按钮，接蓄电池正极，N F，G 3~，E
D+	交流发电机上，磁场二极管的接线柱；调节器上相应接线柱	接有关继电器，接点火开关，充电指示灯，D+ W，接蓄电池正极，B，G 3~，E，>U
D+	当无61接线柱时，用于充电指示灯的接线柱	
F	发电机上的磁场接线柱，调节器上的相应接线柱	典型应用电路可参照B接线柱标志的典型应用电路。电压调节器，接点火开关，B F E，接蓄电池正极，B F E，接有关继电器，N，G 3~
N	交流发电机上的中性接线柱；调节器上的相应接线柱	典型应用图可参照F接线柱标志的典型应用电路
W	交流发电机的相电流接线柱，曾使用R\W标记	典型应用图可参照D+接线柱标志的典型应用电路
W	交流发电机上的第一个相电流接线柱	
W	交流发电机上的第二个相电流接线柱	

照明与信号系统的接线柱标志

接线柱标志		接线柱标志的含义	接线图典型应用
54		制动开关和制动灯互相连接的接线柱	
55		雾灯开关和雾灯互相连接的接线柱	
56		灯光总开关和变光开关互相连接的接线柱，变光开关上除远光、近光，超车接线柱外的另一个接线柱	
56a		变光开关上的远光接线柱；远光灯上的相应接线柱	
56b		变光开关上的近光接线柱；近光灯上的相应接线柱	
57		灯光总开关或点火开关上和停车灯开关互相连接的接线柱	
57L		停车灯开关和左停车灯相互连接的接线柱	
57R		停车灯开关和右停车灯相互连接的接线柱	
58	58a	仪表照明灯开关和仪表照明灯互相连接的接线柱	
	58b	车内照明灯开关和车内照明灯连接的接线柱	
	58c	灯光总开关和前小灯互相连接接线柱	
59		倒车灯开关和倒车灯互相连接的接线柱	
59a		倒车指示灯和倒车报警器上的电源接线柱	

转向信号与报警系统的接线柱标志

接线柱标志	接线柱标志的含义	接线图典型应用	
L	转向信号闪光器上接转向灯开关的接线柱 报警开关上，接转向信号闪光器的接线柱		带监视灯的转向信号系统电路
P	转向信号闪光器上接监视灯的接线柱		
P1	左监视灯的接线柱		
P2	右监视灯的接线柱		
49	转向灯开关上的输入接线柱		带报警闪光器的转向信号系统电路
49a	报警开关上，接转身开关的接线柱		
49L	转向灯开关上、报警开关上和左转向信号灯互相连接的接线柱		
49R	转向灯开关上、报警开关上和右转向信号灯互相连接的接线柱		
72	报警开关上的接线柱		一般电喇叭电路
H	喇叭继电器上，接电喇叭的接线柱		
S	喇叭继电器上和电磁阀上，喇叭的接线柱		
W	报警继电器上，接警告灯、电喇叭的接线柱		带气喇叭的变换电路

风窗刮水器、洗涤器的接线柱标志

接线柱标志	接线柱标志的含义	接线图典型应用
53	刮水电动机上的主输入接线柱；刮水器开关上的相应接线柱 间歇继电器上，绕组始端接线柱 洗涤器上，电源接线柱	单路刮水器电路
53c	洗涤器和刮水器开关互相连接的接线柱	
53e	带有复位机构的刮水器上的复位接线柱；刮水器开关上相应的接线柱	
53i	刮水器开关上和间歇继电器上绕组互相连接的接线柱	
53j	刮水器开关上和间歇继电器（间歇控制板）上互相连接的接线柱	带刮水间歇继电器的刮水器、洗涤器电路
53m	刮水器和间歇继电器互相连接的接线柱	
53s	间歇控制板上的电源接线柱 刮水器开关上的相应接线柱	
53H	双速刮水器上的高速接线柱 刮水器上的高速接线柱	带间歇控制板的刮水器
53L	双速刮水器上的低速接线柱 刮水器上的低速接线柱	

10

1.1.4 汽车电路图识读的一般方法

常见的汽车电路图大多是布线图或电路原理图。无论哪一种电路图，一般都是线条密集、纵横交错、头绪多而杂，不容易看懂。

汽车电路的组成

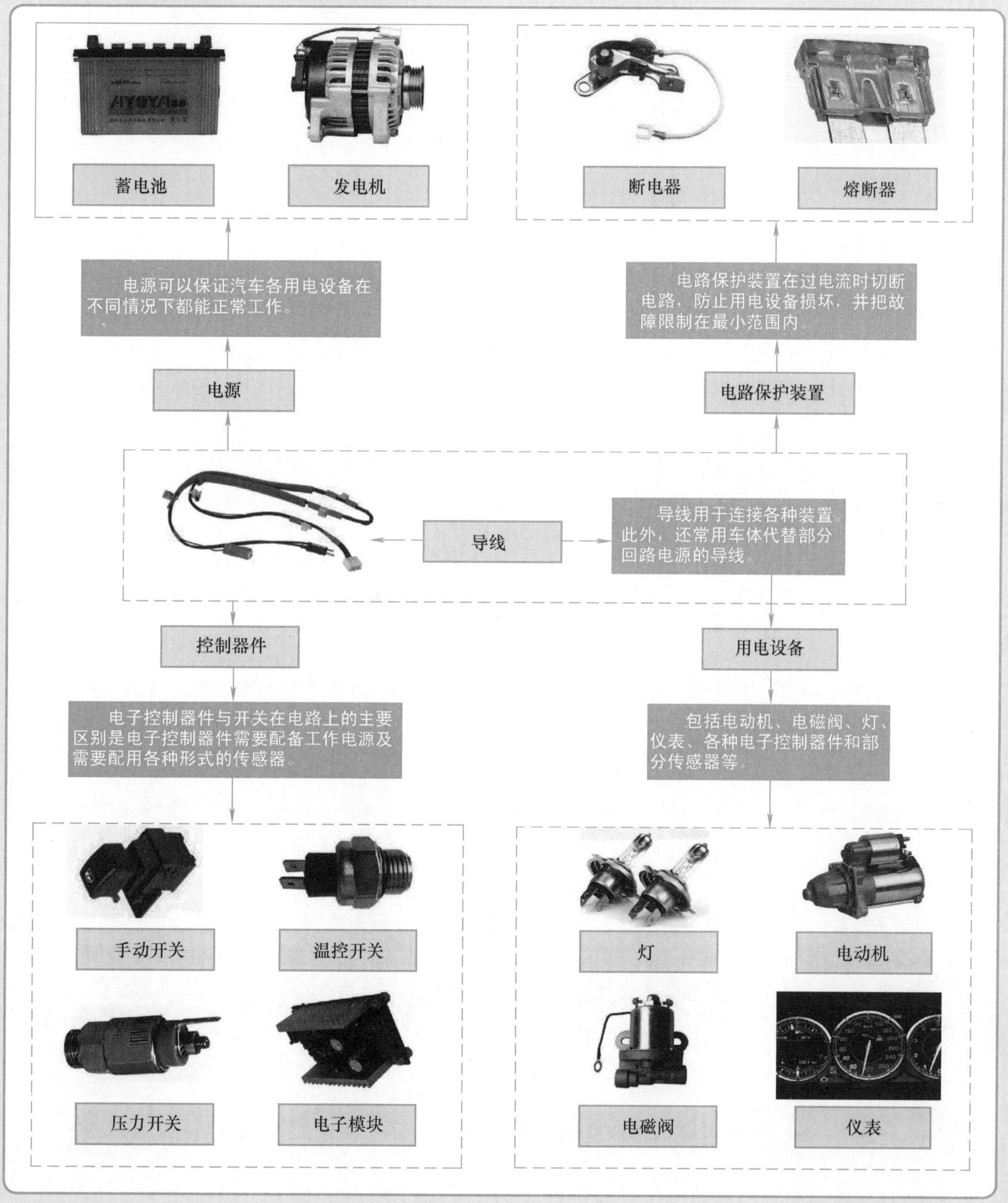

| 蓄电池 | 发电机 | | 断电器 | 熔断器 |

电源可以保证汽车各用电设备在不同情况下都能正常工作。 → 电源

电路保护装置在过电流时切断电路，防止用电设备损坏，并把故障限制在最小范围内。 → 电路保护装置

导线 ← 导线用于连接各种装置。此外，还常用车体代替部分回路电源的导线。

控制器件 — 用电设备

电子控制器件与开关在电路上的主要区别是电子控制器件需要配备工作电源及需要配用各种形式的传感器。

包括电动机、电磁阀、灯、仪表、各种电子控制器件和部分传感器等。

| 手动开关 | 温控开关 | 灯 | 电动机 |
| 压力开关 | 电子模块 | 电磁阀 | 仪表 |

读图方法

善于化整为零

　　整车电路由各个局部电路组成。汽车电路图表达了各个局部电路之间的连接控制关系。要把局部电路从总电路中分解出来，必须掌握各个单元电路的基本原理和接线规律。

　　汽车电路的基本特点是单线制。各用电设备互相并联，各单元电路（如电源系统、起动系统、点火系统、照明系统、信号系统）都有其自身的一些特点。以其自身的特点为指导分解全车电路，就会少一些盲目性。

认真阅读图注

　　在阅读局部电路图时，首先必须认真地阅读图注，弄清楚该部分电路所包含的用电设备的种类、数量、用途等，以利于在读图时抓住重点。如果已经掌握了一定的汽车电器知识，就会对提高读图速度大有帮助。

熟悉电器元件及配线

　　现代汽车的线路如同人的神经一样分布在各个区域，其复杂程度与日俱增，而线路中的配线插接器、接线盒、继电器、搭铁点等如同神经的"节点"。所以，熟悉这些电气元器件在电路图中的图形符号、位置、连接方式、内部电路，对识读汽车电路图会有很大帮助。

牢记回路原则

　　回路是最简单的电学概念。无论什么电器，要正常工作（将电能转换为其他形式的能），都必须与电源（发电机或蓄电池）的正负两极构成通路。即：从电源的正极出发，通过用电设备，回到同一电源的负极。这个简单而重要的原则，无论在读什么电路图时都必须牢记。然而，人们在阅读汽车电路时却往往将其忽略，致使理不出头绪来。

　　汽车电路的主要特点是单线制、各用电设备相互并联。因此，回路原则在汽车电路上的具体形式就是：回路电流的路线是电源正极→导线→开关→用电设备→搭铁→同一电源的负极。

　　在读图时人们往往将发电机、蓄电池这两个电源当作一个电源，常从其中一个电源的正极出发，经过用电设备回到另一个电源的负极。这实际上并未构成真正的通路，也就不能产生电流。因此，读图时要强调从一个电源正极出发，经过用电设备回到同一电源的负极。

　　有些人虽然注意到回路原则，但在电流方向上却是随意的，有时从电源正极出发，经用电设备回到同一电源的负极（这是正确的）；有时又从电源的负极出发，经用电设备回到同一电源的正极，这样虽然构成了回路，却因电流方向不确定，容易在某些线圈与磁路中得出错误的结论，并且这种从负到正的电流方向在电子电路中是行不通的，若按照这种线路连接用电设备（如电子调节器、电子点火系统、电子闪光继电器等），可能使其损坏。

1.2 汽车电路图的图形符号、文字符号和项目代号

1.2.1 电路图形符号和文字符号

　　汽车电路图中常用的图形符号可分为以下几种：

第1章 汽车电路图识读基础

限定符号

序号	名称	图形符号	序号	名称	图形符号
1	直流	⎓	6	中性点	N
2	交流	∼	7	磁场	F
3	交直流	≂	8	搭铁	⊥
4	正极	+	9	交流发电机输出接线柱	B
5	负极	−	10	磁场二极管输出端	D+

导线、端子和导线的连接符号

序号	名称	图形符号	序号	名称	图形符号
1	连接点	●			
2	端子	○			
3	端子板	▭▭▭▭▭	11	多极插头和插座（示出的为三极）	
4	连线	—			
5	导线的分支连接	┬	12	接通的连接片	
6	导线的交叉连接	┼	13	断开的连接片	
7	导线的跨越		14	边界线	
8	插座的一个极		15	屏蔽（护罩）	
9	插头的一个极				
10	插头和插座		16	屏蔽导体	

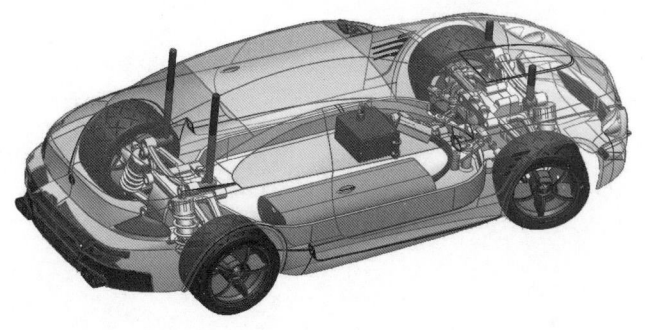

触点与开关符号

序号	名称	图形符号	序号	名称	图形符号
1	动合（常开）触点		16	钥匙操作	
2	动断（常闭）触点		17	热执行器操作	
3	先断后合的转换触点		18	温度控制	t
4	中间断开的转换触点		19	压力控制	p
5	双动合触点		20	制动压力控制	BP
6	双动断触点		21	液位控制	
7	单动断双动合触点		22	凸轮操作	
8	双动断单动合触点		23	联动开关	
9	一般情况下手动控制		24	手动开关的一般符号	
10	拉拔操作		25	定位（非自动复位）开关	
11	旋转操作		26	按钮	
12	按动操作		27	能定位的按钮	
13	电动机操作	M	28	拉拔开关	
14	无自动复位的手动旋转开关		29	带动断触点的热敏自动开关	
15	液位控制开关		30	旋转多档开关位置	

第1章 汽车电路图识读基础

（续）

序号	名 称	图形符号	序号	名 称	图形符号
31	机油滤清器报警开关		35	推拉多档开关位置	
32	带动合触点的热敏开关		36	钥匙开关（全部定位）	
33	带动断触点的热敏开关		37	多档开关、点火、起动开关，瞬时位置为2能自动返回到1（即2档不能定位）	
34	热继电器驱动件		38	节流阀开关	

元器件符号

序号	名 称	图形符号	序号	名 称	图形符号
1	电阻器		7	带滑动触点的电阻器	
2	可调电阻器		8	带分流和分压端子的电阻器	
3	压敏电阻器		9	带滑动触点的电位器	
4	热敏电阻器		10	仪表照明调光电阻	
5	光敏电阻器		11	电感器、线圈、绕组、扼流圈	
6	加热元件		12	带磁心的电感器	

（续）

序号	名　称	图形符号	序号	名　称	图形符号
13	电容器		26	熔断器	
14	可调电容器		27	易熔线	
15	极性电容器		28	电路断电器	
16	穿心电容器		29	永久磁铁	
17	半导体二极管一般符号		30	继电器线圈一般符号	
18	单向击穿二极管，电压调整二极管（稳压管）		31	一个绕组的电磁铁①	
19	发光二极管				
20	双向二极管（变阻二极管）		32	两个绕组电磁铁①	
21	反向阻断三极闸流晶体管（P栅）				
22	光电二极管		33	不同方向绕组电磁铁①	
23	PNP型晶体管				
24	集电极接管壳的晶体管（NPN型）		34	触点常开的继电器①	
25	具有两个电极的压电晶体		35	触点常闭的继电器①	

① 在最新的电气简图用图形符号国家标准中已废除，仅供参考。

汽车常用的元器件如下：

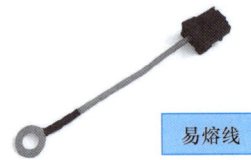

易熔线

电路继电器

熔断器

第1章 汽车电路图识读基础

仪表符号

序号	名称	图形符号	序号	名称	图形符号
1	指示仪表一般符号	*	8	转速表	n
2	电压表	V	9	温度表	Θ
3	电流表	A	10	燃油表	Q
4	电压电流表	A/V	11	车速里程表	v
5	欧姆表	Ω	12	时钟	
6	记录式功率表	W	13	数字式时钟	
7	油压表	OP			

传感器符号

序号	名称	图形符号	序号	名称	图形符号
1	传感器的一般符号	*	8	空气流量传感器	AP
2	温度表传感器	$t°$	9	氧传感器	λ
3	空气温度传感器	$t°a$	10	爆燃传感器	K
4	冷却液温度传感器	$t°w$	11	转速传感器	n
5	燃油表传感器	Q	12	速度传感器	v
6	油压表传感器	OP	13	空气压力传感器	AP
7	空气质量传感器	m	14	制动压力传感器	BP

电气设备符号

序号	名称	图形符号	序号	名称	图形符号
1	照明灯、信号灯、仪表灯、指示灯		13	闪光器	
2	双丝灯		14	霍尔信号发生器	
3	荧光灯		15	磁感应信号发生器	
4	组合灯		16	温度补偿器	
5	预热指示器		17	电磁阀一般符号	
6	电喇叭①		18	常开电磁阀	
7	扬声器		19	常闭电磁阀	
8	蜂鸣器		20	电磁离合器	
9	报警器		21	用电动机操纵的怠速调整装置	
10	元件、装置、功能元件		22	过电压保护装置	
			23	过电流保护装置	
11	信号发生器		24	加热器（除霜器）	
12	脉冲发生器		25	振荡器	

① 在 GB/T 4728.8—2001 中已废除，仅供参考。

（续）

序号	名　称	图形符号	序号	名　称	图形符号
26	变换器、转换器[①]		42	点火线圈	
27	光电发生器		43	分电器	
28	空气调节器		44	火花塞	
29	滤波器一般符号		45	电压调节器	
30	稳压器		46	转速调节器	
31	点烟器		47	温度调节器	
32	热继电器		48	串励绕组	
33	间歇刮水继电器		49	并励或他励绕组	
34	防盗报警系统		50	集电环或换向器上的电刷	
35	天线一般符号		51	直流电动机	
36	无线电台一般符号		52	串励直流电动机	
37	收音机		53	并励直流电动机	
38	内部通信联络及音乐系统		54	永磁直流电动机	
39	收放机		55	起动机（带电磁开关）	
40	电话机		56	燃油泵电动机、洗涤电动机	
41	传声器一般符号		57	晶体管电动燃油泵	

① 在 GB/T 4728.10—2001 中已废除，仅供参考。

（续）

序号	名　称	图形符号	序号	名　称	图形符号
58	加热定时器	H T	71	蓄电池	
59	点火电子组件	I C	72	蓄电池传感器	B
60	风扇电动机	M	73	制动灯传感器	BR
61	刮水电动机	M	74	尾灯传感器	I
62	天线电动机	M	75	制动器摩擦片传感器	F
63	直流伺服电动机	SM	76	燃油滤清器积水传感器	W
64	直流发电机	G	77	三丝灯泡	
65	星形联结的三相绕组		78	汽车底盘与吊机间电路集电环与电刷	
66	三角形联结的三相绕组		79	自记车速里程表	v
67	定子绕组为星形联结的交流发电机	G 3~	80	带时钟的自记车速里程表	v
68	定子绕组为三角形联结的交流发电机	G 3~	81	带时钟的车速里程表	v
69	外接电压调节器与交流发电机	G 3~ U	82	门窗电动机	M
70	整体式交流发电机	G 3~ U	83	座椅安全带装置	

1.2.2 项目代号

为便于查找、区分各种图形符号所表示的元件、器件和设备等，在电路图上常采用一种特定代码，称为项目代号。通常将项目代号标注在各个图形符号近旁，必要时也可标注在图形符号表示的实物上或其近旁，以便在图形符号和实物之间建立起明确的一一对应关系。

基本件

基本件是指在正常情况下不破坏其功能就不能分解的一个(或互相连接的几个)零件或元器件，如连接片、电阻器、集成电路等。基本件都具有基本的功能。

部件

部件是由两个或更多的基本件构成的，可以整个地替换也可以分别替换其中的某一个或几个基本件，如过电流保护器件、整流器单元、端子板等。与基本件相比，部件具有可拆卸，可整个或部分替换的特点。它虽然由基本件构成，但其结构仍比较简单且功能不完整，一般不能单独使用。

组件

组件是指由若干基本件、若干部件或若干基本件和若干部件组装在一起，用以完成某一特定功能的组合体，如发电机、起动机、电源装置、开关设备等。显然，组件不仅结构比较复杂，而且具有某一特定功能，因而具有相对独立的用途。

项目

项目是指在电路图上通常可以用一个图形符号（或带注释的围框）表示的基本件、部件、组件、功能单元、设备、系统等。例如，电阻器、继电器、发电机、放大器、电源装置、开关设备、配电系统等，都可以称为项目。在不同的场合，项目既可以泛指各类实物，也可以特指某一个具体的元器件；既可以指电阻器、二极管等简单的基本件，也可以指充电系统、起动系统、点火系统等较大的系统。总之，不论所指的实物大小和复杂程度如何，只要在图上用一个图形符号（或带注释的围框）表示，这些实物就都可统称为项目。

项目代号是用以识别简图、图表、表格和其他技术文件中项目的一种特定的代码。它可以提供层次关系以及实际位置等信息。

一个完整的项目代号由四个代号段组成，每个代号段的名称、特征标记（前缀符号）如下：

分 段	名 称	特征标记	举 例
第一段	高层代号	=	= T2
第二段	位置代号	+	+D126
第三段	种类代号	-	-K5
第四段	端子代号	:	:13

=T2+D126-K5：13

高层代号

　　高层代号是指系统或设备中任何较高层次（对给予代号的项目而言）项目的代号。由于各类系统或成套装置的划分方法各不相同，并且结构本身差别很大，所以难以在标准中规定一个字母代码来构成高层代号，而只能在具体使用时，根据实际情况和设计要求来设定，或者根据较高层次项目的名称、功能等信息来命名。为了便于识别和交流，应将所设定的高层代号的含义在文件或图中标明。

　　高层代号通常用前缀符号加字母和数字表示（如 =T2），有时根据表示对象的情况，也可只用前缀符号加数字表示，如单元 2，表示为 =2。

位置代号

　　位置代号是指项目在组件、设备、系统或建筑中的实际位置的代号，通过它可以迅速找到项目。位置代号通常用前缀符号加字母和数字表示（如 +D126），其字母和数字可自行选定。例如，某设备布置在 106 室 A 位置上，其位置代号可表示为 +106+A。

种类代号

　　种类代号是指用于识别项目种类的代号。项目种类是将各种元器件、装置设备等，根据其结构和在电路中的作用来分类，相近项目视为同类，用同一个字母命名。种类代号常用基本文字符号表示。

端子代号

　　端子代号是指电气元器件同外电路进行连接时导电件的代号，一般用于表示接线端子、插头、插座、塞孔、连接片等一类元器件上的端子。如果产品的端子上已有标记，就可直接采用此标记作为该项目的端子代号；如果没有，则应自行设定。与其他三段代号相比，端子代号比较简单，形式上多采用数字，也可采用大写字母与数字组合，特殊情况下还可用小写字母。在汽车电路图中，端子代号应用比较广泛。

1.3 汽车电路的基本元器件

1.3.1 开关

　　车用开关有手动开关、压力开关、温控开关等多种形式。手动开关主要有点火开关、照明灯开关、信号灯开关，以及各控制面板与驾驶座附近的按键式、拨杆式开关和组合式开关等。

点火开关

点火开关用于控制点火电路、发电机励磁电路、仪表的电源电路和起动电路，停车时用钥匙锁住。

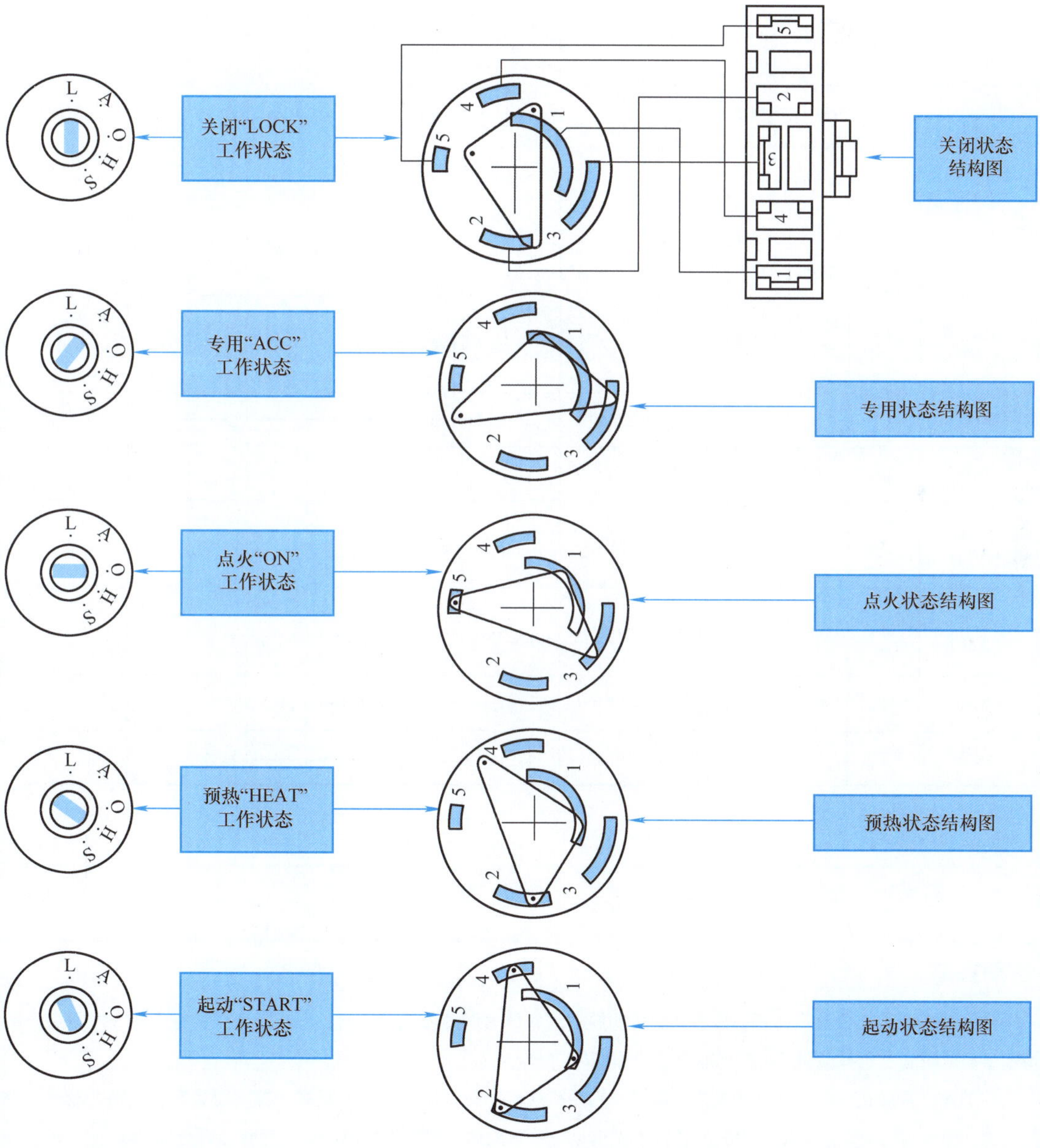

- 关闭"LOCK"工作状态 —— 关闭状态结构图
- 专用"ACC"工作状态 —— 专用状态结构图
- 点火"ON"工作状态 —— 点火状态结构图
- 预热"HEAT"工作状态 —— 预热状态结构图
- 起动"START"工作状态 —— 起动状态结构图

根据具体的工作状态，点火开关各接线柱与档位的对应关系如下：

					接线端子						
					电源	附件	点火仪表指示灯	起动	预热	停车灯	厂家或车型
					1	3	2	4			解放
					1	3	5	4	2		跃进
档位符号					30	15A	15	50	17.19	P	依维柯
					B	A	IG	ST		H	日产
					B1 B2 B3	A	11 13	C		R1 R2	日产
					AM1 AM2	ACC	IG	ST1 ST2			丰田
	解放1092	跃进	富康	依维柯	丰田						
锁定	O	S	O	STOP	LOCK	○───────────────○					
断开	O	S	O	STOP	OFF	○					
附件（专用）	3	O	A		ACC	○──○					
点火（工作）	1	D	M	MAR	ON或IG	○──○					
起动	2	Q	D	AVV	START	○──○──○					
预热	4	H			HEAT	○────────○					

特别提醒

一键起动的按钮或旋钮必须在接收到智能钥匙发出的信号时才能起动，这种感应距离一般在50cm左右。一般情况下智能钥匙上也有通常所说的带有锯齿或凹槽的钥匙。

它的作用是防止一键起动功能发生故障时，利用机械起动方式进行起动。具有一键起动功能的车辆一般不用插入钥匙，但也有部分车型有插入钥匙的位置（作用是在一键起动功能发生故障时，利用钥匙进行起动）。

第1章 汽车电路图识读基础

除了上述点火开关之外，如今广泛使用一种多功能组合开关，主要对照明（前照灯）、信号（转向、危险警告、超车）、刮水器/洗涤器等进行控制。

以富康轿车为例，它的多功能组合开关（如下所示）主要由灯光、信号装置控制手柄和刮水器/洗涤器控制手柄组成。

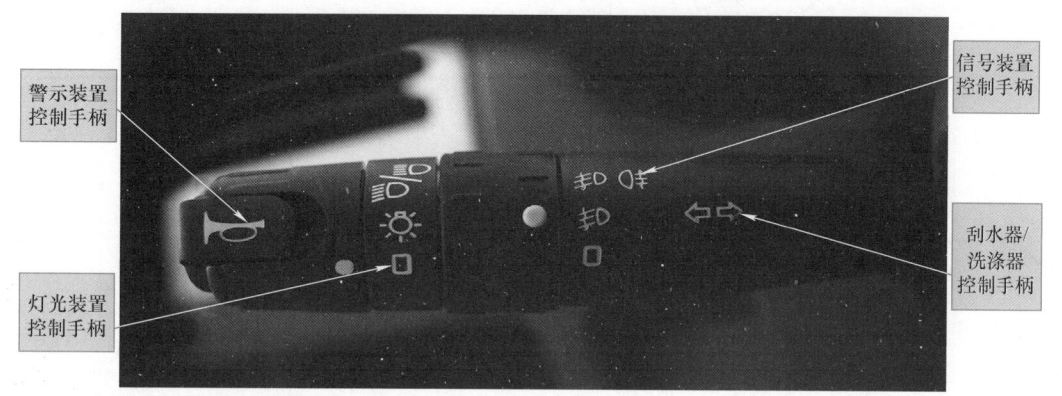

多功能组成开关结构示意图

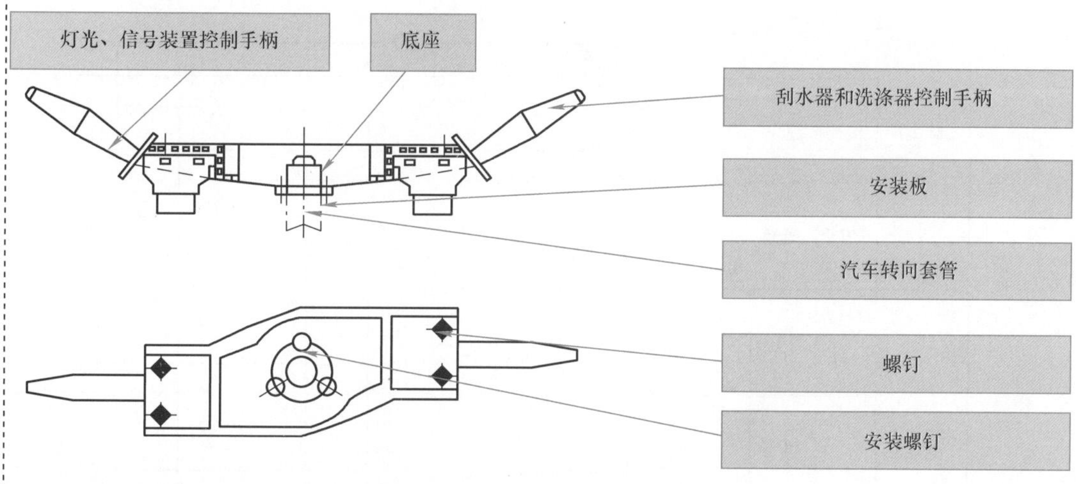

灯光、信号装置控制开关的结构

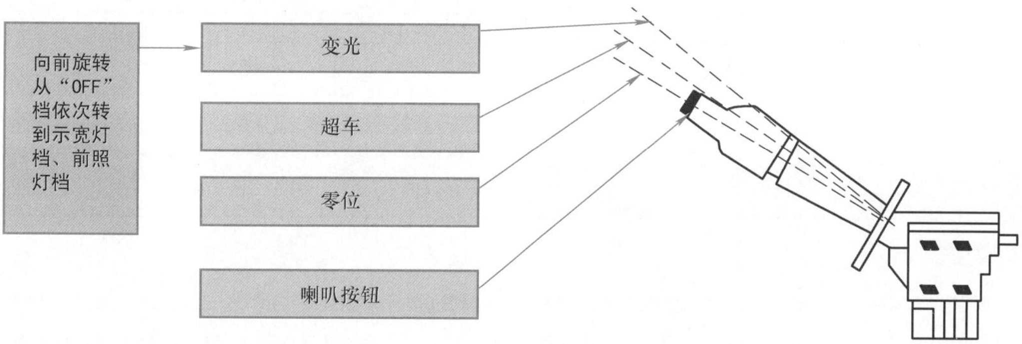

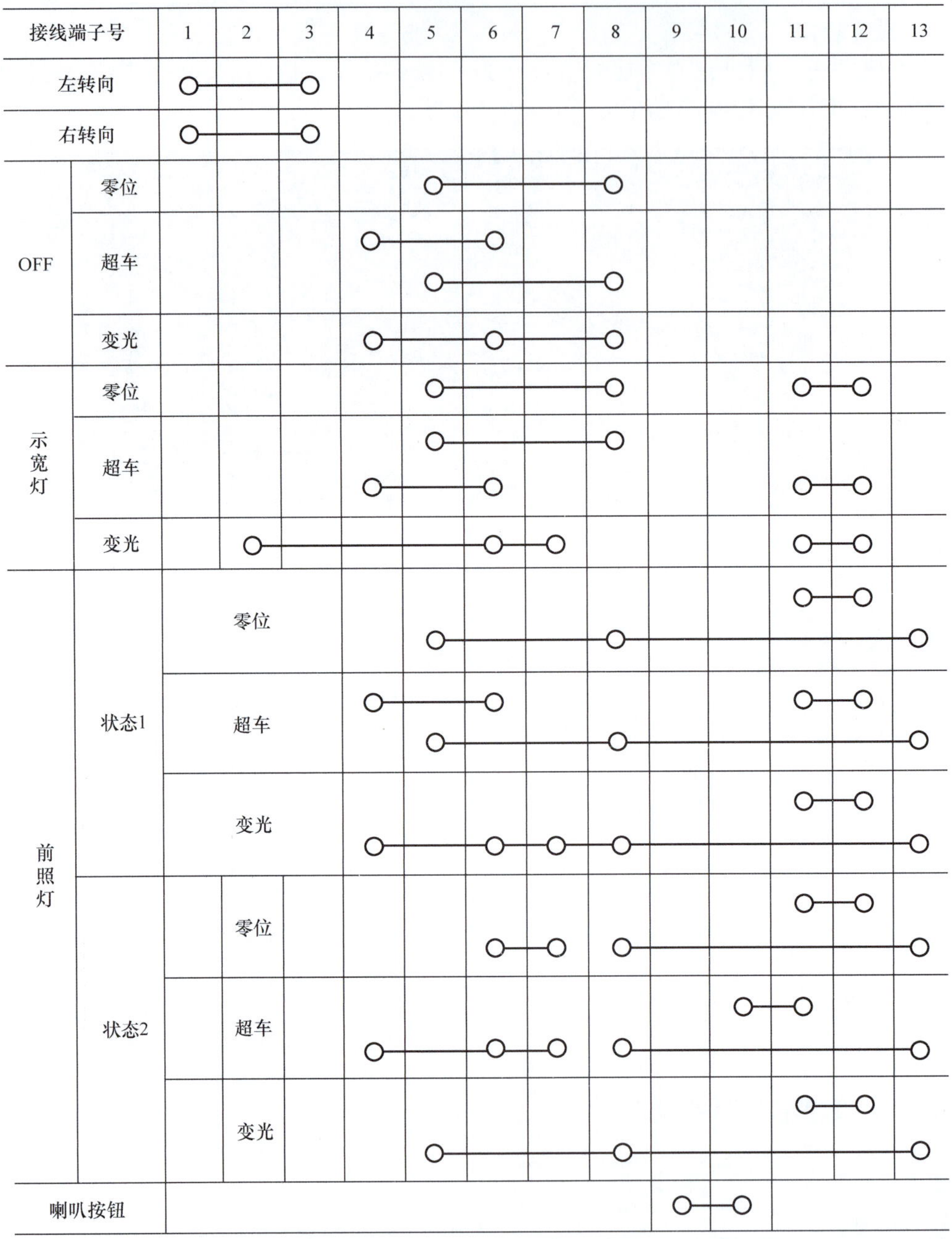

图解汽车电路图识读快速入门

接线端子号			1	2	3	4	5	6	7	8	9	10	11	12	13
左转向			○—	—	—○										
右转向				○—	—○										
OFF	零位						○—	—	—	—○					
	超车					○—	—○								
							○—	—	—○						
	变光							○—	—	—○					
示宽灯	零位						○—	—	—	—○			○—	—○	
	超车					○—	—○					○—	—○		
							○—	—	—○						
	变光				○—	—	—	—○	○—	—○			○—	—○		
前照灯	状态1	零位					○—	—	—	—	—	—	—	—	—○
												○—	—○		
		超车				○—	—○					○—	—○		
							○—	—	—○						
		变光				○—	—○	○—	—○			○—	—○		
	状态2	零位					○—	—○	○—	—○		○—	—○		
		超车				○—	—○				○—	—○	○—	—○
		变光				○—	—○	○—	—○		○—	—○	○—	—○
喇叭按钮											○—	—○			

特别提醒

汽车的组合开关,除了用图像清晰地表现之外,还可以用字符表示,一般含义为:控制灯光的组合开关,"三○○三"表示开示宽灯,"三○"表示开前照灯,"○三1"表示开雾灯,左右箭头表示开转向灯,"Ⅱ三○"表示远近变光。

第1章 汽车电路图识读基础

刮水器和洗涤器控制开关

汽车刮水器与洗涤器开关用于控制刮水器与洗涤器的动作,在雨天或下雪天行驶时使用,以清除风窗玻璃上的雨雪,保证驾驶人有良好的视线。

刮水器和洗涤器控制开关的结构

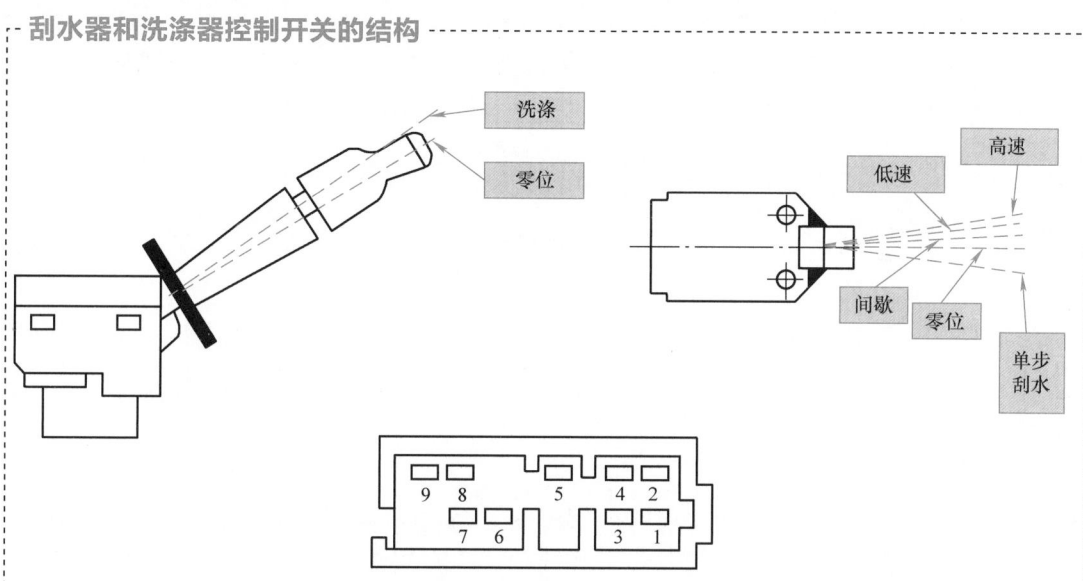

刮水器控制开关档位通断情况

	接线端子	1	2	3	4	5	6	7	8	9
前风窗玻璃	刮水器复位		○—	—○						
	零位		○—	—	—	—○			
	间歇刮水		○—	—	—	—○			
				○—	—○					
	低速刮水	○—	—○							
	高速刮水	○—	—	—○						
	洗涤			○—	—○					
后风窗玻璃	OFF							○—	—○	
	刮水		○—	—	—	—	—○	○—	—○	
	洗涤		○—	—	—	—	—	—	—	—○

27

1.3.2 显示装置

显示装置是指汽车仪表板上的各种仪表、图形符号和报警装置，显示的信息有冷却液温度、油压、车速、发动机转速、瞬时耗油量、平均车速、续驶里程、车外温度等。监视和报警的信息有燃油温度、冷却液温度、润滑油压力、充电状况、前照灯状态、尾灯状态、排气温度、制动液量、驻车制动情况、车门关紧情况等。当出现不正常现象或通过自诊断系统检测出故障时，该系统会立即进行声/光（并用）报警。汽车常见显示装置如下：

序号	图形或文字符号	名称	说明
1		点火开关（3档）	0档（OFF或STOP）锁止，1档（ON或MAR）工作，2档（ST或AVV）起动
2		点火开关（4档）	0档（OFF或S）锁止转向盘，1档（ACC或A）附件（收音机）通电，2档（IGN或M）点火、仪表通电，3档（START或D）起动
3		点火开关（5档）	0档（LOCK）锁止转向盘，1档（OFF）断开，2档（ACC）附件通电，3档（ON）点火、仪表通电，4档（START）起动
4		柴油车电源开关	0档（OFF）断开，1档（ON）接通，2档（START）起动，3档（ACC）附件通电，4档（PREHEAT）附件通电
5		发动机故障码显示灯（自诊断）	电控发动机喷油与点火的传感器或ECU出故障时灯亮，通过人工或仪表可将故障码调出，迅速查明故障
6		化油器阻风门关闭指示灯	冷车起动时阻风门关闭，指示灯亮，起动后应及时打开阻风门，否则发动机冒黑烟
7		节气门关闭指示灯	节气门关闭时指示灯亮
8		蓄电池充电指示灯	发电机不充电时灯亮，正常充电时灯灭

（续）

序号	图形或文字符号	名称	说明
9	WATER / OVER HEAT	冷却液温度表	冷却液温度过高时警告灯亮
10	OIL-P	机油压力警告灯、机油压力表	当机油压力过低时灯亮
11	FUEL	燃油表	燃油不足时警告灯亮
12		柴油机停止供油拉杆（或按钮）位置指示灯	当柴油机停止供油拉杆位于熄火位置时，标志灯亮
13	P　PKB	驻车制动指示灯	停车制动，在驻车制动起作用时灯亮
14	!　BRAKE AIR	制动系统警告灯	制动液位低、制动系统有故障时，警告灯亮
15	r/min　RPM	发动机转速表（TACHO-METER）	发动机转速表能指示快怠速、经济转速、换档时机、额定转速，用途很多
16	km/h	车速表（SPEED）	显示车速
17	20:08	时钟	数字显示时钟
18	COOLANT LEVEL	冷却液位指示灯	当冷却液位低于规定值时，灯亮报警
19		机油油位指示灯	当发动机机油量少于规定值时，灯亮报警

（续）

序号	图形或文字符号	名称	说明
20		机油温度过高警告灯	机油温度超过规定值时，警告灯亮
21	kPa	真空度指示灯	—
22	SRS	安全气囊指示灯	安全气囊装在转向盘毂内和仪表盘内，当汽车受到碰撞时气囊引爆、膨胀，将乘员挤靠到座椅靠背上，减轻伤害
23	TRAC	牵引力控制指示灯	—
24	CRUISE	巡航（恒速行驶）指示灯	设定某一车速以后，ECU根据车速变化自动控制节气门开度使车速在设定范围内；装置起作用时灯亮，有故障时显示故障码
25	AIR SUSP	电子调整空气悬架指示灯	根据驾驶条件自动控制悬架中起弹簧作用的空气，改变空气弹簧刚度与减振力，以抑制车辆侧倾，制动时前部栽头，高速时后身下坐，保持乘坐舒适性和操纵性，指示灯显示车身高度变化。HIGH表示高度调整，NORM表示正常
26	O/D OFF	OVER-DRIVE超速档开关指示灯	超速档开关装在变速杆上，按下此开关，高速器换入超速档；再按一下此开关，变速器退出超速档，同时O/D OFF灯亮
27	VOLT	电压表	直流12V供电系统量程为10~16V；直流24V供电系统量程为20~32V
28	EXP TEMP	排气温度报警指示灯	排气温度过高（大于750℃）时，报警指示灯点亮
29	⇦ ⇨	转向信号指示灯	L表示左转向，R表示右转向
30	△	危险报警闪光灯	当汽车遇到交通事故要呼救或需要其他车辆回避时用，亮时左右转向信号灯共同闪烁
31	BEAM	远光指示灯	前照灯远光 高光束（HIGH BEAM）
32		近光指示灯	夜间会车时使用前照灯近光，防止炫目
33		灯光开关指示灯	灯光开关可接通前照灯、示宽灯、尾灯、仪表灯（亮度旋钮）、牌照灯等

（续）

序号	图形或文字符号	名称	说明
34		示宽灯开关指示灯	按下示宽灯开关，指示灯点亮
35		驻车制动指示灯	驻车制动起作用时，该指示灯亮
36		前雾灯开关指示灯	按下前雾灯开关，指示灯点亮
37		后雾灯开关指示灯	按下后雾灯开关，指示灯点亮
38		灯检查开关指示灯	指示灯、警告灯好坏的检查开关
39		倒车开关指示灯	倒车灯开关接通指示灯
40		室内灯开关指示灯	室内灯（顶灯）开关指示灯
41		转向灯开关与超车灯开关指示灯	L 为左转向，R 为右转向，PASS 为瞬间远光（超车信号），HI 为常用远光，LO 为定位中间档
42		旋转灯标志	警车、救护车、消防车的车顶旋转警灯开关标志
43		安全带指示灯	当点火开关接通，安全带未系时灯亮或伴有蜂鸣器
44		预热塞（电热或火焰预热塞）指示灯	常温下起动前亮 0.3s 可直接起动；低温起动前亮 3.5s，表示"等待预热"，灯灭可起动
45		排气制动指示灯	下长坡时，堵住排气管，利用发动机阻力使汽车减速，踩离合器和加速踏板时自动解除
46		蓄电池液位指示灯	当液位低于规定值时灯亮

（续）

序号	图形或文字符号	名　称	说　明
47		拖车制动指示灯	—
48		制动蹄片磨损超限警告灯	—
49	ABS	制动防抱死系统故障指示灯	钥匙在起动档或起步至车速达到 10km/h 以前应亮。ABS 出现故障时指示灯亮，并可显示故障码（用工具）
50		分动器前桥接入指示灯	用于越野车全驱动时灯亮
51	kPa	空气滤清器堵塞指示灯	—
52		液力变矩器开关指示	—
53		喇叭按钮标志	—
54		点烟器标志	按下点烟器手柄即接通电路，发热体烧红后（约几秒钟）自动弹出，可供点烟用
55		发动机罩开启拉手指示	—
56		行李箱盖开启拉手或电动按钮指示	—
57		门未关警告灯	—
58		坐垫加热指示灯	—

（续）

序号	图形或文字符号	名称	说明
59	P R N D 2 L	自动变速器档位指示灯	P 为停车制动档；R 为倒档；N 为空档；D 为前进档，自动在各档间变速；2 为前进档，自动在 1 档和 2 档间变速，上下陡坡用；L 为低档，只允许 1 档行驶，上、下陡坡用
60	ECTPWR	自动变速器模式选择开关指示灯	电控自动变速器有两种选择模式：正常模式（Normal）和动力模式（Power），用开关选择动力模式时，指示灯亮
61		除霜指示灯	后窗除霜加热时亮
62		前风窗玻璃刮水开关指示	—
63		前风窗玻璃洗涤开关指示	—
64		前风窗玻璃刮水洗涤开关指示	OFF 为断开档，INT 为间歇档，LO 为低速档，HI 为高速档
65		后风窗玻璃刮水指示灯和开关标志	—
66		后风窗玻璃洗涤开关指示	—
67		前照灯刮水洗涤开关指示	—
68		车门玻璃升降开关	UP 为升起，DOWN 为降下
69	A/C	空调系统制冷压缩机开启指示	—
70	FAN	空调系统鼓风机指示	—

(续)

序号	图形或文字符号	名称	说明
71	VENT	空调系统通风吹脸档	—
72	HEAT	空调系统吹脚档	—
73	BI-LEVEL	空调系统双层档	—
74	DEF-LEAT	空调系统除霜与吹脚（加热）档	—
75		前风窗玻璃除霜除雾指示	—
76	Outside	车外新鲜空气循环风道开启指示（FRESH）	—
77	Inside	车内空气循环风道开启指示（REC）	—
78		驾驶室锁止	可倾翻的驾驶室回位时没有到达规定锁止状态时，警告灯亮
79	EXH TEMP	排气温度指示灯	排气温度超过一定限度时此灯亮
80		后视镜加热指示	—
81		后视镜镜面上、下、左、右调节开关标志	—
82	AIR MPa	空气压力表	常用于气压制动系统中双管路气压指示

1.3.3 继电器

继电器主要由电磁线圈和触点组成，用于控制用电设备工作。继电器的图形符号由线圈符号和开关符号组成，线圈符号和开关符号用虚线连接，表示此开关受该线圈控制。开关处于不通电状态时，称为动合继电器；反之，则称为动断继电器。

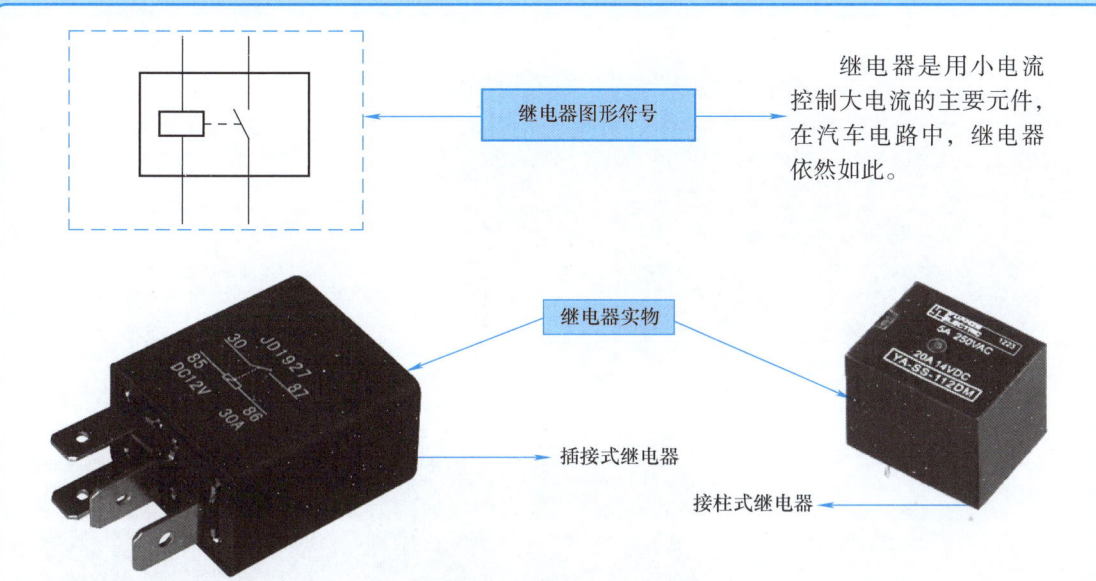

继电器的连接方式有接柱式和插接式两种。接柱式继电器触点容量较大，常用于国产车的起动电路、喇叭电路，但连接烦琐，正逐渐为插接式继电器所取代。插接式继电器安装方便、体积较小，其结构和安装情况如下：

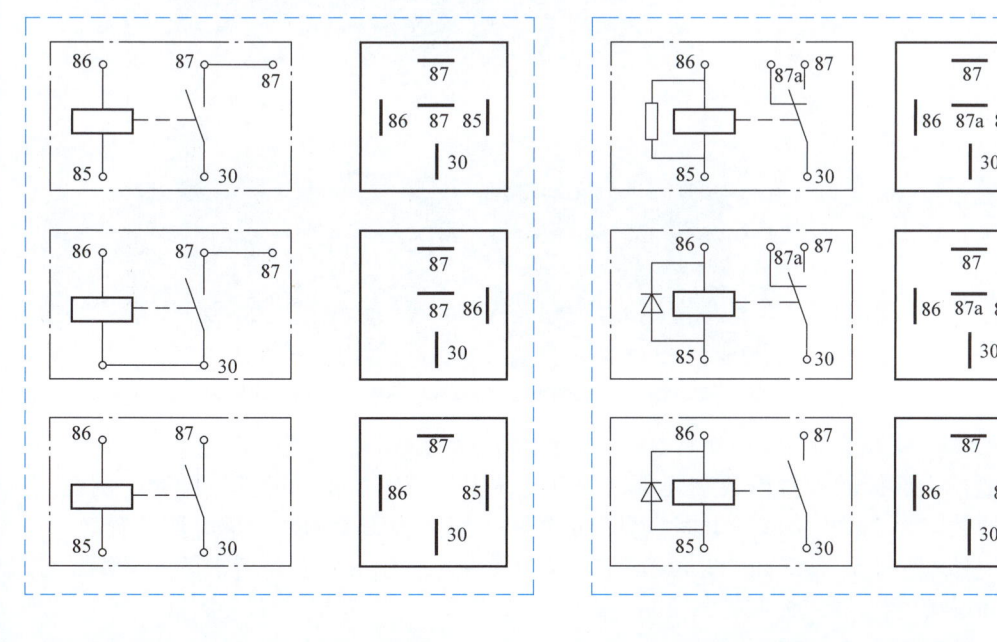

1.3.4 中央配电盒

现代汽车均设有中央配电盒，汽车电气系统以中央配电盒为核心进行控制。大部分继电器和熔丝都安装在中央配电盒正面，以在产生故障时便于检修和更换。中央配电盒上标有线束和导线插接位置的代号及接点数，主线束从中央配电盒背面插接后通往各用电设备。

中央配电盒正面

以桑塔纳轿车中央配电盒为例，该车的中央配电盒的正面组成如左图所示。

中央配电盒背面

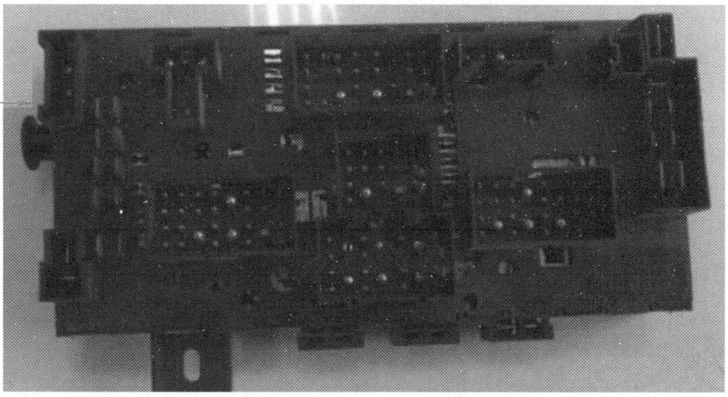

在中央配电盒下方安装有22个熔丝，各熔丝都标明编号、被保护的电路和额定电流。

中央配电盒侧面

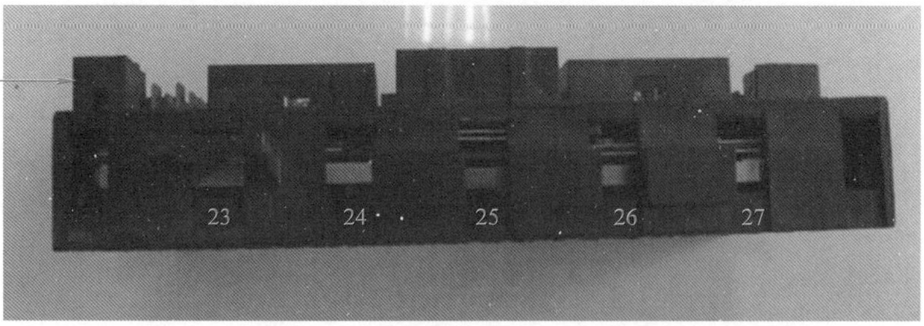

继电器上面标的阿拉伯数字表示该继电器在中央配电盒正面的插接位置。例如，小圆圈中的数字为2，表示该继电器应当插接在中央线路板正面的2号继电器位置上。

继电器端子上标有诸如"3/49a"等字样，其中3表示继电器位置上的3号端子（插孔），49a表示继电器或控制器的49a号端子（插头），一一对应，不会插错。

中央配电盒中各熔丝的编号、被保护的电路和额定电流如下：

编号	被保护的电路	颜　　色	额定电流 /A
S_1	冷却风扇电动机	绿色	30
S_2	制动灯	红色	10
S_3	点烟器、收放机、时钟、室内灯、后行李箱灯	蓝色	15
S_4	危险报警闪光灯	蓝色	15
S_5	燃油泵	蓝色	15
S_6	前雾灯	蓝色	15
S_7	左示宽灯、左尾灯	红色	10
S_8	右示宽灯、右尾灯	红色	10
S_9	右前照灯远光	红色	10
S_{10}	左前照灯远光	红色	10
S_{11}	刮水器和洗涤器	蓝色	15
S_{12}	电动门窗电动机	蓝色	5
S_{13}	后窗除霜器	黄色	20
S_{14}	鼓风机（空调）	黄色	20
S_{15}	倒车灯、车速传感器	红色	10
S_{16}	双音喇叭	蓝色	15
S_{17}	怠速截止电磁阀、进气预热器	红色	10
S_{18}	驻车制动、阻风门指示灯	蓝色	15
S_{19}	转向灯	红色	10
S_{20}	牌照灯、杂物箱照明灯	红色	10
S_{21}	左前照灯近光	红色	10
S_{22}	右前照灯近光	红色	10
S_{23}	后雾灯	红色	10
S_{24}	空调	绿色	30
S_{25}	自动天线	红色	10
S_{26}	电动后视镜	紫色	3
S_{27}	ECU	红色	10

注：S_{23}～S_{27} 为桑塔纳 2000GSi 型轿车的编号，插在中央线路板的旁边。

1.3.5　电路保护装置

电路保护装置串联在电源与用电器之间，当用电器、线路短路或过载时，切断电源电路，以免电源、用电器和线路损坏。车用电路保护装置有易熔线、熔断器和电路断电器。

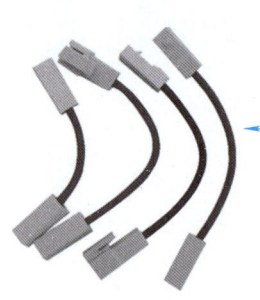

易熔线：易熔线由标准导线绞合而成，其外部为不易燃烧的绝缘层，其截面尺寸比要保护的电路中的导线小1个线规标号，但导线外部的加厚绝缘层使其看起来比同一条电路上的导线要粗。除起动电源线外，其他电源一般都经过易熔线到达用电器。

管式熔断器：熔丝支架与熔丝接触不良，会产生电压降和发热现象，安装时要保证良好接触。

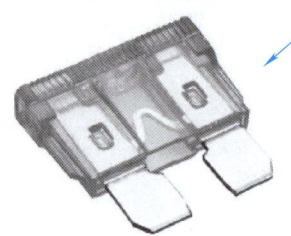

片式熔断器：片式熔断器以其塑料外壳的颜色代表其额定电流值，熔丝颜色与额定电流的对应关系如下：

额定电流/A	颜色	额定电流/A	颜色
1	深绿色	9	橙色
2	灰色	10	红色
2.5	紫色	14	黑色
3	紫罗兰色	15	蓝色
4	粉红色	20	黄色
5	茶褐色	25	白色
6	金色	30	绿色
7.5	棕色		

电路断电器：电路断电器利用金属（双金属片）热膨胀系数的不同断开电路，通常用于前照灯、电动座椅、电动门锁及电动车窗等电路中。

1.4 汽车电路图的识读原则

1.4.1 接线端子的标记原则

1. 接线端子标记采用以阿拉伯数字代号为主,以英文字母为辅的基本原则。

2. 产品上有两个或三个互相绝缘的,且在其上的连接电线可以互换的接线端子。

3. 某些产品根据需要,可用于不同用途或电路中,仍按自身的特点编制接线端子标记,不另外编制标记。

4. 接线端子标记应清晰、耐久地保存在产品上。

1.4.2 汽车电路原理图的识读技巧

汽车电路原理图只表明组成汽车电路的各个电气设备的工作原理,如电流走向、流过电气设备的顺序等。图上的导线只表明各电气设备及其间的相互联系,而不代表实际安装位置。汽车电路原理图中各电气装置的布置顺序为从左到右、从上到下。

1. 供电电源(特别是蓄电池)在左,用电设备在右,各局部电路尽量画在一起;相线在上,搭铁线在下。

2. 在图的上方有一个说明条框,说明每一部分电路的功能。在局部电路的原理图中,信号输入端(或控制端)在左,信号输出端(或驱动端)在右,相线在上,搭铁线在下。

3. 任何一个完整的电路都由电源、开关、用电设备、导线等组成。电流必须从电源正极出发,经过熔断器、开关、导线等到达用电设备,再经过导线(或搭铁)回到电源负极,才能构成回路。

4. 要读懂汽车电路原理图,首先应掌握组成电路的各个电气元器件的基本功能和电气特性,在大概掌握全图的基本原理的基础上,再把一个个单独的电气系统框出来(或画出来),抓住每一部分的主要功能及特性。

1.4.3 汽车线束图的识读方法

1 先读懂电路原理图

汽车电路原理图是汽车线束图的基础。先看懂电路原理图，可以比较容易地了解整车电路的工作原理及特点，有助于快速读懂线束图。利用线束图，则可以了解线束各部分所连接的电气设备。

2 找出主要元器件的位置

在汽车线束图上，主要元器件标注得都比较明显，一般不难找到。例如，电源系统的发电机、蓄电池，起动系统的起动机，灯光系统的前照灯、灯光开关，点火系统的点火线圈、分电器，喇叭系统的电喇叭等。

在找到了所需要检查的单元电路的主要元器件后，再将其与汽车上的实物对上号，就可根据线束图上各导线的颜色和去向，找到所要找的导线或其他元器件了。

3 了解电路图提供的信息

在电路图中，每根导线中都标注有数字代号（或数字与字母组合代号），这些代号代表该线的颜色、直径。在识读导线的颜色、线径代号时，会出现33、33A、33B、33C、33E这样的标注方法，表示这是同一通路的电线。其中，33是基本的主线，33A是33线的一个分支，用字母A加以区别，33B是33线的另一个分支，用字母B加以区别，以此类推。

4 画出直观图

对照实际的电路线束，画出电路线束的直观分布图，根据电路原理图和线束图，在图中标出每个分支所连的电器、开关等的名称，再给出一个附表，在附表中列出每一分支中每根导线的颜色或符号标记、作用及去向。这样，在实际安装电路线束时，对照直观图就可以顺利地识别线束的各个接线端子。

现在汽车电气的通用性和专业化生产使同一国家汽车的整车电路形式大致相同。例如，掌握了解放牌汽车电路的特点，就可以大致了解东风、北京等国产汽车电路的特点；掌握了日产、丰田等汽车电路的特点，就能基本了解日本汽车电路的特点；掌握了桑塔纳汽车电路的特点，就能大致了解德国汽车电路的特点。因此，许多汽车只要略作比较，便可知其异同，从而可以举一反三。

第 2 章　汽车主要电路图的识读

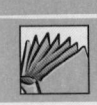

2.1 起动系统电路图

第2章

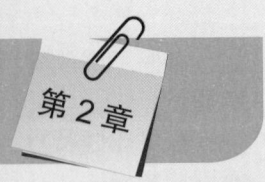

2.1.1　起动系统的组成

汽车发动机要由静止状态过渡到工作状态，必须用外力转动发动机的曲轴，使气缸内吸入（或形成）可燃混合气并燃烧膨胀，工作循环才能自动进行。曲轴在外力作用下开始转动到发动机开始自动地怠速运转的全过程，称为发动机的起动。

起动系统一般由蓄电池、起动机、起动继电器和点火开关等组成。

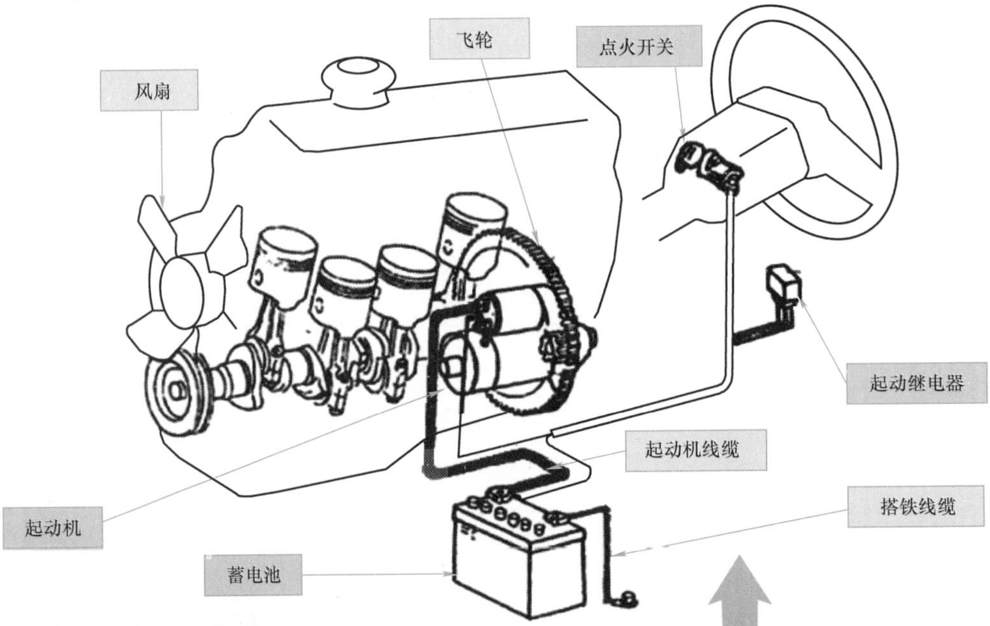

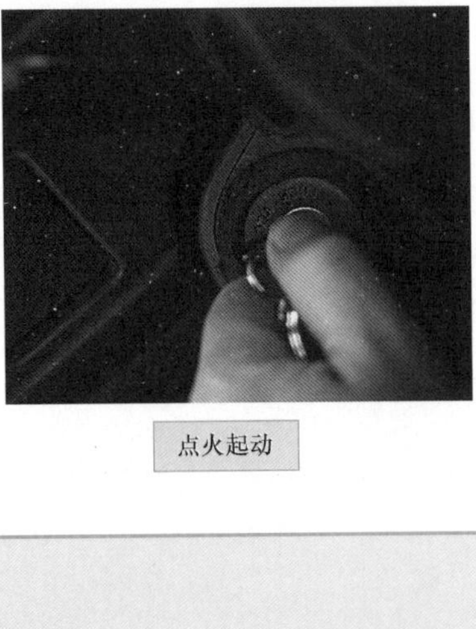

点火起动

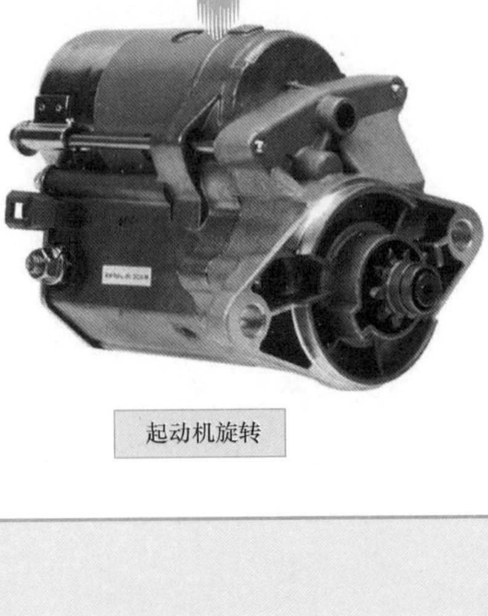

起动机旋转

2.1.2 开关直接控制的起动电路图的识读

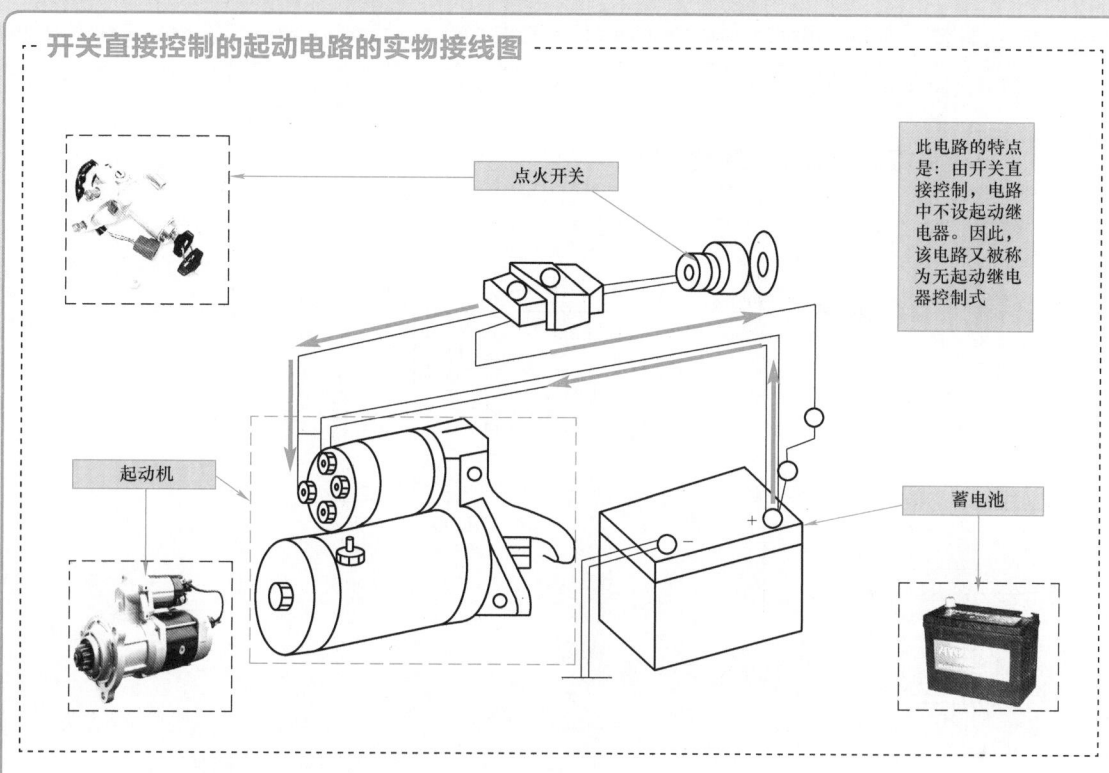

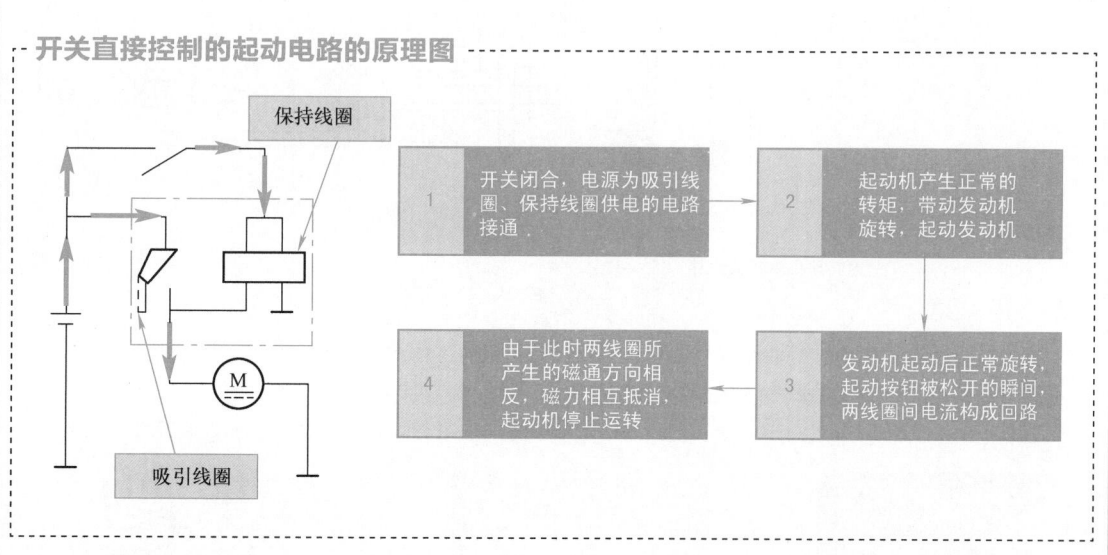

由开关直接控制的起动电路是典型的起动电路。

2.1.3 带起动保护的起动电路图的识读

当汽车采用较大功率的起动机时，为了减小通过点火开关的电流，避免点火开关烧蚀，常用起动继电器触点来控制起动机电磁开关的大电流，而用点火开关起动档控制继电器线圈的小电流，实现起动保护。

具有电流保护功能的起动电路

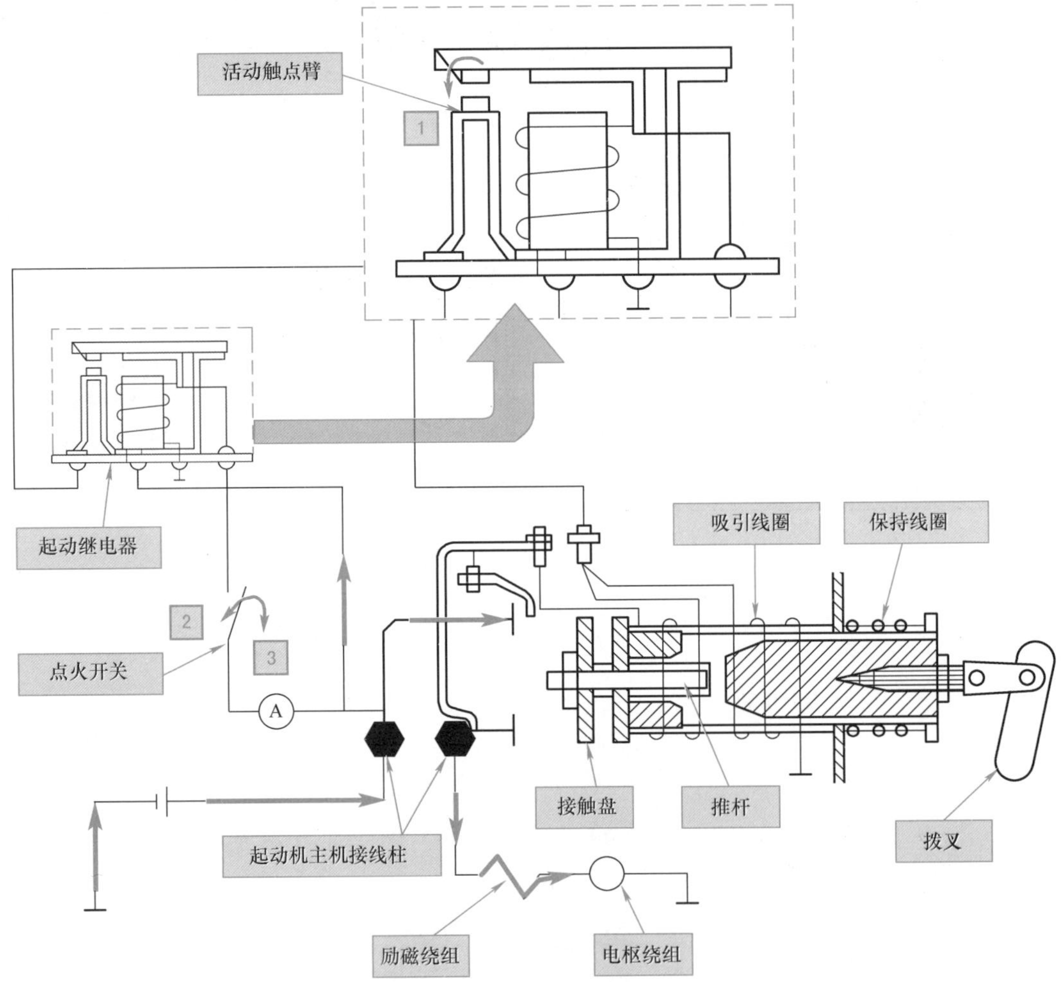

| 1 | 起动发动机时，起动继电器线圈有电流通过，产生电磁吸力吸下活动触点臂，使继电器触点闭合 | 2 | 电磁开关线圈的电路接通，于是起动机开始工作。发动机起动后，点火开关自动转回到工作位置 | 3 | 起动继电器线圈中电流中断，触点打开，电磁开关也随即断开，切断了起动机与蓄电池之间的电路，起动机停止工作 |

第2章 汽车主要电路图的识读

具有安全保护功能的起动电路

在发动机起动后，如果驾驶员未及时释放起动开关，就会造成起动机驱动齿轮与发动机飞轮齿环的撞击，从而加速齿轮的损坏。安全保护功能则保证起动机在发动机起动后能够自动停止工作，并且能在发动机运转工况下防止起动机误接入。现代汽车应用的起动保护电路，都是依靠汽车交流发电机的中性点电压以及相应的继电器控制来实现保护功能的。

1. 起动时，将点火开关旋到起动档，为起动继电器充电，使其常开触点 K_1 闭合，充电指示灯点亮

2. 此路电流流经接线柱SW、线圈 L_1 到 K_2 磁轭，再经搭铁直到蓄电池负极，形成回路

3. 此路电流经充电指示灯后到达接线柱L，再经过 K_2 磁轭，经搭铁直到蓄电池负极

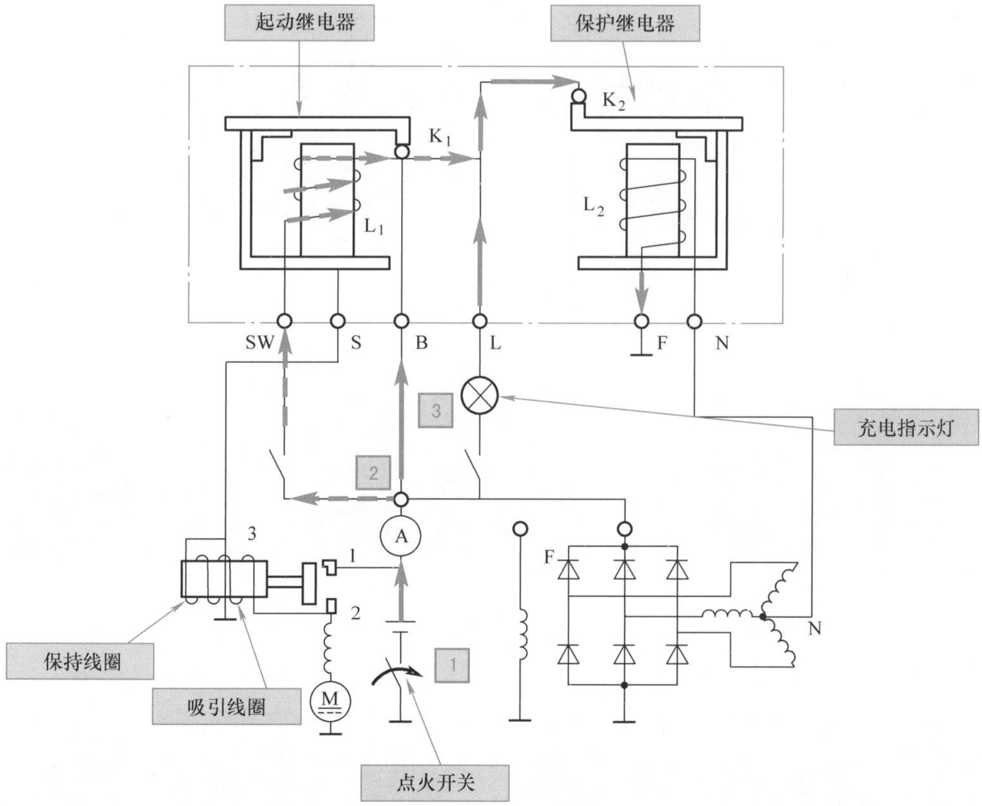

与上页图相比，该电路增设了保护继电器，此电路经过以上动作，使线圈 L_1 产生电磁吸力，常开触点 K_1 闭合，将起动机电磁开关吸引线圈和保持线圈的电路接通。

经过上述起动动作后,汽车已完成起动,接下来起动机切换至发电机开始工作。其电路如下:

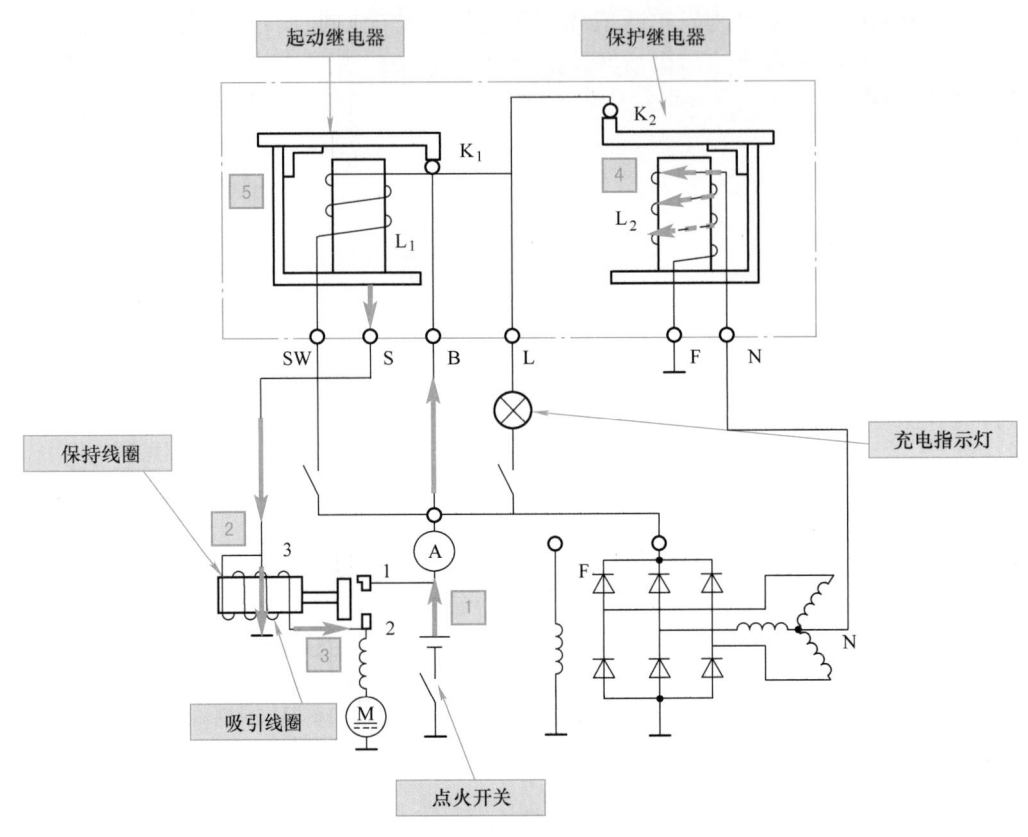

1	线圈L_1将起动机的保持线圈和吸引线圈电路接通,电流从蓄电池正极经电流表流经接线柱B后到达K_1磁轭,接通接线柱S	2	电流流经接线柱S后经保持线圈到搭铁,直到蓄电池负极形成回路	3	电流流经接线柱S后经吸引线圈到达起动机磁场绕组、电枢绕组、搭铁,回蓄电池负极形成回路

| 5 | 发动机工作时,在交流发电机中性点电压的作用下,K_2一直处于打开状态,L_1中无电流,则K_1始终处于打开状态,起动机电路不能接通。所以,即使驾驶人操作失误,即点火开关旋到起动档时,起动机也不会工作,这就避免了起动机驱动齿轮被打坏的危险,从而起到了保护起动机的作用 | 4 | 发动机起动后,交流发电机的中性点电压使保护继电器线圈L_2中有电流通过,产生电磁吸力,常闭触点K_2打开,切断了充电指示灯的电路,充电指示灯熄灭。同时将线圈L_1的电流切断,于是K_1打开,则起动机电磁开关释放,切断了蓄电池与起动机之间的电路,起动机便自动停止工作 |

2.1.4 具有预热定时器的起动电路图的识读

接通点火开关，充电指示灯亮，其电流走向为：

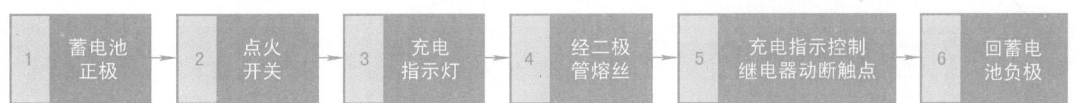

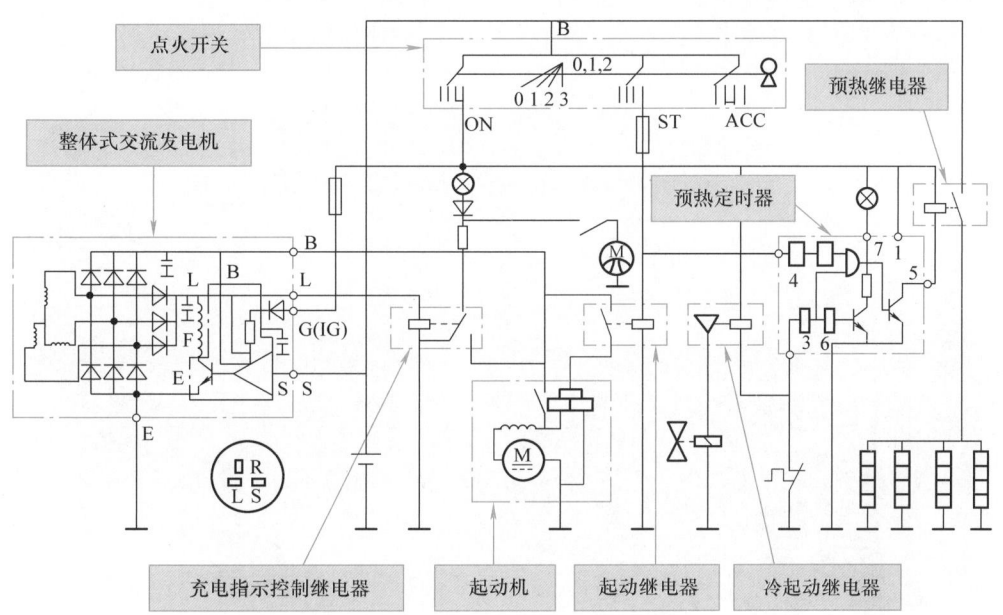

接通点火开关，充电指示灯亮，其电流走向为：

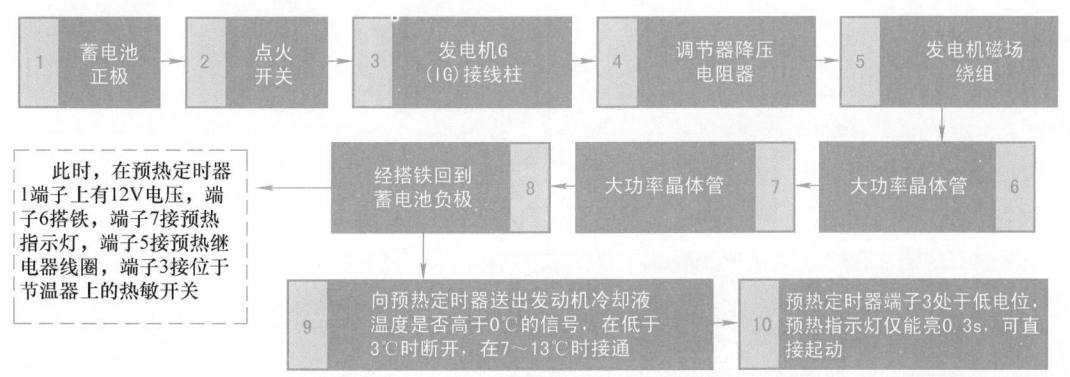

点火开关可拨至起动（ST）位置。当冷却液温度低于0℃时，冷起动电磁阀通电，将喷油泵头部的溢流通道切断，提高燃油压力，使发动机低速时喷油定时装置的作用提前。

2.2 充电系统电路图

2.2.1 充电系统的组成

汽车电源有两个，即蓄电池和发电机。蓄电池为辅助电源，当发动机处于静止状态或发电机电压低于蓄电池电压时，对汽车上各用电设备供电。发电机为主电源，当发动机正常运转，并且发电机电压高于蓄电池电压时，对汽车各用电设备（除起动机外）供电。

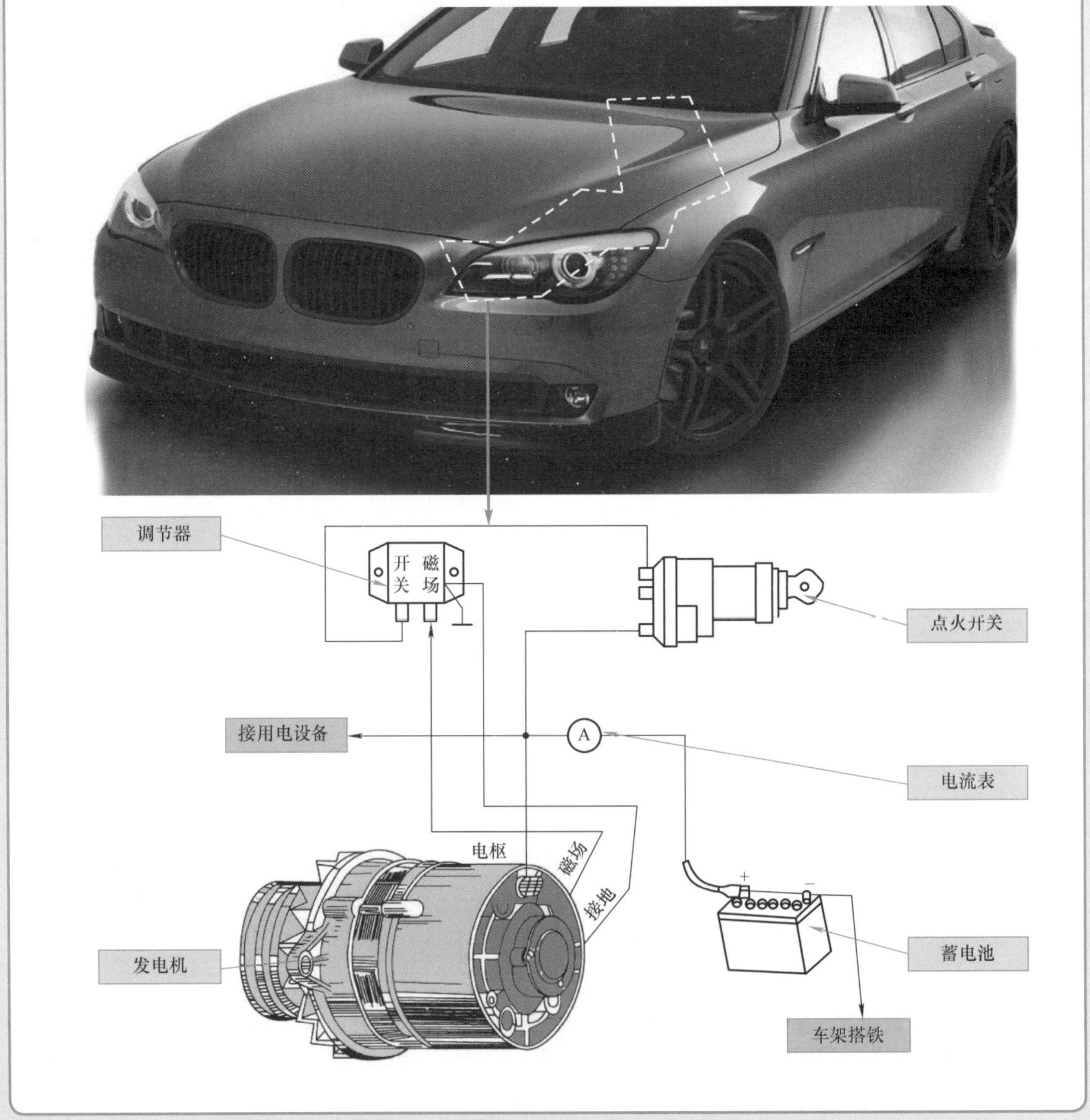

2.2.2 外装调节器式充电电路图的识读

按发电机和调节器的装配关系，充电系统可分为外装调节器充电系统和整体式交流发电机充电系统。

外装调节器式充电系统采用的发电机有内搭铁和外搭铁两种类型。

内搭铁型发电机充电系统

当点火开关接通（ON）后发动机不起动时，充电指示灯点亮。发电机励磁电路为：

1 蓄电池正极 → 2 点火开关 → 3 熔丝 → 4 电压调节器的接线端子B → 5 电压调节器的接线端子F → 6 发电机的端子F → 7 发电机磁场绕组 → 8 发电机磁场的接线端子E → 9 搭铁 → 10 蓄电池负极

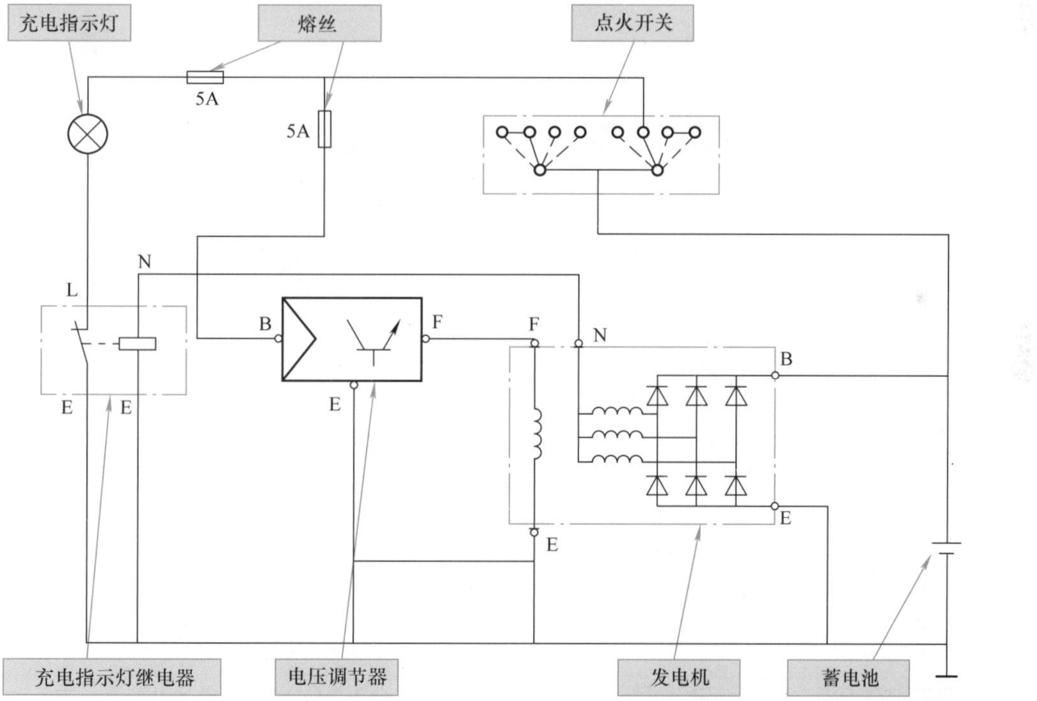

（充电指示灯、熔丝5A、5A、点火开关、充电指示灯继电器、电压调节器、发电机、蓄电池）

在发动机运转后，发电机正常发电，发电机中性点电压控制充电指示灯继电器的触点断开，切断充电指示灯电路，充电指示灯熄灭，说明发电机工作正常。此时发电机的励磁电路为：

1 发电机的接线端子B → 2 点火开关 → 3 熔丝 → 4 电压调节器的接线端子B → 5 电压调节器的接线端子F → 6 发电机磁场绕组 → 7 发电机磁场的接线端子E

外搭铁型发电机充电系统

磁场绕组的两端均与发电机的端盖绝缘,其中一端经调节器后搭铁的发电机称为外搭铁型发电机。外搭铁型发电机充电系统电路如下所示。发电机接线端子 F_1 通过熔丝、点火开关直接与电源正极连接,接线端子 F_2 与电压调节器的接线端子 F 连接。

当点火开关接通时,发电机励磁电路为:

1 蓄电池正极 → 2 点火开关 → 3 熔丝 → 4 发电机的接线端子F_1 → 5 磁场绕组 → 6 发电机的接线端子F_2 → 7 电压调节器的接线端子F → 8 电压调节器的接线端子"-" → 9 发电机的接线端子E → 10 经搭铁回蓄电池负极

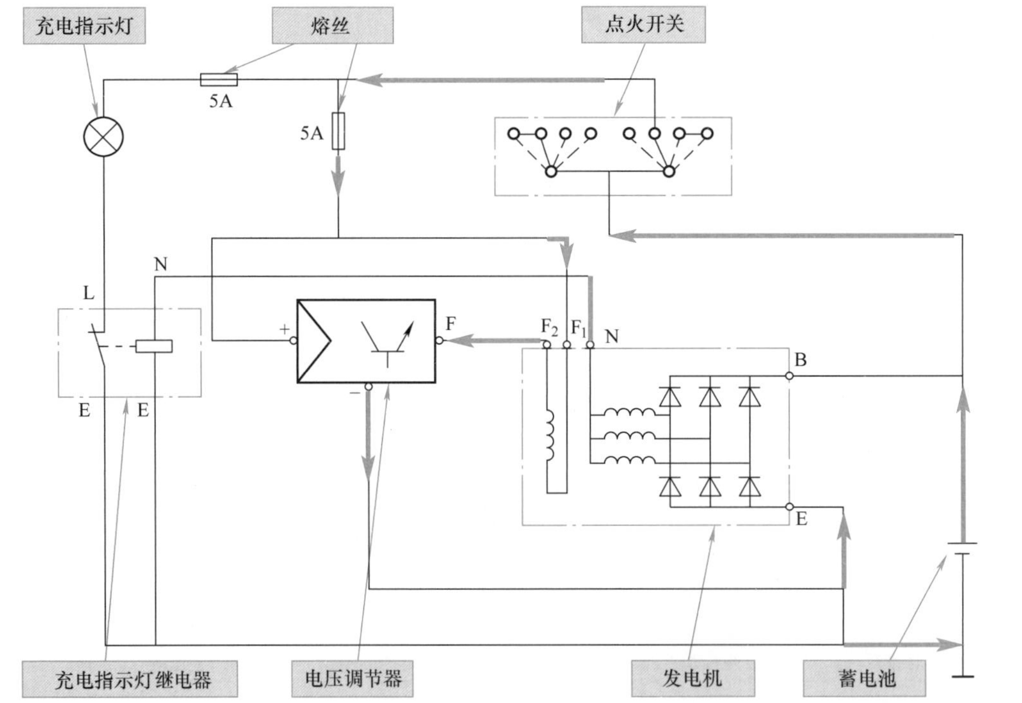

当发动机运转,发电机正常发电时,发电机励磁电路为:

1 发电机的接线端子B → 2 点火开关 → 3 熔丝 → 4 发电机的接线端子F_1 → 5 磁场绕组 → 6 发电机的接线端子F_2 → 7 电压调节器的接线端子F → 8 电压调节器的接线端子"-" → 9 发电机的接线端子E

2.2.3 整体式交流发电机充电电路图的识读

硅整流发电机的发电过程是：先由他励建立电动势，再转入自励正常发电。将电源基本电路改画成下图所示的基本6管型硅整流发电机电源电路，来介绍发电过程。

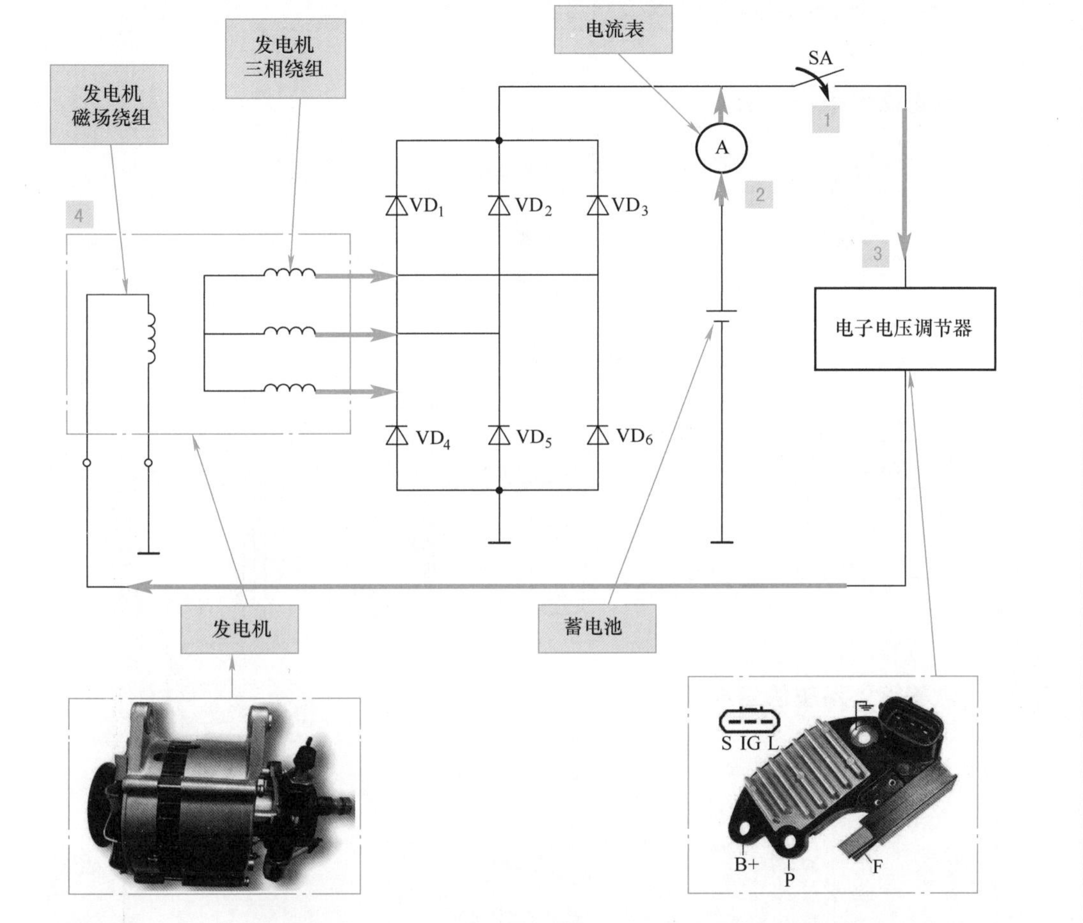

1	接通点火开关SA
2	蓄电池电流经电流表后，流经点火开关
3	经电子电压调节器向发电机提供电流
4	电流使定子三相绕组中产生较高的感应电动势，突破了硅二极管的阈值电压。三相交流电变为直流电，转入正常的自励发电状态

特别提醒

在他励阶段，由于硅整流二极管处于蓄电池的反向电压下而截止，铅蓄电池不可能向发电机内部放电，只能通过电子电压调节器提供励磁电流，故不会将发电机烧毁。硅整流器是利用硅二极管的单向导电特性将交流电变成直流电的。

2.3 点火系统电路图

2.3.1 点火系统的组成

传统点火系统的组成

传统点火系统主要由电源、点火线圈、分电器、火花塞及点火开关等组成。

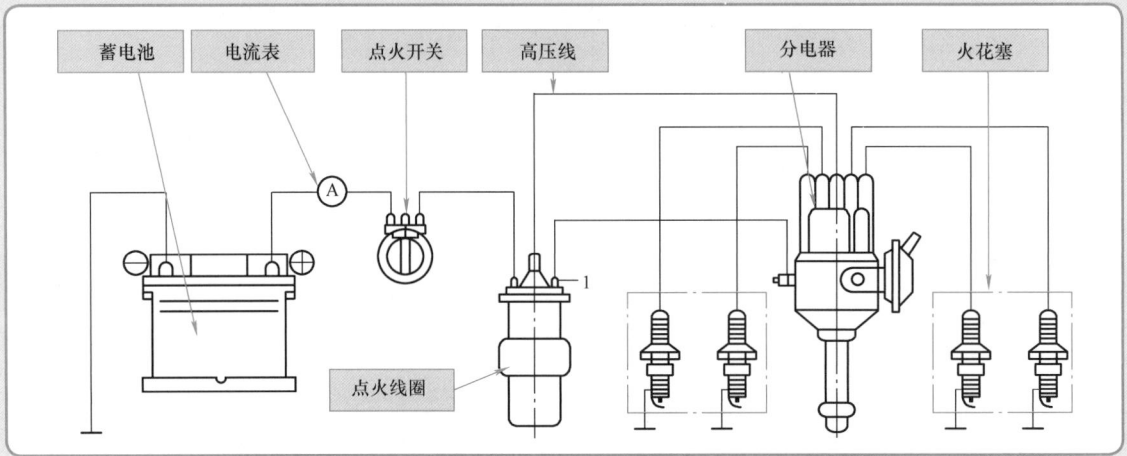

电子点火系统的组成

电子点火系统主要由电源、点火线圈、点火控制器、分电器（内装信号发生器）、火花塞、点火开关等组成。

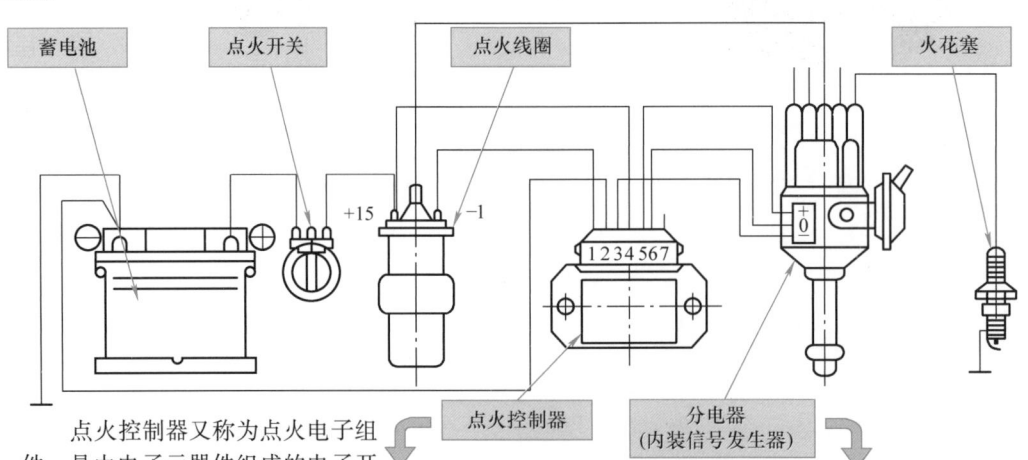

点火控制器又称为点火电子组件，是由电子元器件组成的电子开关电路。其主要作用是根据信号发生器发出的点火脉冲信号，接通或切断点火线圈初级绕组电路。

信号发生器可分为磁感应式和霍尔式两种。其根据发动机气缸的点火时刻产生相应的点火脉冲信号，控制点火控制器接通或切断点火线圈初级绕组电流通路的具体时刻。

微机控制点火系统的组成

微机控制点火系统主要由传感器、电控单元（ECU）、点火控制器、点火线圈、点火开关、火花塞等组成。

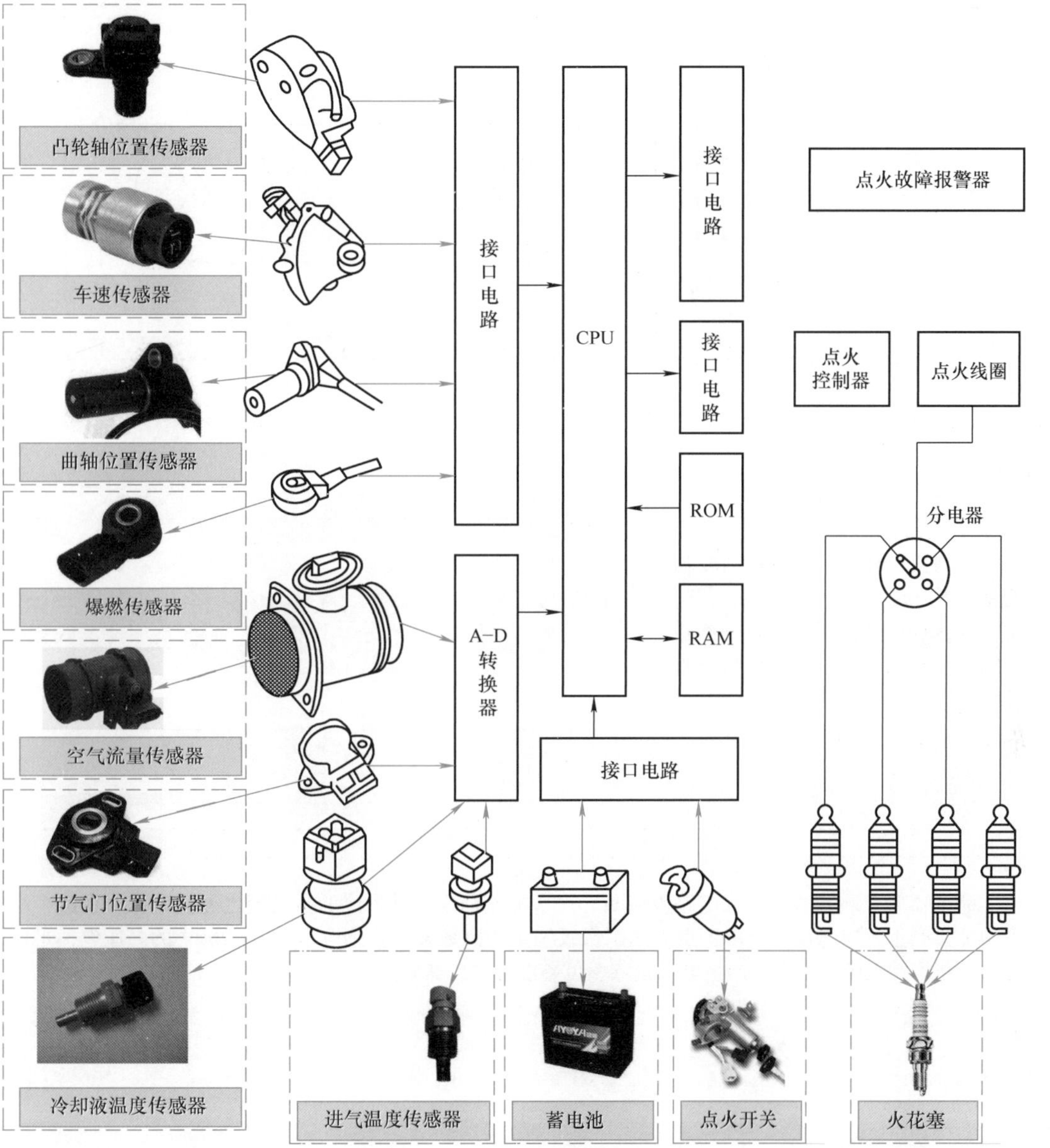

点火系统中的传感器主要用于检测与点火有关的发动机工作状况，并将检测结果输入ECU，作为计算和控制点火时刻的依据。尽管各型汽车采用的传感器类型、数量、结构及安装位置不同，但其作用都大同小异。

电控单元（ECU）用于接收各传感器及开关信号，并按特定的程序进行分析判断及运算后，向点火控制器输出最佳点火提前角和点火线圈初级绕组电路接通时间的控制信号。在现代发动机电控系统中，点火系统仅是一个子系统。

2.3.2 传统点火系统电路图的识读

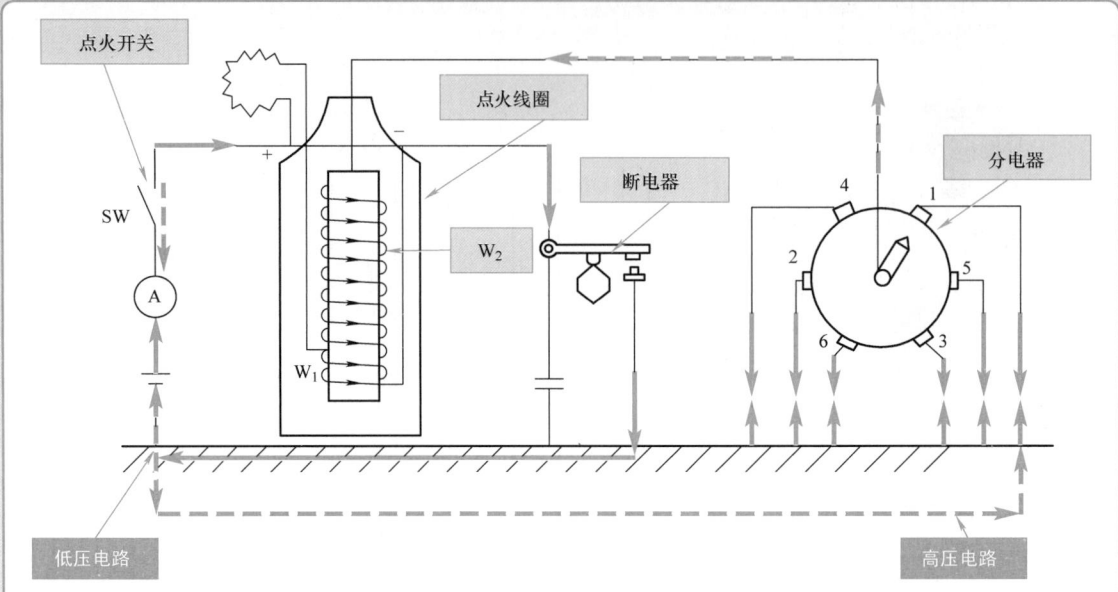

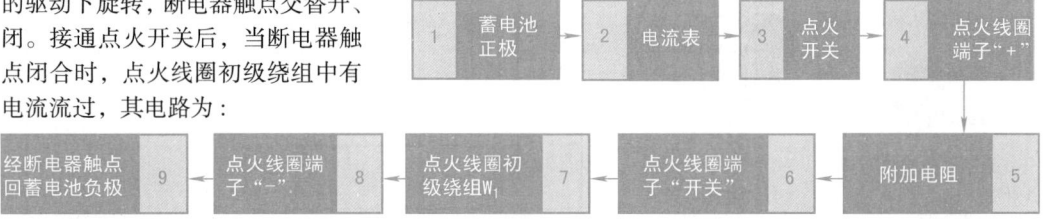

发动机工作时,凸轮在凸轮轴的驱动下旋转,断电器触点交替开、闭。接通点火开关后,当断电器触点闭合时,点火线圈初级绕组中有电流流过,其电路为:

蓄电池正极 → 电流表 → 点火开关 → 点火线圈端子"+" → 附加电阻 → 点火线圈端子"开关" → 点火线圈初级绕组W_1 → 点火线圈端子"-" → 经断电器触点回蓄电池负极

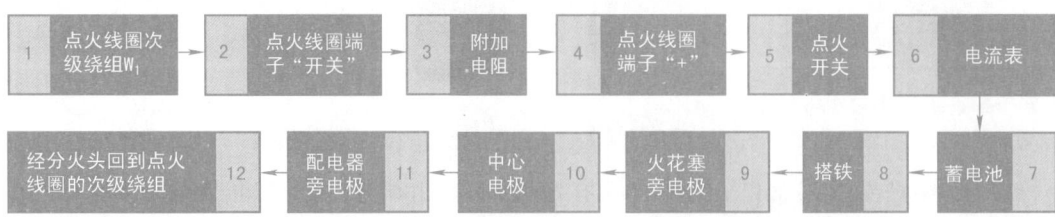

断电器触点断开时,一次电路被切断,一次电流消失,其形成的磁场随之迅速变化,在两个绕组中都会产生感应电动势。由于点火线圈次级绕组的匝数多,将感应出 15~20kV 的高压电,足以击穿火花塞的电极间隙,并产生电火花点燃可燃混合气,其电路为:

点火线圈次级绕组W_1 → 点火线圈端子"开关" → 附加电阻 → 点火线圈端子"+" → 点火开关 → 电流表 → 蓄电池 → 搭铁 → 火花塞旁电极 → 中心电极 → 配电器旁电极 → 经分火头回到点火线圈的次级绕组

发动机工作时,断电器凸轮和分电器轴在发动机凸轮轴的驱动下连续旋转,断电器的触点循环开闭。断电器的触点每断开一次,点火线圈就产生一次高压电。分电器轴每转一转,配电器就按照发动机的点火顺序,轮流向各缸火花塞输送一次高压电,产生电火花点燃混合气,保证发动机工作。若要发动机停止工作,只需断开点火开关,切断低压电路即可。

2.3.3 电子点火系统电路图的识读

霍尔式电子点火系统

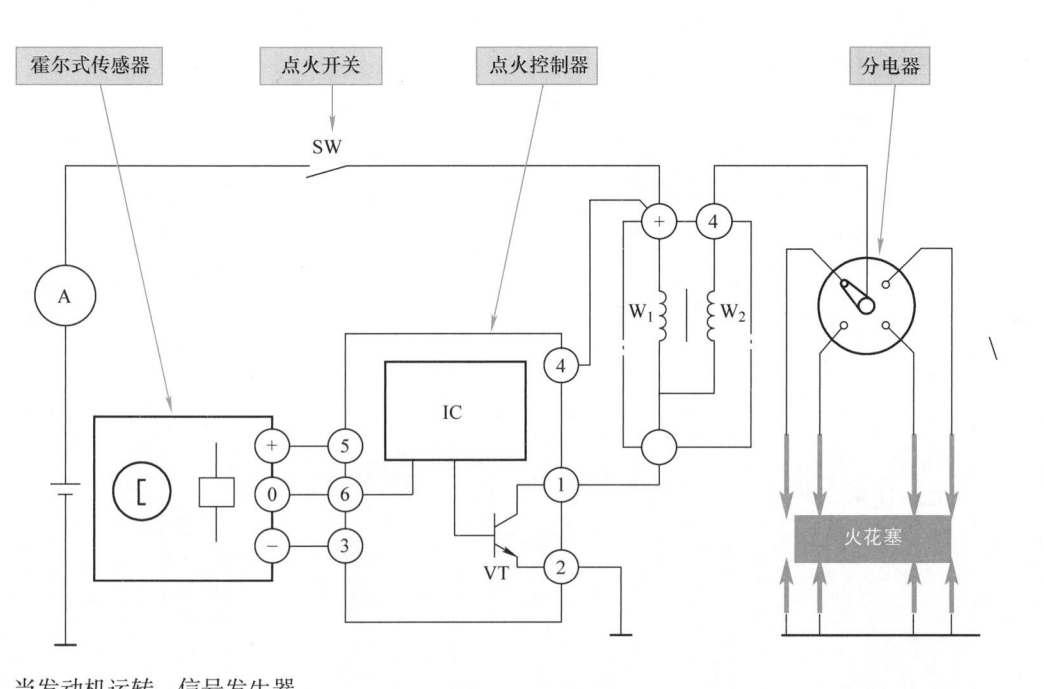

当发动机运转,信号发生器输出高电压时,点火器中的大功率晶体管导通,初级绕组中有电流流过,其电路为:

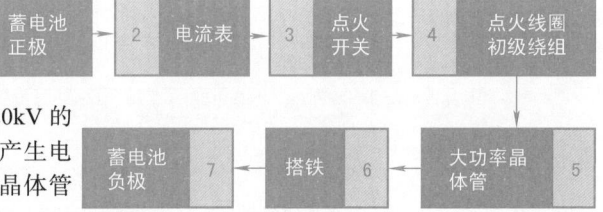

次级绕组的匝数多,能产生 15～20kV 的高压电,足以击穿火花塞的电极间隙,产生电火花,点燃可燃混合气。点火器大功率晶体管每截止一次,点火线圈就产生一次高压电。

特别提醒

一次电流在线圈的铁心中形成磁场。当信号发生器输出低电压时,点火器中的大功率晶体管截止,切断一次电路,一次电流消失,其磁场随之迅速变化,在两个绕组中感应出电动势。

分电器轴每转一转,配电器就按发动机的点火顺序,轮流向各缸火花塞输送一次高压电。当发动机工作时,点火信号转子在发动机凸轮轴的驱动下连续旋转,传感器中不断产生点火信号,大功率晶体管循环导通与截止,点火线圈不断产生高压电,配电器按点火顺序循环向各缸火花塞输送高压电,产生电火花,点燃混合气,保证发动机正常工作。若要发动机停止工作,只需断开点火开关,切断低压电路即可。

磁感应式电子点火系统

磁感应式电子点火系统的组成和原理基本与霍尔式电子点火系统相同，不同点主要是点火信号发生器。磁感应式无触点点火系统电路如下：

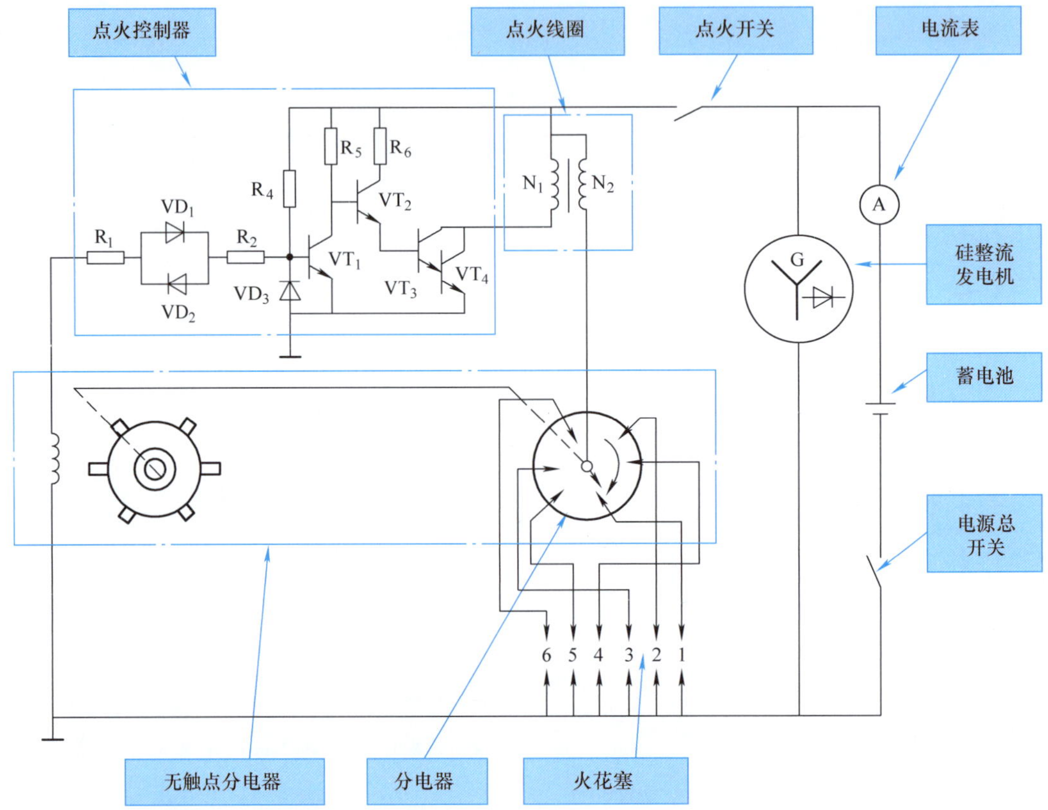

磁感应式点火信号发生器 → 当定时转子随分电器轴转动时，定时转子凸齿与定子组成的气隙便发生周期性变化，使穿过传感器线圈的磁通也发生周期性变化，于是在传感器线圈内产生交变的感应信号电压。分电器轴旋转一周，产生6（与气缸数有关）个点火信号脉冲，经电子点火器依次触发各缸点火。

点火控制器 → 电子点火器对点火信号发生器送来的交变电压信号进行整形、放大，以控制点火线圈一次电路的接通和断开，使点火线圈中的磁通发生变化，从而使点火线圈次级绕组产生高压。

当点火开关接通时，蓄电池经 R_4 向 VT_1 提供基极电流，使 VT_1 导通。此时，VT_1 的集电极电位接近于 0V，所以 VT_2、VT_3、VT_4 截止。这样，即使未关闭点火开关，只要分电器轴不转动，点火线圈初级绕组就无电流通过，可防止因点火开关未切断而使蓄电池长期向初级绕组放电，产生点火线圈发热现象。

2.3.4 微机控制点火系统电路图的识读

微机控制带有分电器的点火系统

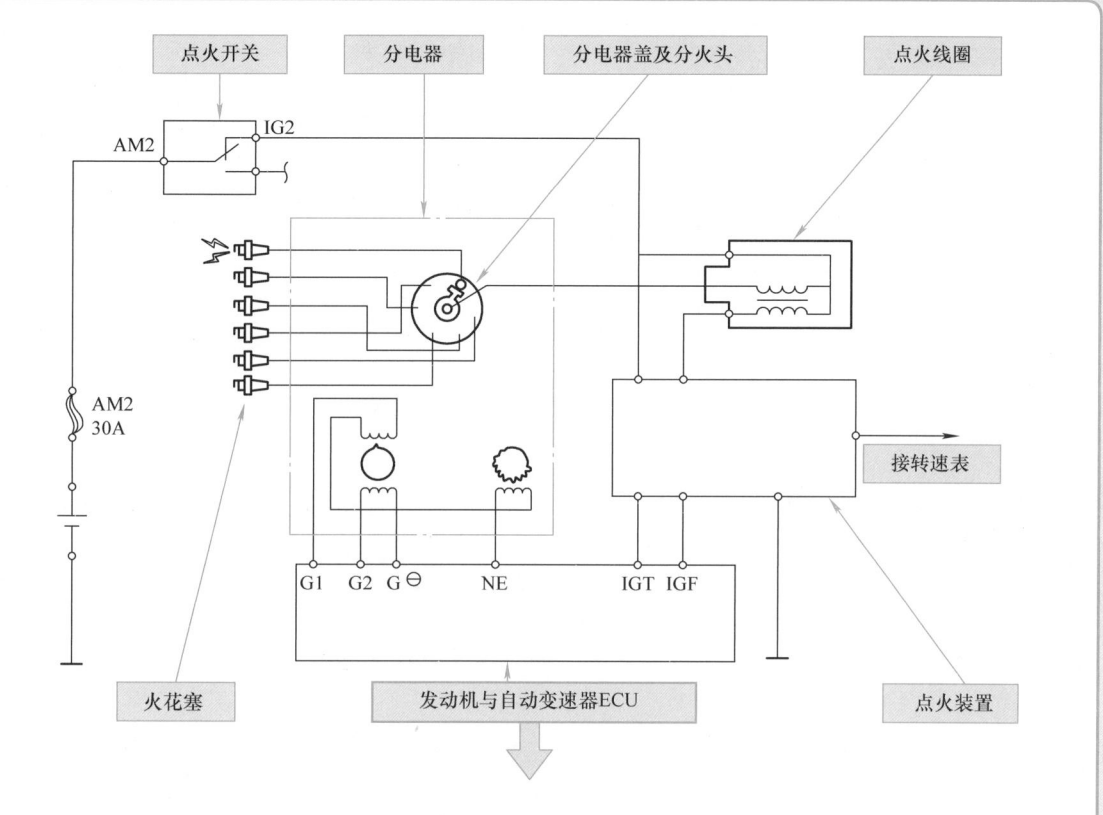

ECU 内存程序中有发动机各种工况下的最佳点火正时信息，可根据发动机转速、进气量、冷却液温度传感器等输入的信号计算出点火正时，并向点火控制器输出指令，及时切断点火线圈初级绕组通路，在点火线圈次级绕组中产生高压电，由分电器按发动机工作顺序将高压电分配给各缸火花塞。

这种点火电路尽管具有点火正时准确、点火电压高、点火能量大等优点，在很大程度上满足了现代发动机高转速、高压缩比、进气增压、燃用稀混合气及降低排气污染的要求，但其高压配电回路却没有摆脱机械配电方式，存在点火能量损失大、高速时点火能量不易保证、点火正时误差大、无线电干扰严重等缺陷。因此，现代轿车上广泛采用无分电器点火系统。

双缸同时配电方式

双缸同时配电方式是指点火线圈每产生一次高压电，两个对称气缸的火花塞同时点火，一个气缸处于压缩行程末期，是有效点火，另一个气缸处于排气行程末期，是无效点火。由于无效点火的气缸温度较高而压力低，所以对有效点火气缸的影响很小。双缸同时配电方式有二极管配电式和点火线圈配电式两种形式。

二极管配电式点火电路

点火线圈由两个初级绕组和一个次级绕组构成,次级绕组的两端通过4只高压二极管与火花塞串联构成回路。

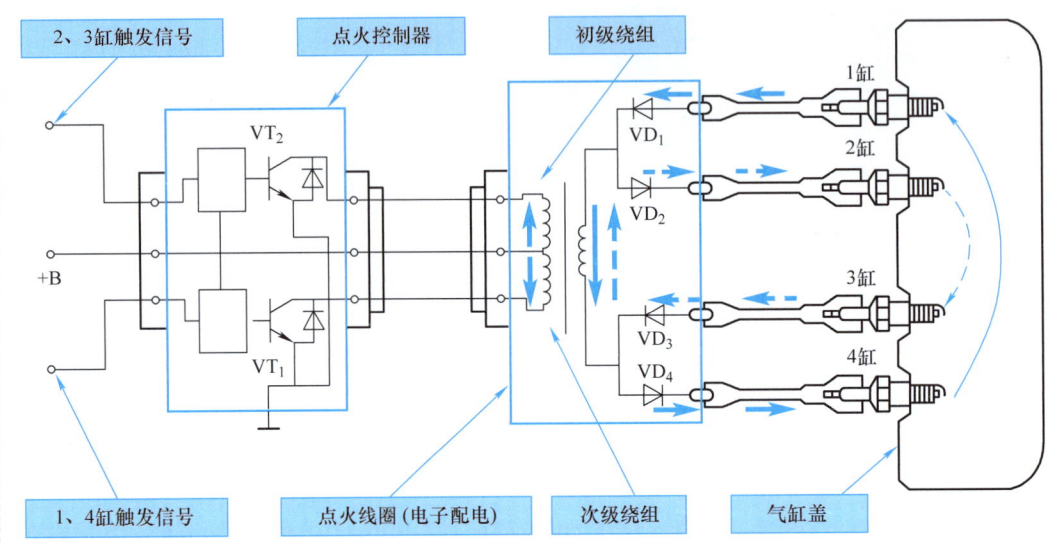

点火线圈配电式点火电路

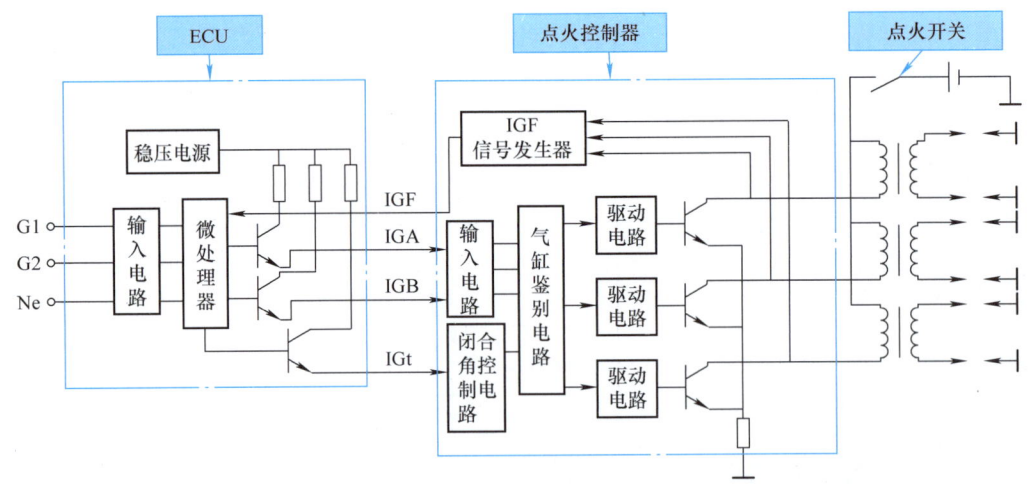

点火控制器根据ECU输出的点火控制信号,按点火顺序轮流触发大功率晶体管导通、截止,从而控制每个点火线圈轮流产生高压电,使成对的两缸火花塞跳火,点燃混合气。

2.4 照明系统电路图

第 2 章

2.4.1 照明系统电路的组成

照明系统主要由蓄电池（发电机）、熔丝、灯控开关、灯光继电器、变光器、灯及其电路组成。汽车照明灯包括前照灯、雾灯、顶灯、牌照灯、示宽灯、尾灯、仪表灯、倒车灯、阅读灯及其他辅助用灯。

汽车外部照明灯

汽车内部照明灯

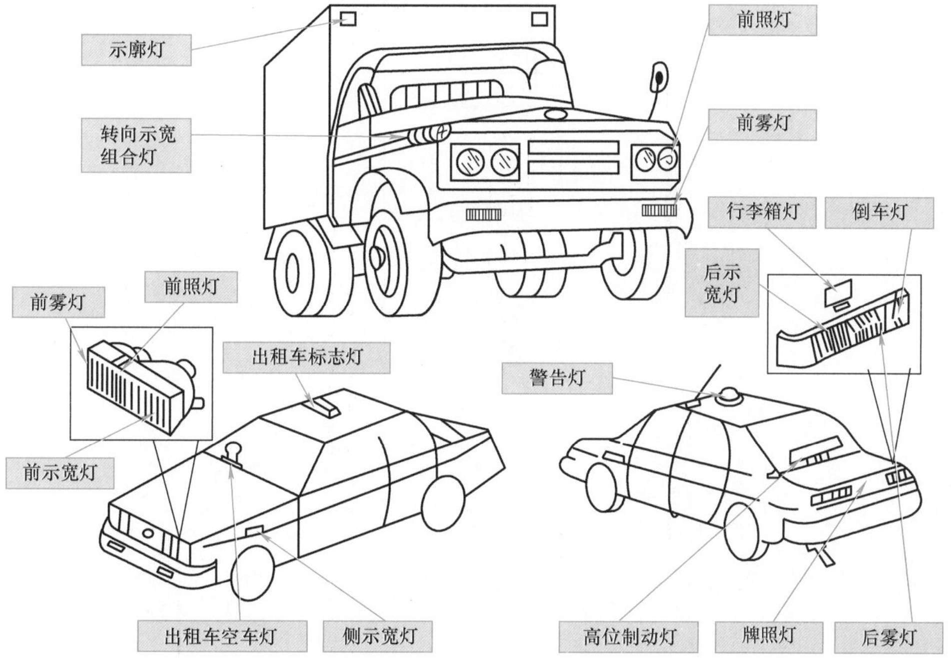

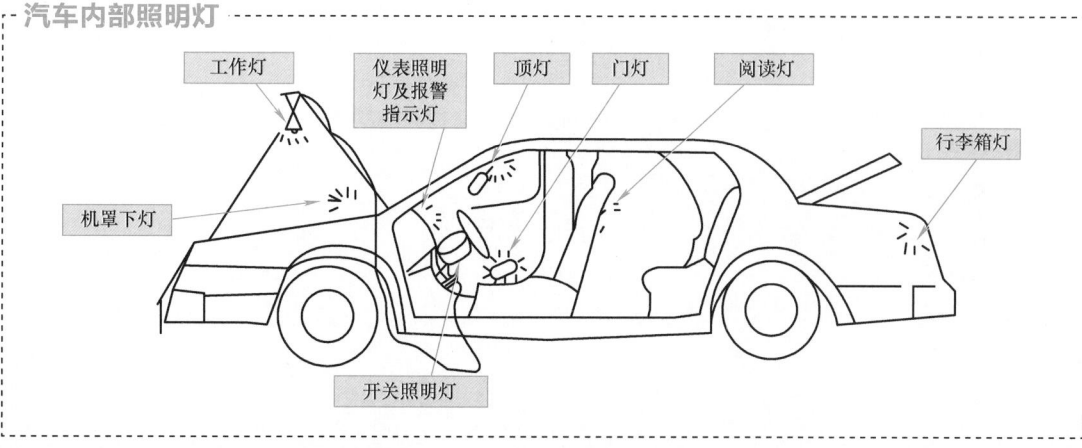

2.4.2 照明系统电路图的识读

随着汽车前照灯亮度的增大，远光灯灯丝功率变大。为了保护车灯照明开关，避免触点烧蚀，大多数汽车采用灯光继电器来控制，在此以继电器照明电路为例进行介绍。

要点提示

室内灯位于车内前部顶棚上，其功能是给驾驶人提供照明条件。此外，它还能受各车门开关控制，为驾驶人提供各个车门的开闭状态信号。

在有些车辆中，为了保证发动机顺利起动，当点火开关位于起动档时，前照灯及空调系统等耗电量较大的用电设备的电路将切断。

第2章 汽车主要电路图的识读

提醒关灯电路

如果驾驶人在行车时忘记关闭前照灯开关，提醒关灯电路就会提示驾驶人关闭前照灯开关。

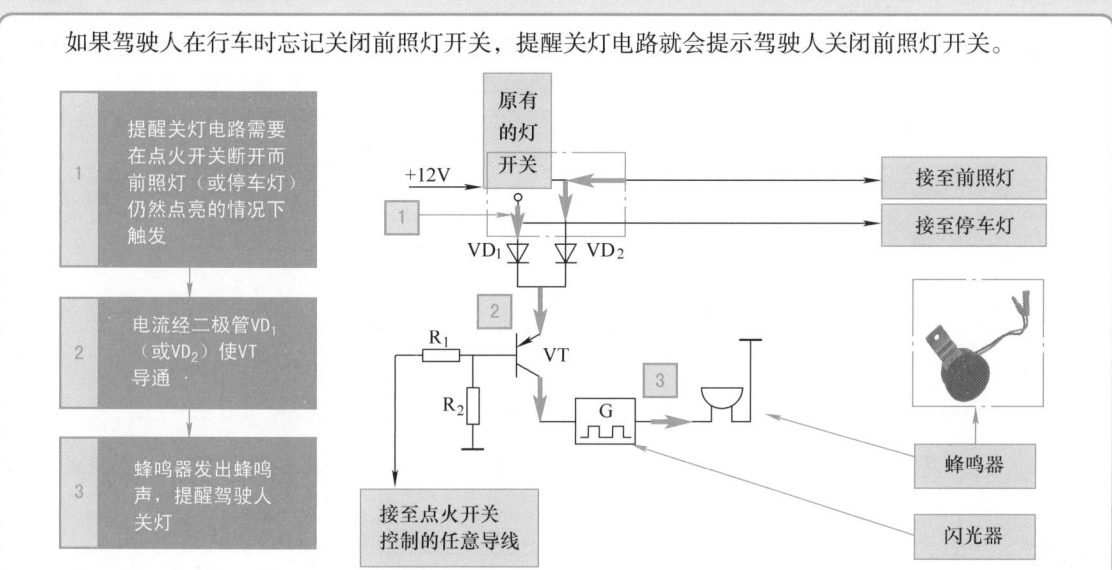

1	提醒关灯电路需要在点火开关断开而前照灯（或停车灯）仍然点亮的情况下触发
2	电流经二极管VD_1（或VD_2）使VT导通
3	蜂鸣器发出蜂鸣声，提醒驾驶人关灯

要点提示

在提醒关灯电路中，若此时汽车正接通点火开关，VT的基极电位提高，VT截止，就断开了送往蜂鸣器的电流，使之无法发出声音。

前照灯关闭延时控制电路

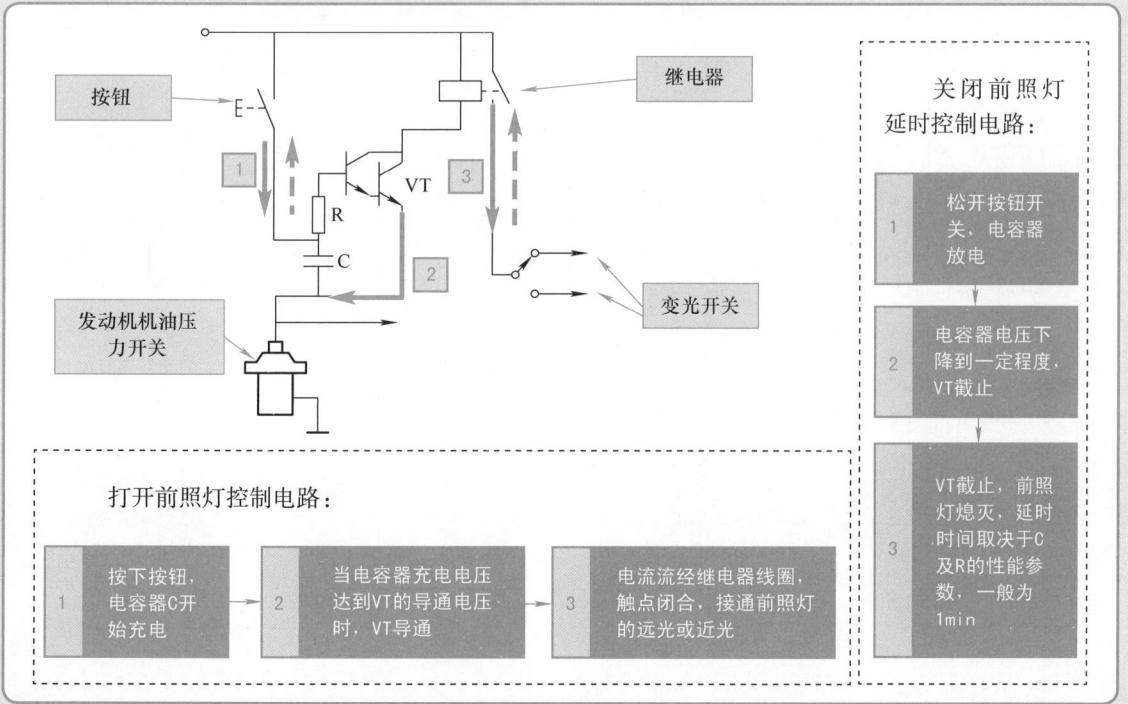

关闭前照灯延时控制电路：

1	松开按钮开关，电容器放电
2	电容器电压下降到一定程度，VT截止
3	VT截止，前照灯熄灭，延时时间取决于C及R的性能参数，一般为1min

打开前照灯控制电路：

| 1 | 按下按钮，电容器C开始充电 | 2 | 当电容器充电电压达到VT的导通电压时，VT导通 | 3 | 电流流经继电器线圈，触点闭合，接通前照灯的远光或近光 |

雾灯电路

雾灯采用波长较长的黄色、橙色或红色光，它们穿透能力强，用于在雨雾天气行车时道路的照明和发出警示。

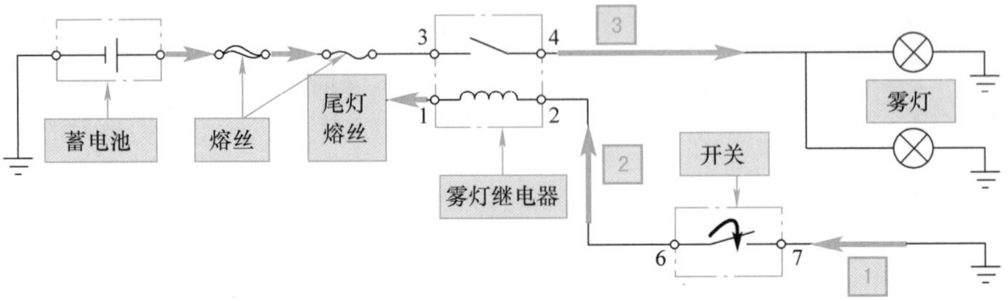

3
4
3
1
2
蓄电池
熔丝
尾灯熔丝
雾灯继电器
2
开关
雾灯
6
7
1

1 按下雾灯开关 → 2 雾灯继电器磁化线圈有电流通过，其常开触点闭合 → 3 蓄电池电流经雾灯继电器常开触点至雾灯接地，雾灯点亮

汽车内部照明电路

1 接通电源 → 2 电流通过二极管VD、电阻R_1，电位器R_2向电容器C_2充电 → 3 C_2的端电压上升使晶体管VT获得足够的偏压，VT导通 → L_1中的电流通过三个次级绕组，产生感应电动势 → 4 在VT饱和导通的过程中，L_2的感应电动势给C_2反向充电 → 5 当C_2反向充电到一定电压时，VT趋向截止 → 6 如此反复为荧光灯起辉

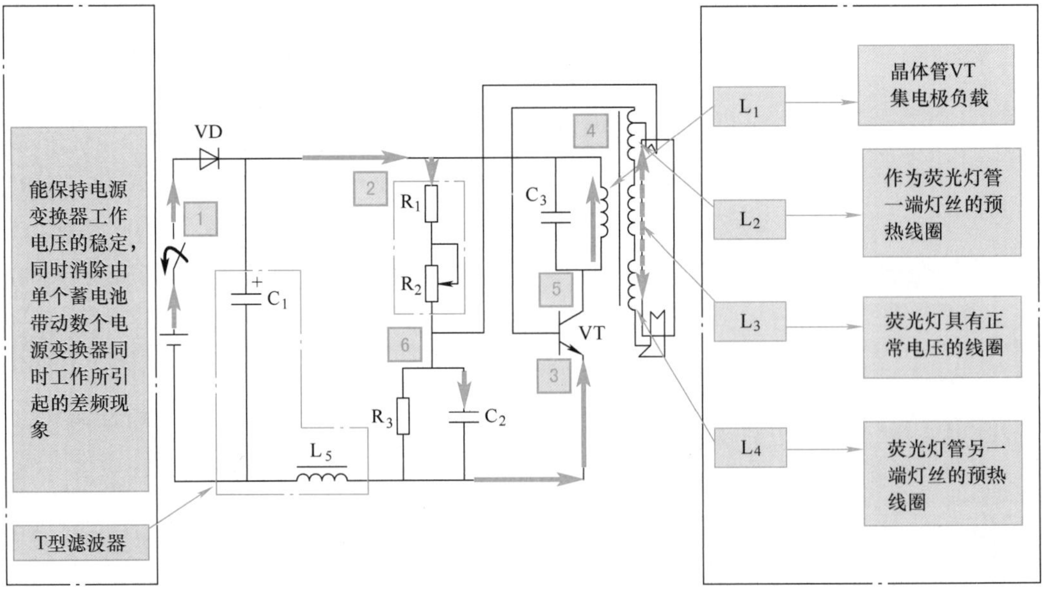

能保持电源变换器工作电压的稳定，同时消除由单个蓄电池带动数个电源变换器同时工作所引起的差频现象
T型滤波器
VD
1
2
R1
R2
C1
6
R3
C2
L5
C3
5
3
VT
4
L1
L2
L3
L4
晶体管VT集电极负载
作为荧光灯管一端灯丝的预热线圈
荧光灯具有正常电压的线圈
荧光灯管另一端灯丝的预热线圈

2.5 信号系统电路图

2.5.1 汽车信号装置的组成

汽车信号装置包括灯光信号装置和声音信号装置两部分，通过声、光信号向环境（如人、车辆）发出警告、示意信号，以引起有关人员注意，确保车辆行驶安全。

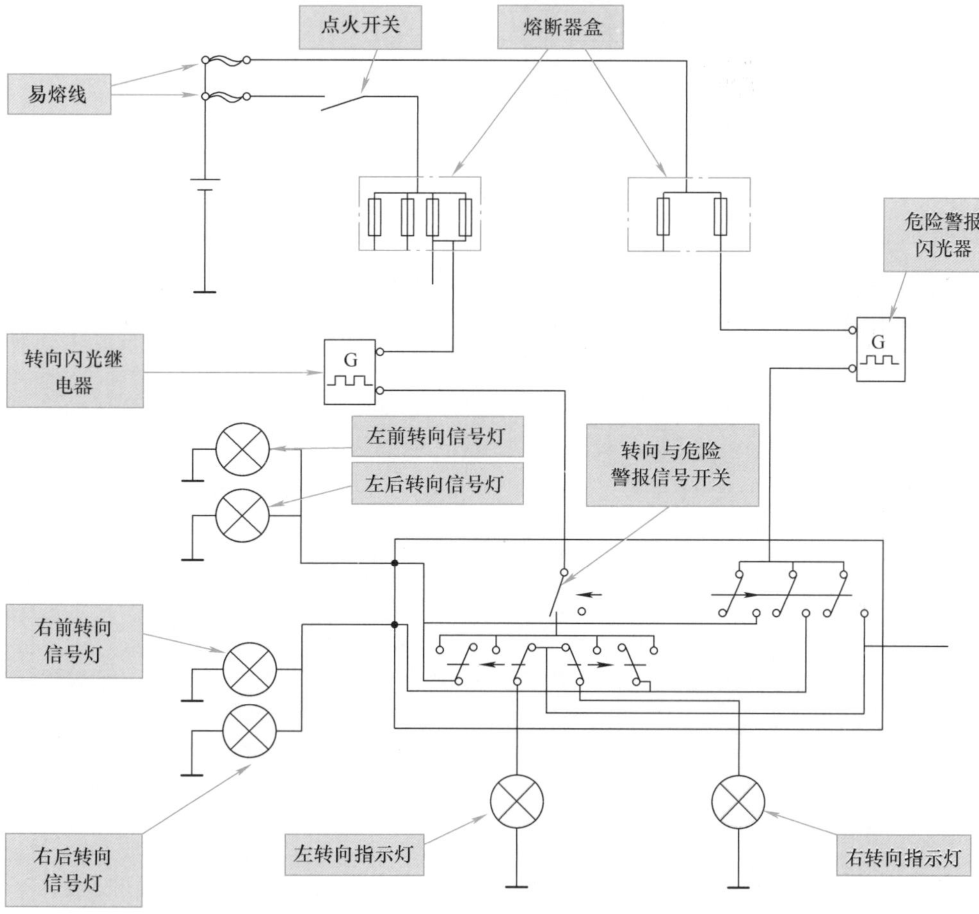

危险报警闪光灯	当车辆出现故障停在路面上时，按下危险报警开关，全部转向灯同时闪亮，危险报警闪光灯与转向信号灯共用
示宽灯	装于汽车前后两侧边缘，白色，用于汽车夜间行驶或停车时的宽度标示
尾灯	装于汽车尾部，左右各一只，红色，用于在夜间行驶时向后面的车辆或行人提供位置信息
制动灯	装于汽车尾部，用于当汽车制动或减速停车时，向车后发出灯光信号，以警示随后车辆及行人

2.5.2 汽车转向系统电路图的识读

常见的闪光继电器有电热式、电容式、电子式三种。其中，电热式闪光继电器分为直热翼片式和旁热翼片式。电热式闪光继电器的结构简单，成本低，但闪光频率不够稳定，使用寿命短，已被淘汰；电容式闪光继电器和电子式闪光继电器闪光频率稳定，被广泛使用。

使用电容式闪光继电器的转向电路

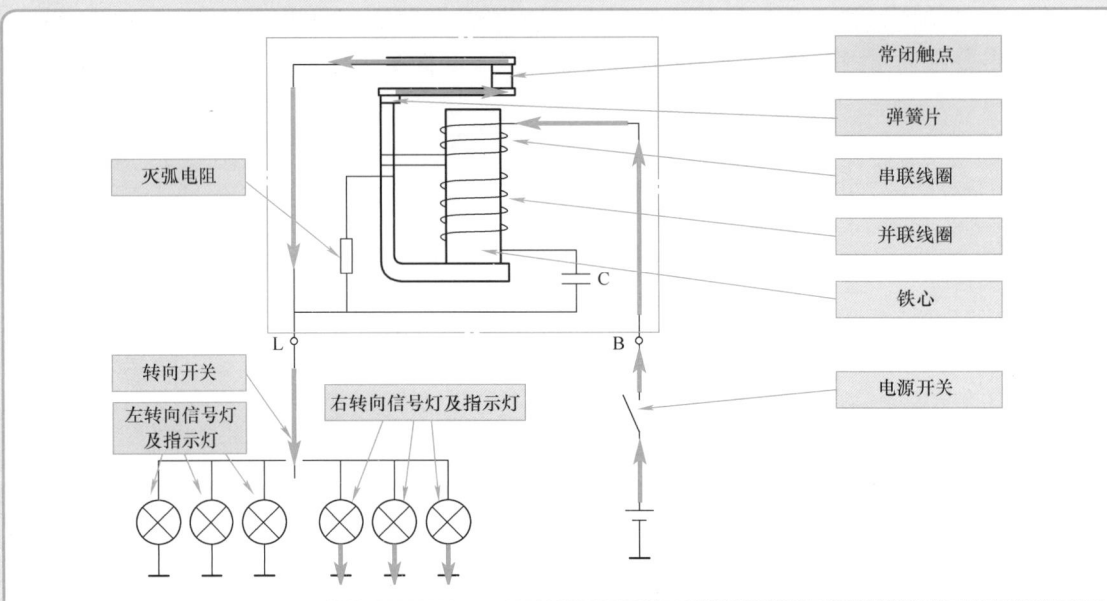

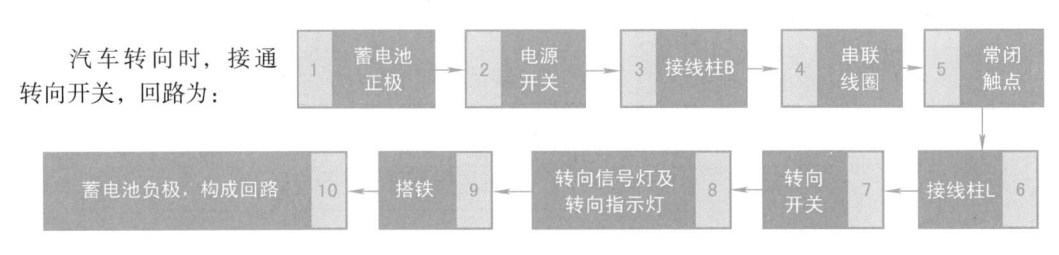

汽车转向时，接通转向开关，回路为：
1 蓄电池正极 → 2 电源开关 → 3 接线柱B → 4 串联线圈 → 5 常闭触点 → 6 接线柱L → 7 转向开关 → 8 转向信号灯及转向指示灯 → 9 搭铁 → 10 蓄电池负极，构成回路

流经串联线圈的电流产生的吸力大于弹簧片的作用力，将触点迅速打开，由于电流流过转向灯灯丝的时间很短，故灯泡处于暗的状态（未来得及亮）。触点打开后，蓄电池开始向电容器C充电，回路为：

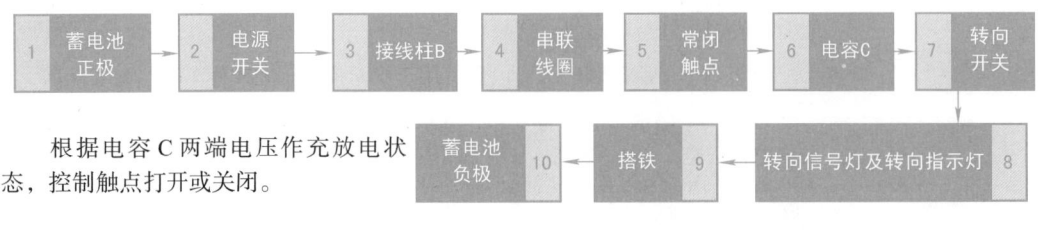

1 蓄电池正极 → 2 电源开关 → 3 接线柱B → 4 串联线圈 → 5 常闭触点 → 6 电容C → 7 转向开关 → 8 转向信号灯及转向指示灯 → 9 搭铁 → 10 蓄电池负极

根据电容C两端电压作充放电状态，控制触点打开或关闭。

第2章 汽车主要电路图的识读

 使用电子式闪光继电器的转向电路

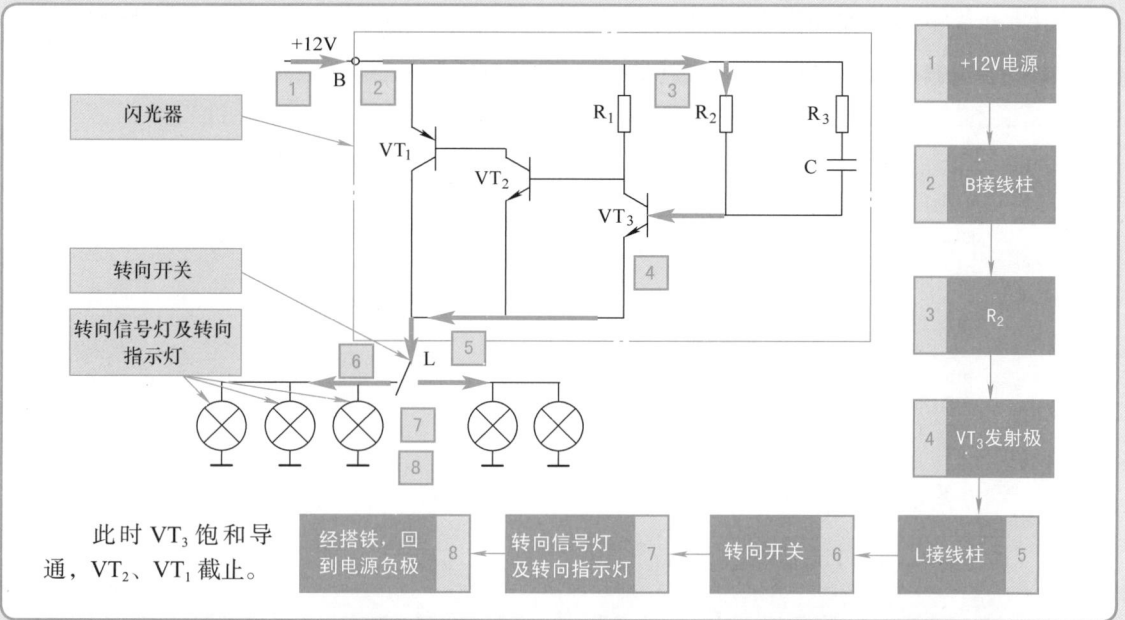

 倒车信号装置

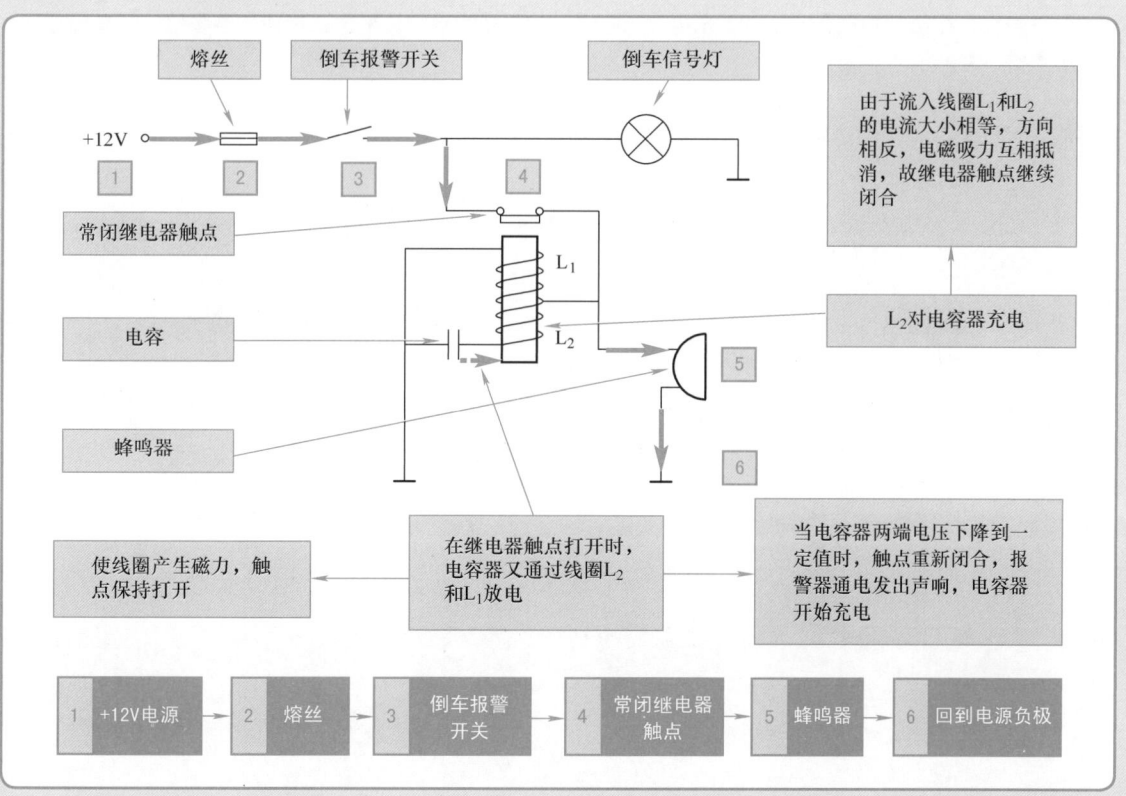

2.5.3 电喇叭电路图的识读

由于普通电喇叭存在触点易烧蚀、氧化，故障率较高等缺点，因此现阶段生产的轿车中已开始用无触点的电喇叭替代普通电喇叭。

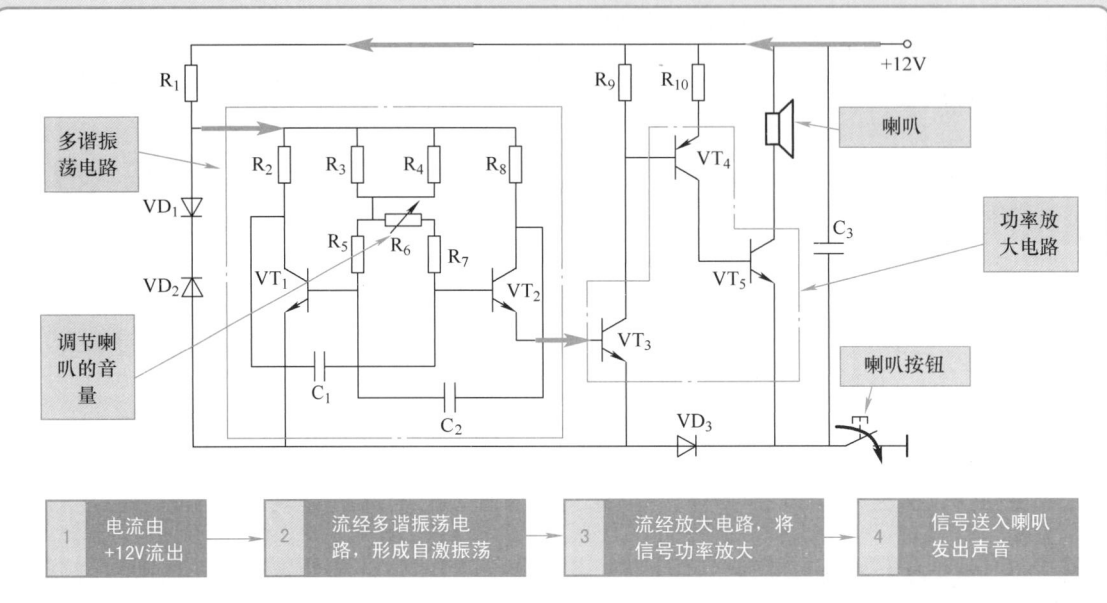

有些汽车在倒车时也有电喇叭提示电路，它与倒车信号电路一起工作，这种电路多用于货车或客货两用车型。

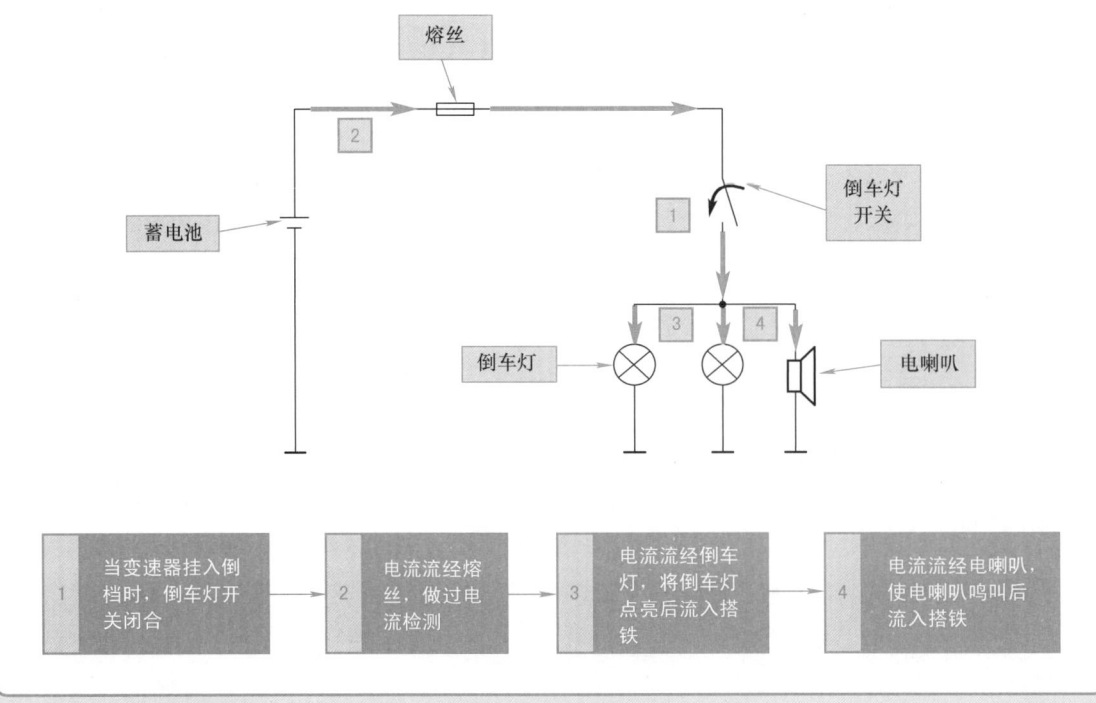

2.6 仪表系统电路图

2.6.1 仪表显示系统电路图的识读

为使驾驶人随时观察了解汽车各系统的工作状况，汽车仪表板上都装有各种指示仪表，常用的有电流表、冷却液温度表、燃油表、转速表、车速里程表等。不同车型装用的仪表个数及结构有所不同。

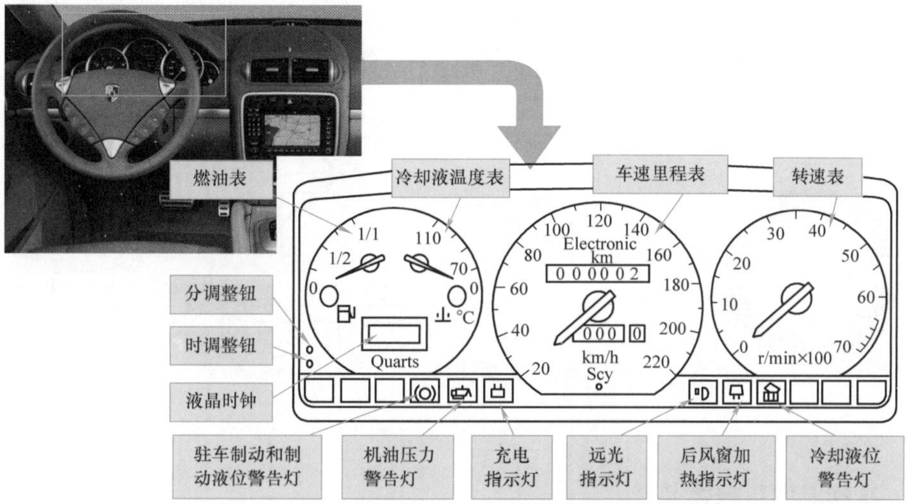

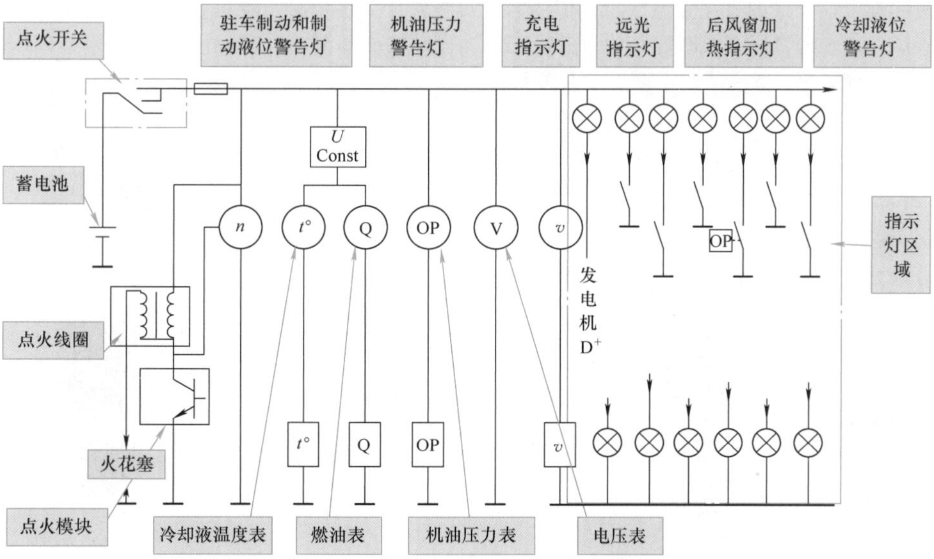

2.6.2 仪表报警装置电路图的识读

汽车报警装置通常由警告灯和自动报警开关组成。当被监测的系统不正常时，开关自动接通，警告灯自动亮，提醒驾驶人注意，如机油压力过低报警、冷却液温度过高报警、燃油不足报警、制动系统低气压报警、制动液液位过低报警、制动信号灯断线报警、蓄电池液位过低报警、空气滤清器堵塞报警等。此处对常见于汽车上的仪表报警装置及其电路进行介绍。

 机油压力报警装置

机油压力报警装置分为膜片式和弹簧管式两种。下图所示为最常见的弹簧管式机油压力报警装置。它由装在发动机主油道的弹簧管式传感器和装在仪表板上的报警灯两部分组成。

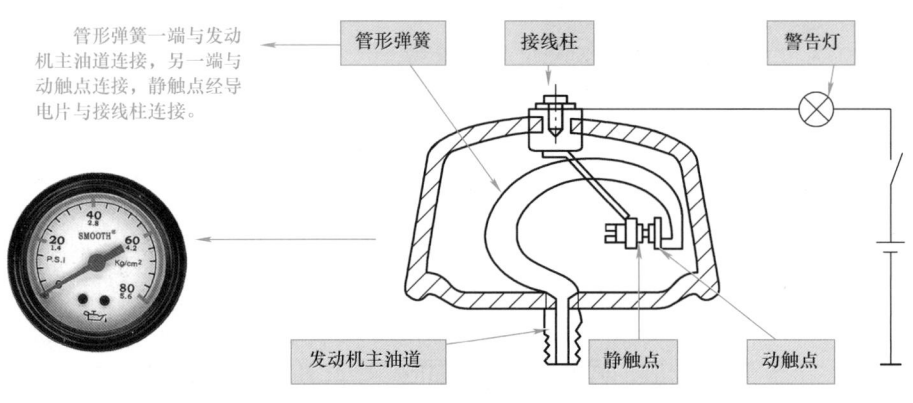

 冷却液温度报警装置

冷却液温度报警装置由双金属片式温度传感器、仪表板上的冷却液温度警告灯两部分组成。当发动机冷却液的温度达到或超过极限温度时，传感器内双金属片受热变形，使触点闭合，警告灯中有电流通过，警告灯亮，提醒驾驶人及时停车检查并冷却。当发动机冷却液的温度正常时，传感器内双金属片温度较低，变形程度小，触点断开，警告灯中无电流通过，警告灯熄灭。

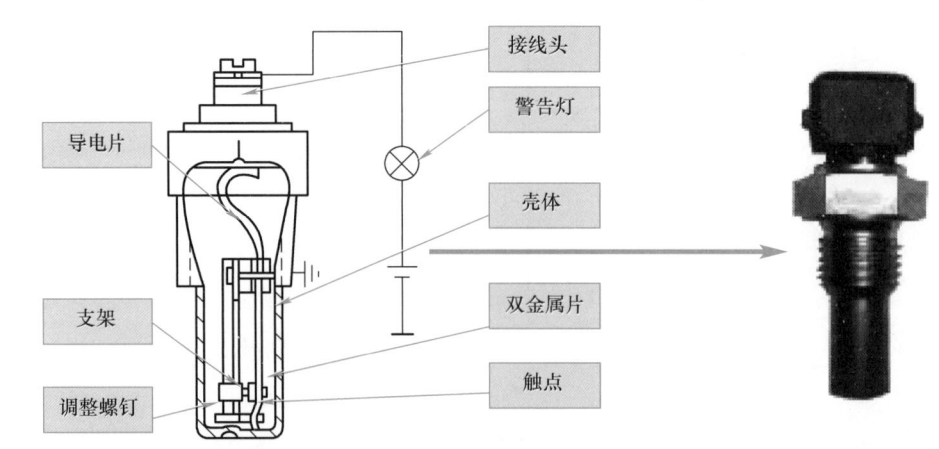

第 2 章 汽车主要电路图的识读

冷却液温度表电路

冷却液温度表高温电路如图中实线所示。

| 1 冷却液温度较高 | → | 2 传感器中热敏电阻的阻值减小 | → | 3 L_2中的电流相对减小 | → | 4 产生磁场使指针向右偏转指向高温刻度 |

冷却液温度表低刻度电路如图中虚线所示。

| 1 冷却液温度较低 | → | 2 传感器中热敏电阻的阻值大 | → | 3 电流经L_1后，大部分流入L_2 | → | 4 产生磁场使指针向左偏转指示低温刻度 |

转速表电路

| 1 蓄电池正极流出 | → | 2 电流流经电阻R_3 | → | 3 电流流经电容C_2 | → | 4 电流流经二极管VD_2 | → | 5 电流流向蓄电池负极 |

| 6 C_2将VT导通 |
| 7 驱动电流表 |
| 8 经过VD_1构成回路 |

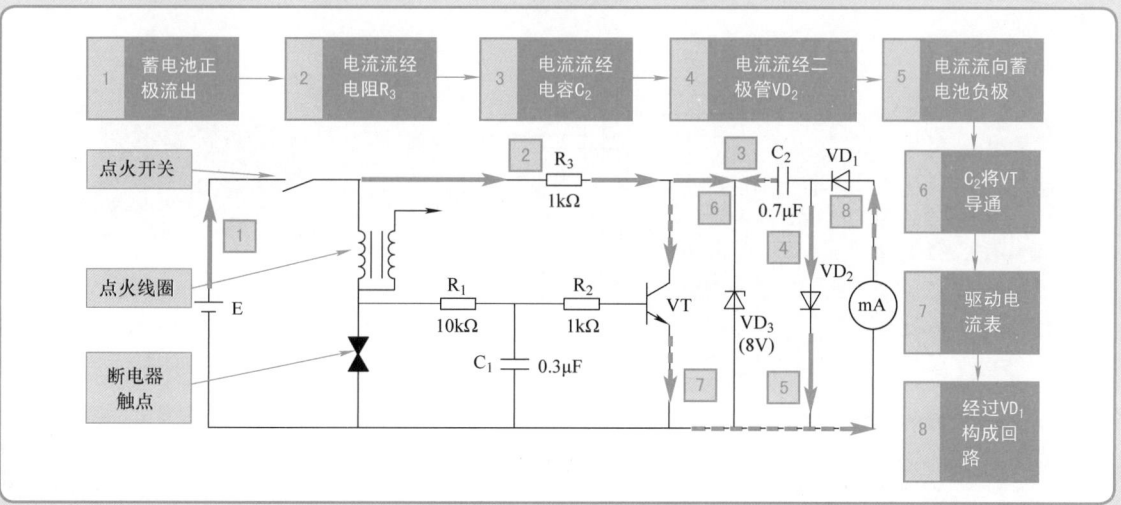

要点提示

当发动机工作时，一次电路不断地导通、截止，其导通、截止的次数与发动机转速成正比。所以，当一次电路不断地导通、截止时，对电容C_2不断地进行充放电，其放电电流平均值与发动机转速成正比，于是将电流平均值标定成发动机转速即可。

燃油表电路

燃油表用于显示油箱内燃油的量。常用的燃油表有电热式、电磁式、电子式三种。

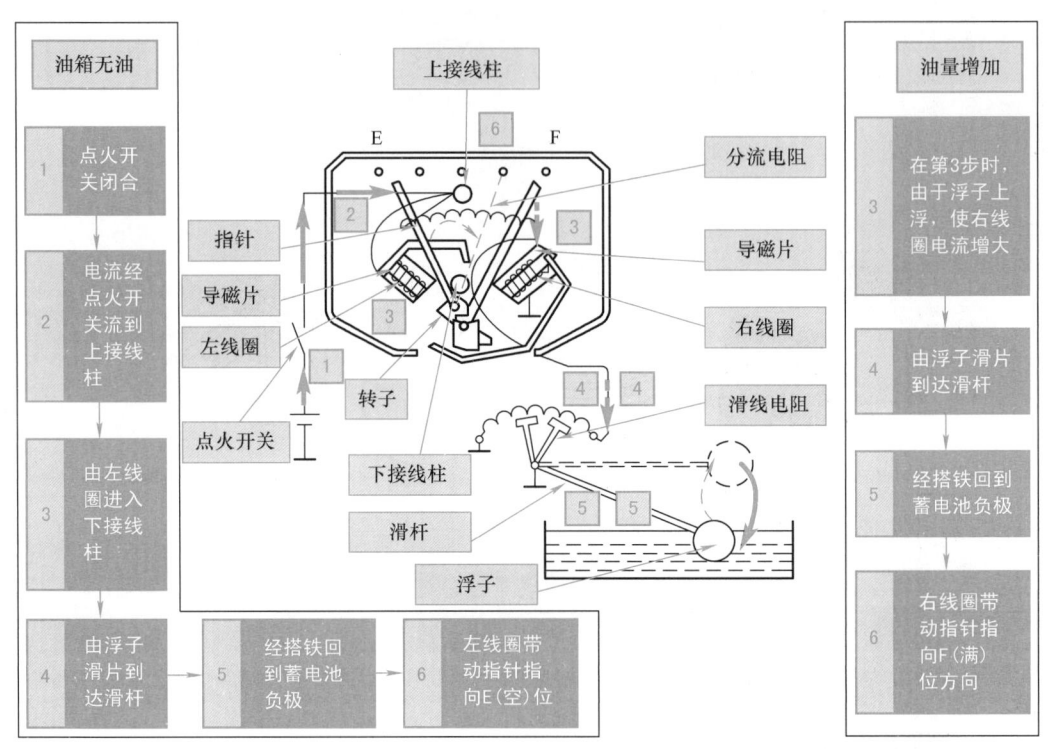

电热式燃油表的原理与电热式机油压力表的原理基本相同。上面介绍的为电磁式燃油表，下面介绍电子燃油表。

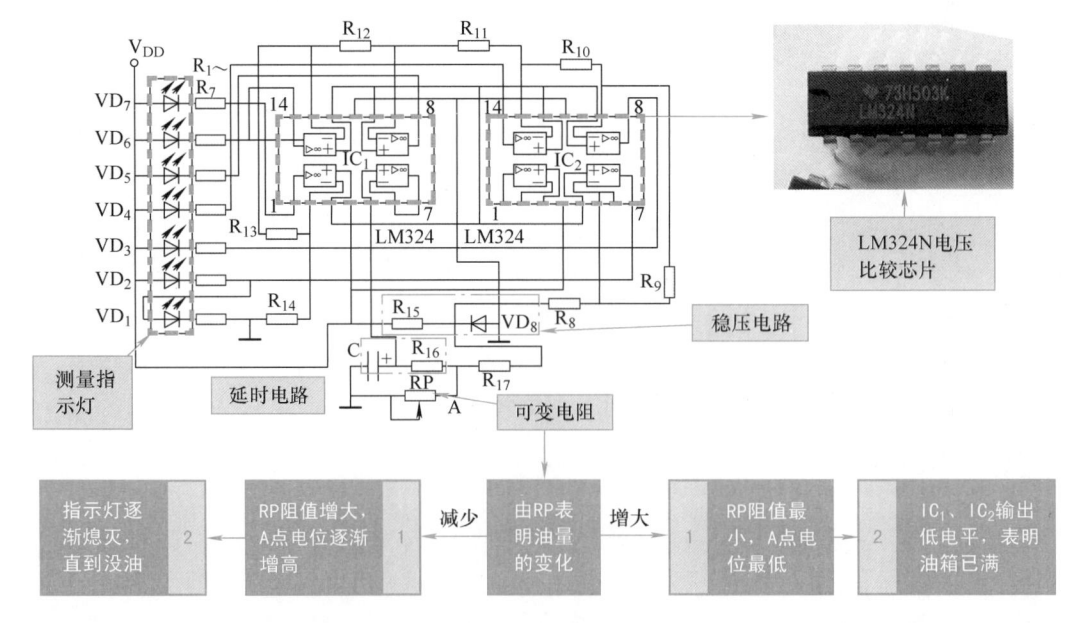

2.7 空调系统电路图

2.7.1 空调系统的组成

汽车空调系统按其功能可分为制冷系统、暖风系统、通风系统、空气净化系统和控制系统等几个主要组成部分。

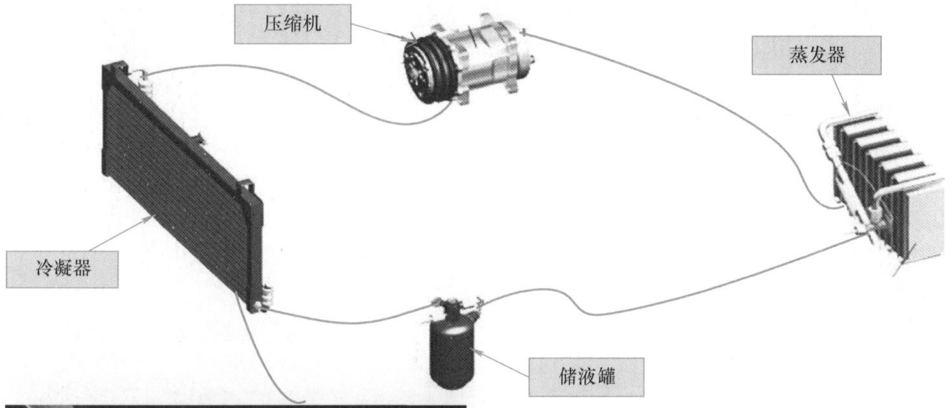

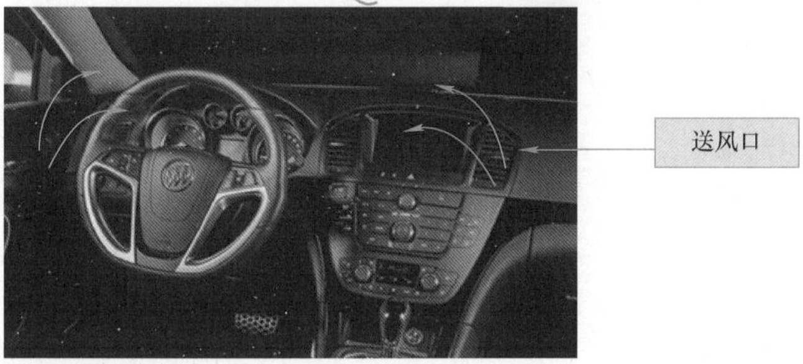

制冷系统：按其制冷循环方式的不同可以分为膨胀阀式和膨胀管式（CCOT方式）。

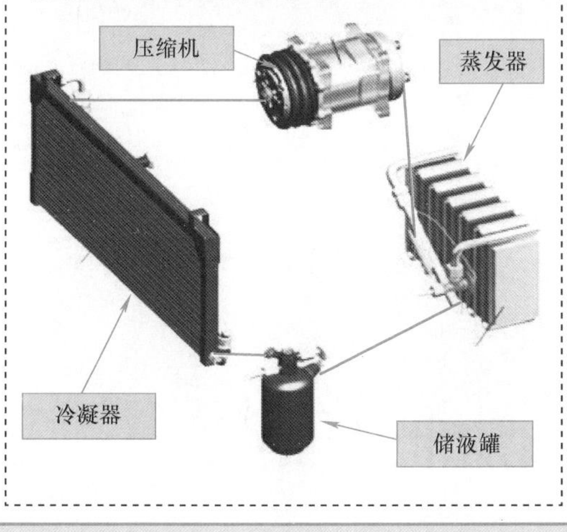

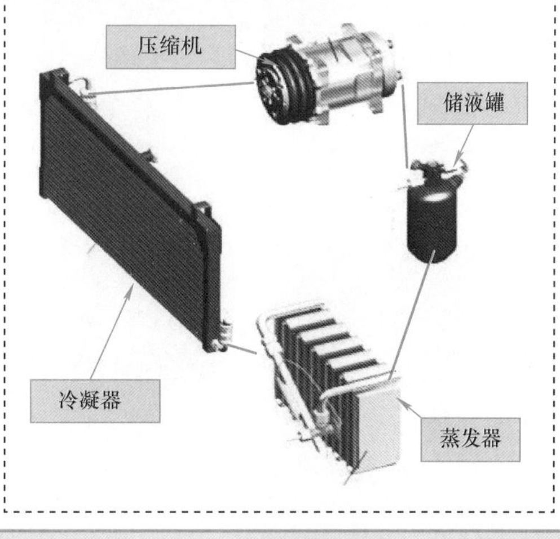

2.7.2 空调系统电路图的识读

汽车空调系统由电源电路、电磁离合器控制电路、鼓风机控制电路和冷凝器风扇电动机控制电路组成。其工作过程如下：

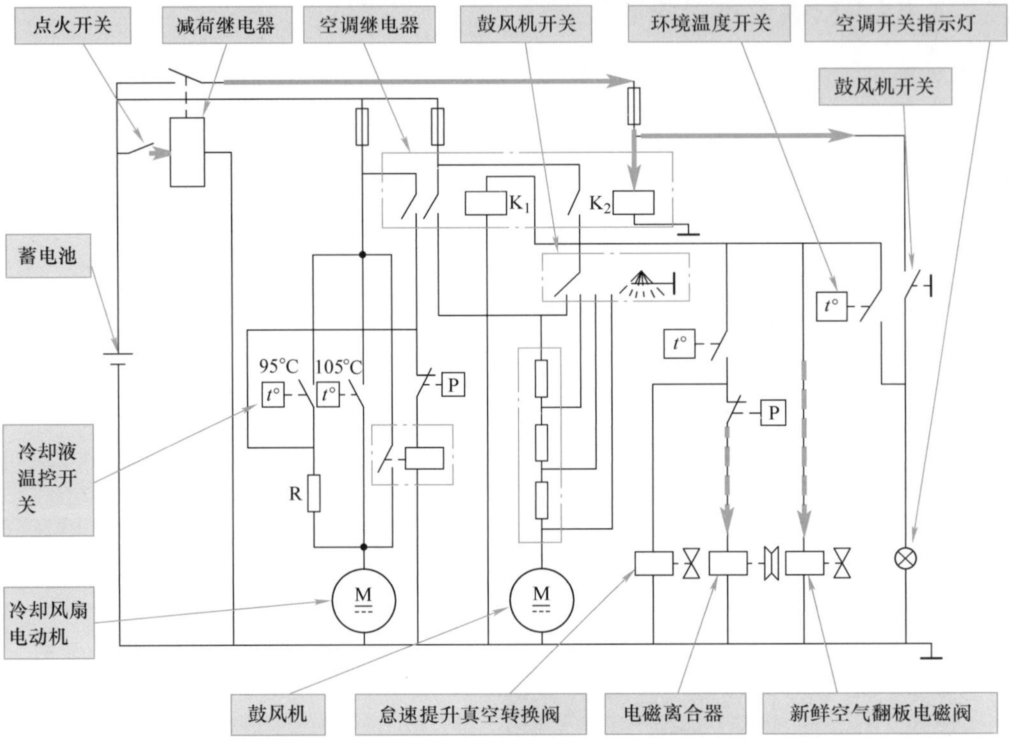

鼓风机电路

1. 点火开关处于接通（置ON）位置
2. 减荷继电器线圈电路接通，触点闭合
3. 空调继电器中的线圈 K_2 通电，接通鼓风机电路
4. 线圈 K_2 通电，接通鼓风机电路

在上图用实线条表示鼓风机电路。

空调电路

接通空调开关，空调开关指示灯亮，上图中用虚线条表示空调电路。

1. 新鲜空气翻板电磁阀电路接通，制冷系统使车内空气内循环
2. 经低压保护开关对电磁离合器线圈供电，接通急速提升真空转换阀
3. 对空调继电器中的线圈 K_1 供电
4. 接通冷凝器冷却风扇继电器线圈电路，并接通鼓风机电路

2.8 安全气囊电路图

2.8.1 安全气囊电路的组成

汽车安全气囊系统（Supplemental Restraint System，SRS）是汽车上的一种辅助保护系统，与座椅安全带配合使用，可以为驾乘人员提供十分有效的防撞保护。

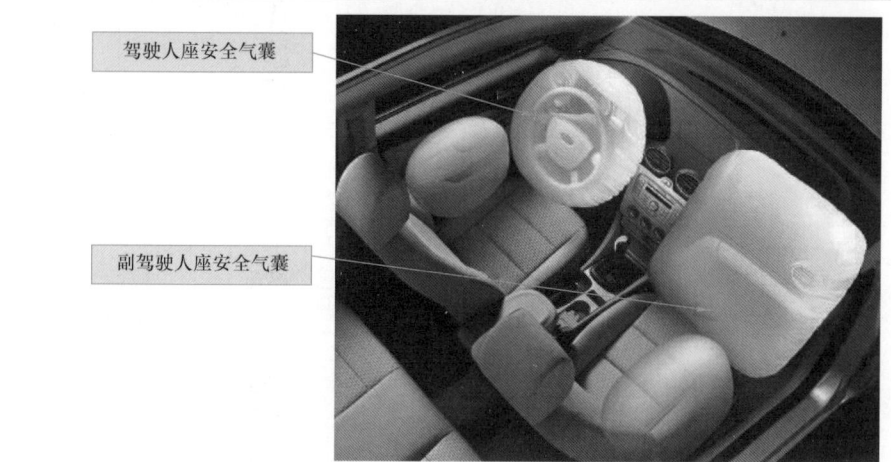

从传感器接收信号到气囊张开仅需 50ms，而驾驶人撞向转向盘的时间约为 60ms，故在发生碰撞时，安全气囊能有效地保护驾驶人，避免驾驶人直接撞转向盘的危险。安全气囊从触发到充气膨胀，再到驾驶人头部陷入气囊，直至气囊被压扁的全过程，用时不超过 110ms。

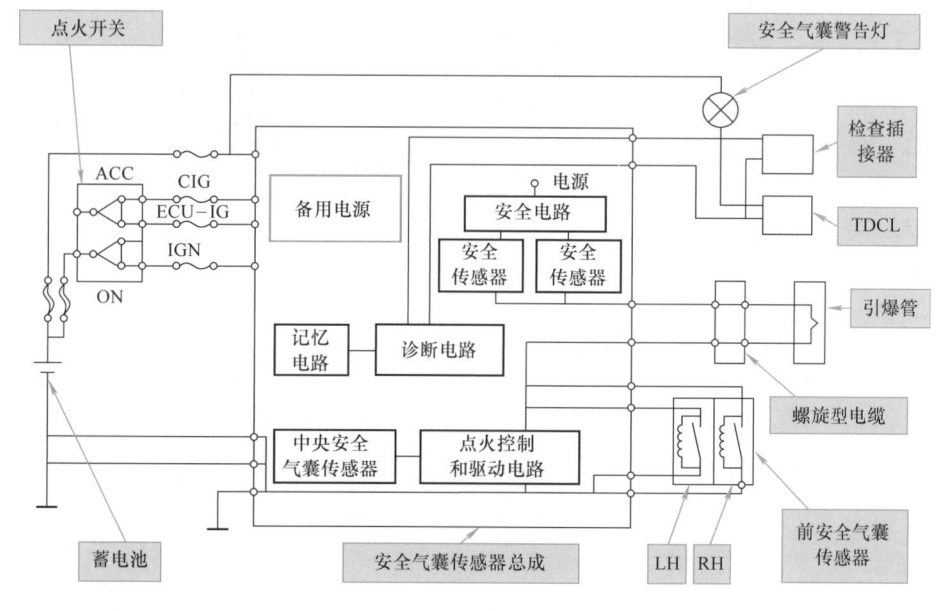

2.8.2 安全气囊电路图的识读

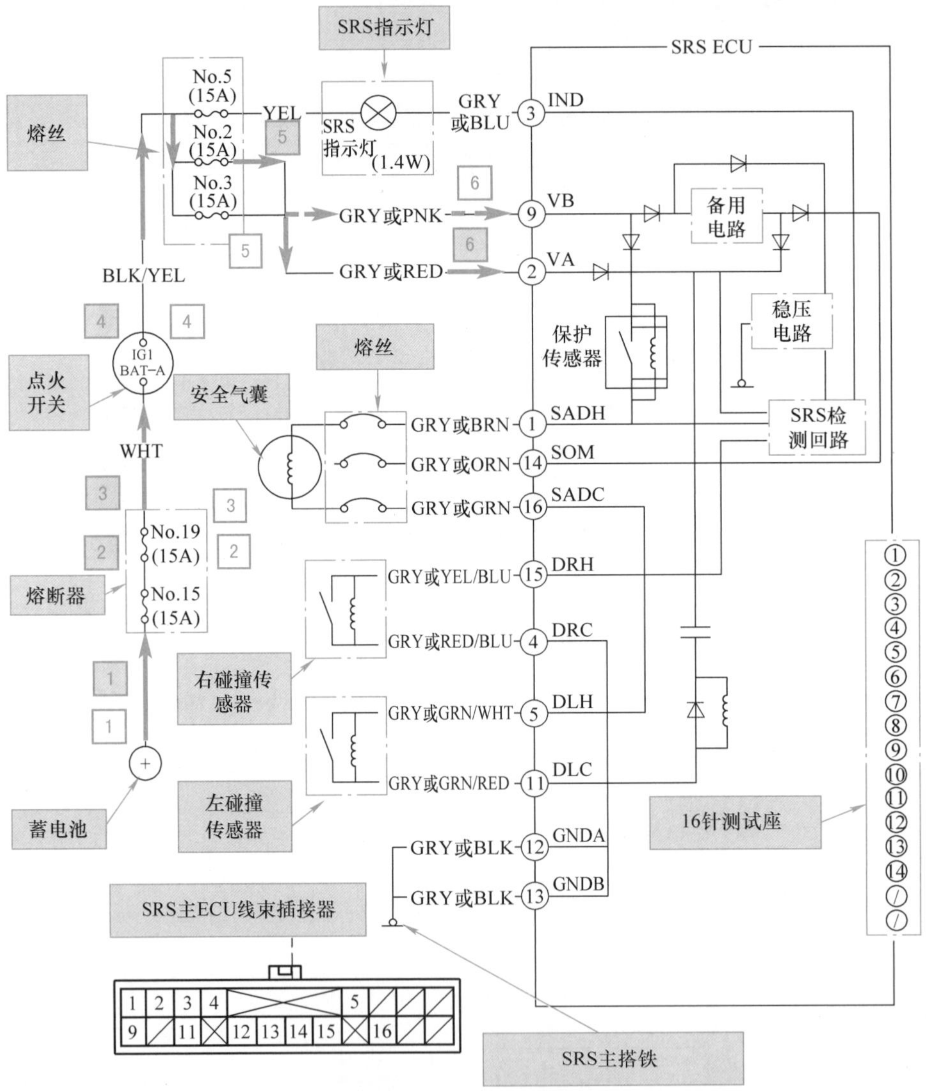

第2章 汽车主要电路图的识读

左、右碰撞传感器信号输入电路 → SRS ECU 的 4、11 端子给传感器提供搭铁，传感器经 SRS ECU 的 15、5 接线端子将信号送至检测回路，同时，在左、右碰撞传感器有一个闭合时，给安全气囊提供搭铁。

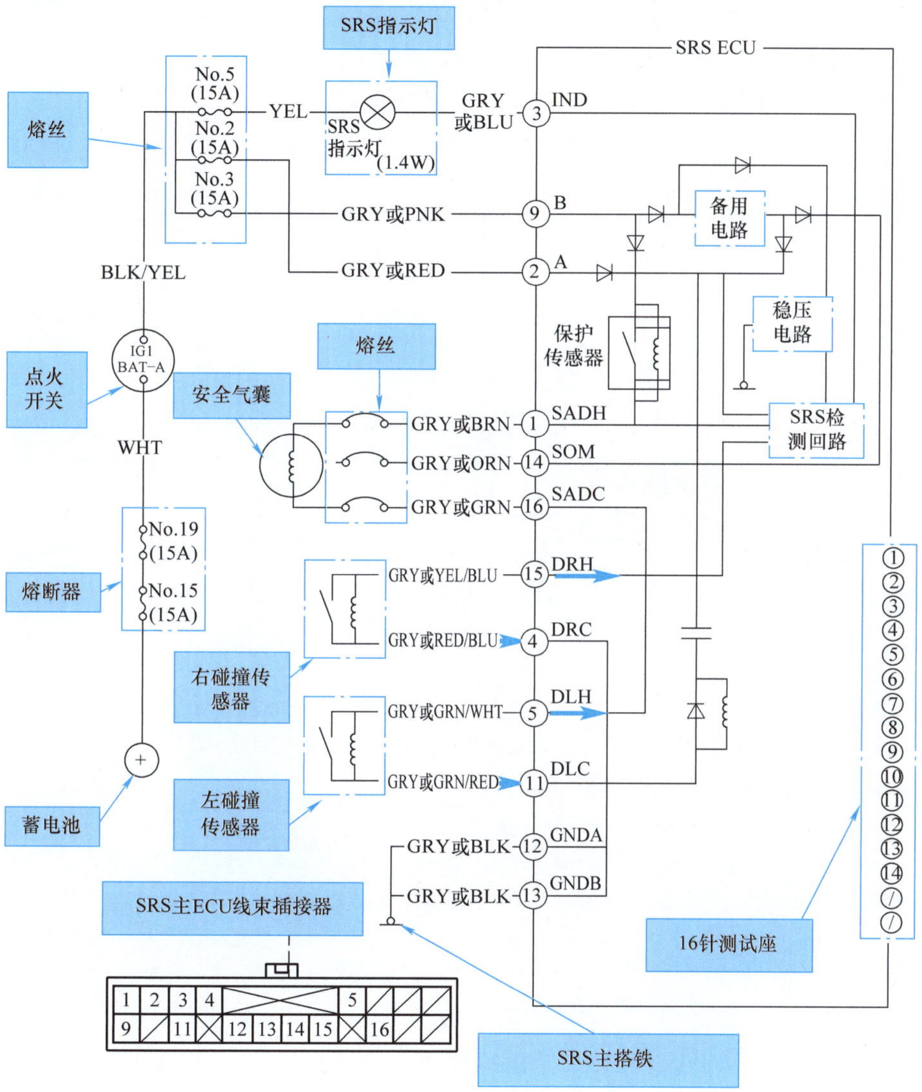

内部的保护传感器信号输入电路 → 在保护传感器闭合后，电源经熔丝接至安全气囊，若左、右碰撞传感器有一个闭合，则安全气囊电路接通，安全气囊被引爆。

2.9 防盗报警系统电路图

2.9.1 防盗报警系统电路的组成

汽车防盗报警系统实质上是一种用于增加盗车难度，延长盗车时间的装置。以雷克萨斯汽车为例，其防盗报警系统电路一般由以下部分组成：

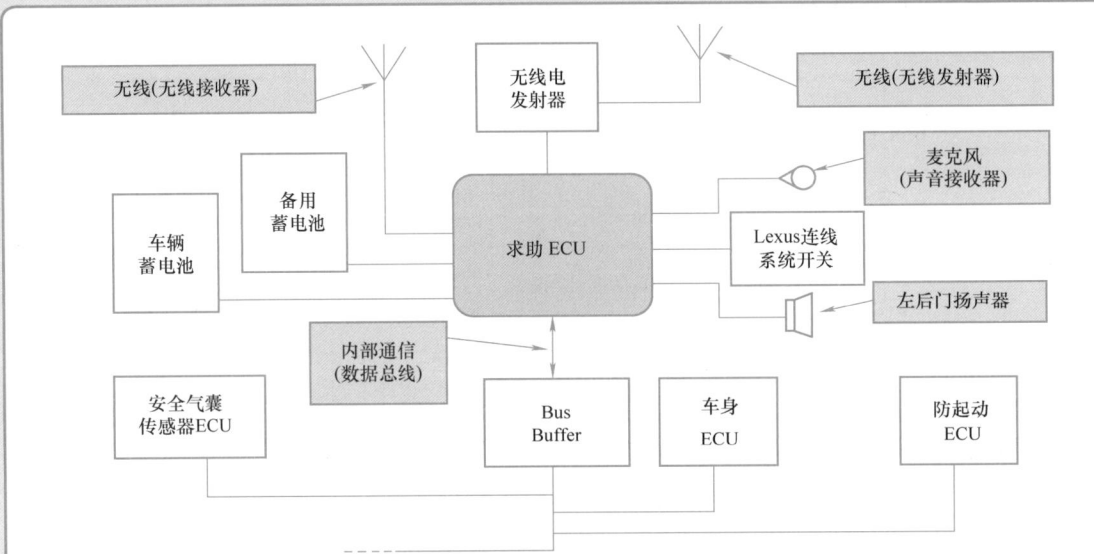

当然，不同的汽车有着不同的配置，但最基本的防盗报警系统会在有非法移动汽车或开启车门、油箱门、发动机罩、行李箱门、搭铁点火线路时，防盗器会发出警报、灯光闪烁、警笛大作，同时切断起动电路、点火电路等。汽车防盗系统基本电路如下：

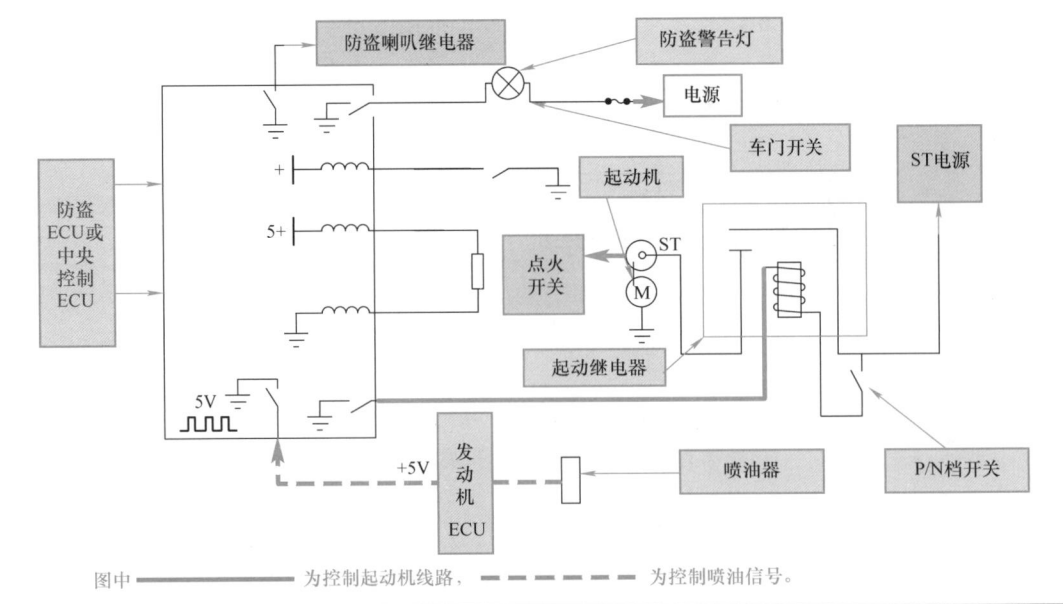

2.9.2 防盗报警系统电路图的识读

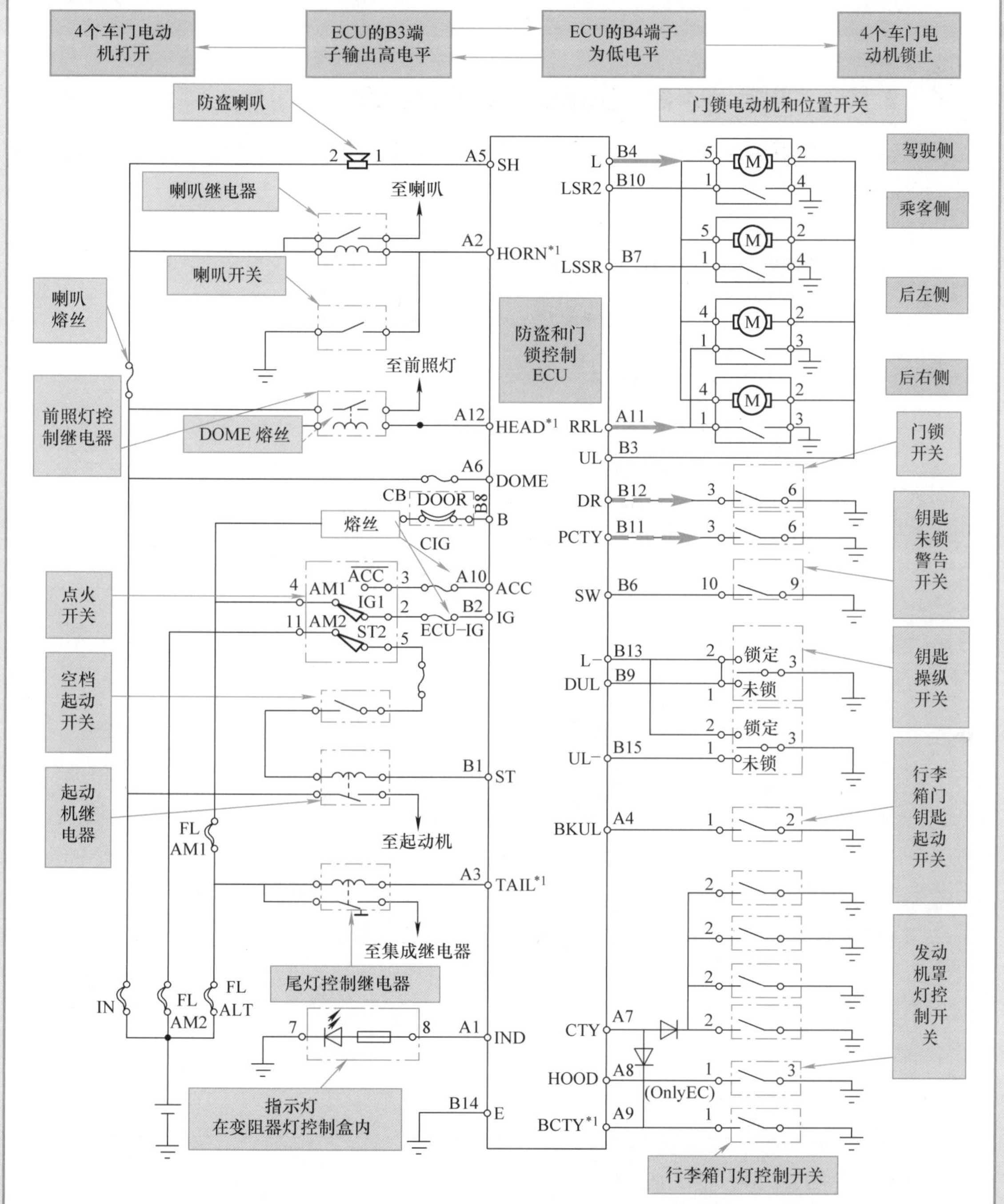

防盗系统ECU的B12端子、B11端子分别外接驾驶席侧车门锁开关、乘客席(副驾驶)侧车门锁开关，B13端子、B9端子和B15端子为钥匙操纵开关。当这几只开关中的任一只打开或闭合时，均会使门锁驱动电动机动作，开关机构将所有车门打开或锁止。

2.10 汽车辅助电器电路图

2.10.1 电动刮水器、洗涤器电路图的识读

为保证汽车在雨天或雪天正常行驶,在汽车风窗玻璃上装有刮水器。双速刮水电动机的控制电路如下:

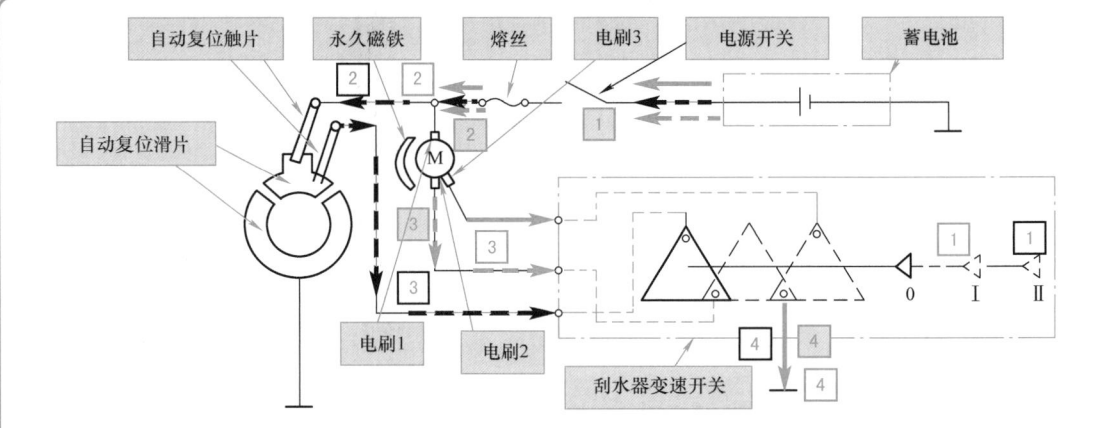

0档电路(关闭电路)

0档电路即关闭电路,其走向(在上图中用 ⟵ 表示)如下:

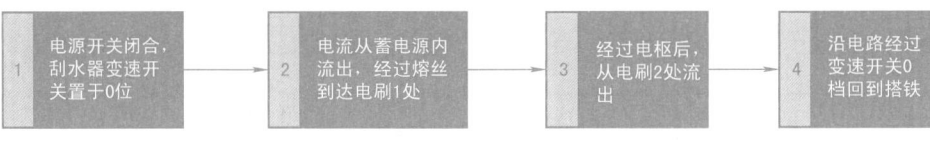

1. 电源开关闭合,刮水器变速开关置于0位
2. 电流从蓄电源内流出,经过熔丝到达电刷1处
3. 经过电枢后,从电刷2处流出
4. 沿电路经过变速开关0档回到搭铁

I档电路(低速电路)

I档电路即低速电路,其走向(在上图中用 ⟵-- 表示)如下:

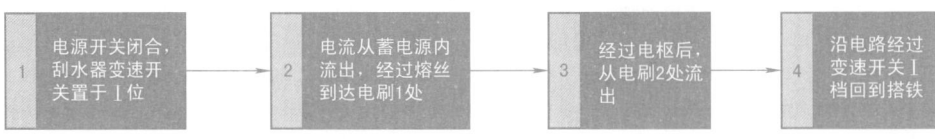

1. 电源开关闭合,刮水器变速开关置于I位
2. 电流从蓄电源内流出,经过熔丝到达电刷1处
3. 经过电枢后,从电刷2处流出
4. 沿电路经过变速开关I档回到搭铁

II档电路(高速电路)

II档电路即高速电路,其走向(在上图中用 ⟵--- 表示)如下:

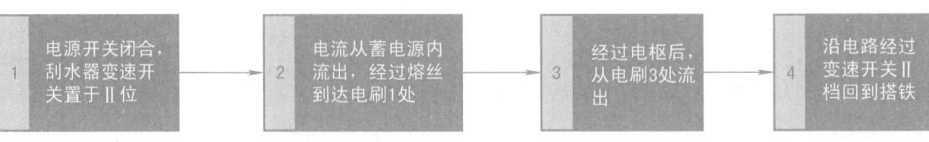

1. 电源开关闭合,刮水器变速开关置于II位
2. 电流从蓄电源内流出,经过熔丝到达电刷1处
3. 经过电枢后,从电刷3处流出
4. 沿电路经过变速开关II档回到搭铁

2.10.2 电动车窗电路图的识读

在此介绍具有 4 个车门的玻璃升降器电子控制电路。它除具有驾驶位主开关外，还由各个车门开关、乘客侧车窗玻璃升降的驱动电机以及前驱动器（包括开关、电动机）等组成。

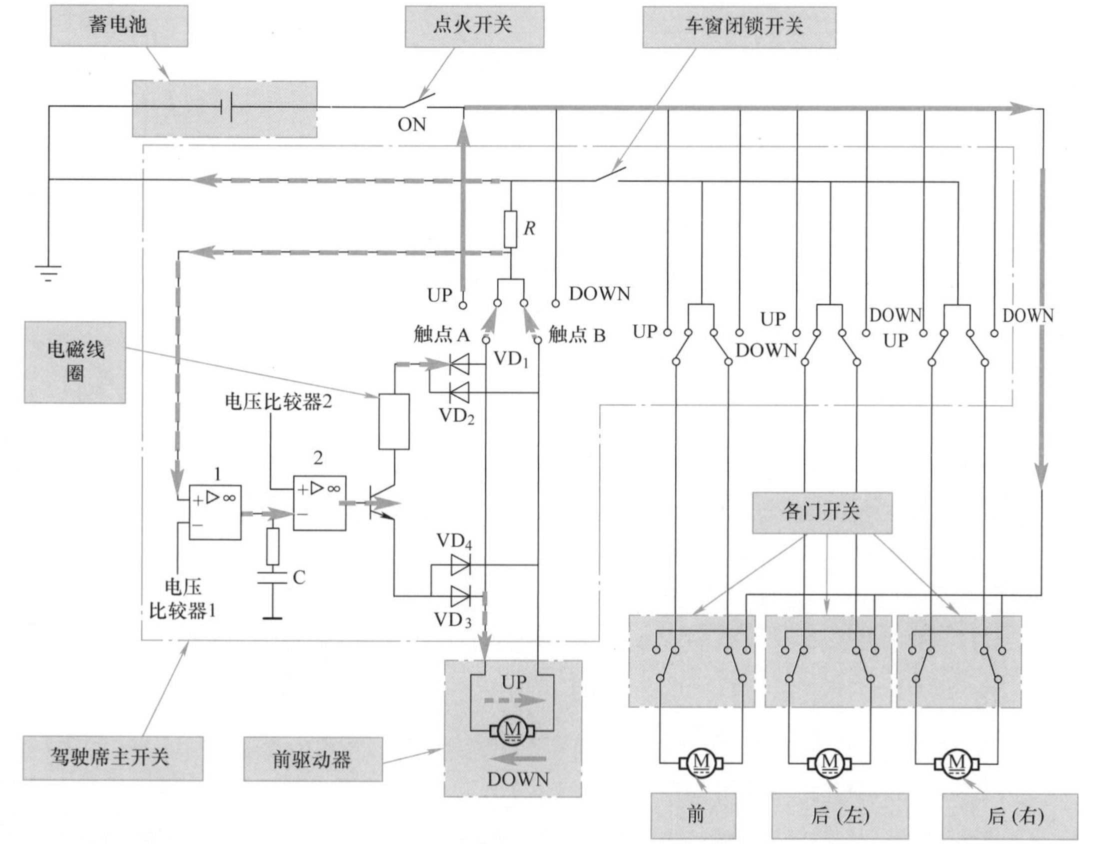

手动操作上升或下降

手动操作上升或下降电路走向（在上图中用 ──▶ 表示）如下：

| 1 触点A与UP相连，电流流出 | ▶ | 2 电动机按UP方向，将车窗玻璃上升，直到关闭 | ▶ | 3 反之，关闭时，按钮接通触点B，玻璃下降 |

自动旋钮控制上升

自动操作上升电路走向（在上图中用 ----▶ 表示）如下：

| 1 触点A与UP相连，电流通过UP流出 | ▶ | 2 若电阻R电压降低，电压加在比较器1端 | ▶ | 3 经比较器比较，产生较大的电磁力，使门窗锁定 |

门窗玻璃自动下降的工作情况与上述情况相反，操作时只需将自动调节柄压向车辆后方即可。

2.10.3 电动座椅电路图的识读

电动座椅以电动机为动力,通过操作方便的控制开关,调整座椅位置或改变坐姿,尽可能地减少长时间驾驶或乘车的疲劳。

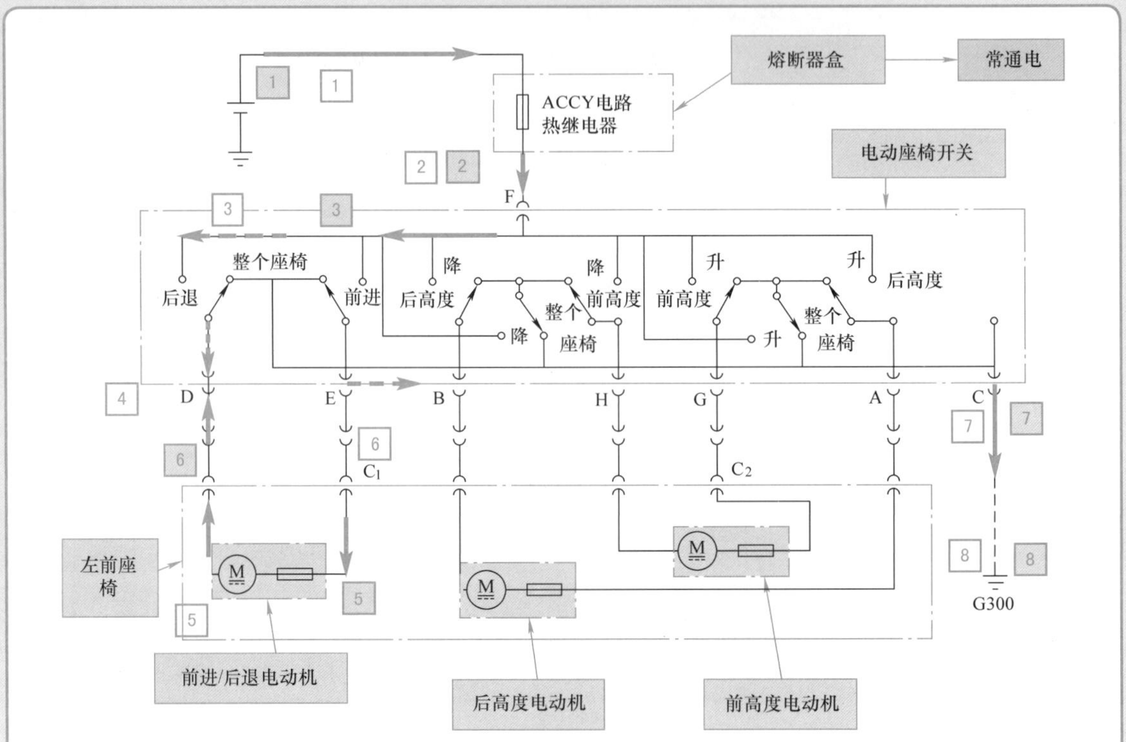

向前调节电路

向前调节电路的走向(在上图中用 ──▶ 表示)如下:

1. 由蓄电池正极流出 → 2. 经过熔断器盒后流入F端子 → 3. 流经前后调节开关"前进"位端 → 4. 电动座椅开关端子E → 5. 前进/后退电动机 → 6. 电动座椅开关端子D → 7. 电动座椅开关端子C → 8. 经搭铁回到蓄电池负极

向后调节电路

向后调节电路的走向(在上图中用 ----▶ 表示)如下:

1. 由蓄电池正极流出 → 2. 经过熔断器盒后流入F端子 → 3. 流经前后调节开关"后退"位端 → 4. 电动座椅开关端子D → 5. 前进/后退电动机 → 6. 电动座椅开关端子E → 7. 电动座椅开关端子C → 8. 经搭铁回到蓄电池负极

2.10.4 汽车音响系统电路图的识读

汽车视听设备从最早的单调幅 (AM) 收音机，到后来具有调幅 / 调频 (AM/FM) 收音的磁带录放机，再到现在形成了具有多功能数字化高技术、大功率网络化的立体视听系统，不仅可以收听广播，播放 CD，而且可以播放下载的歌曲和电影，收看电视节目和网络游戏，为驾驶人导航等。

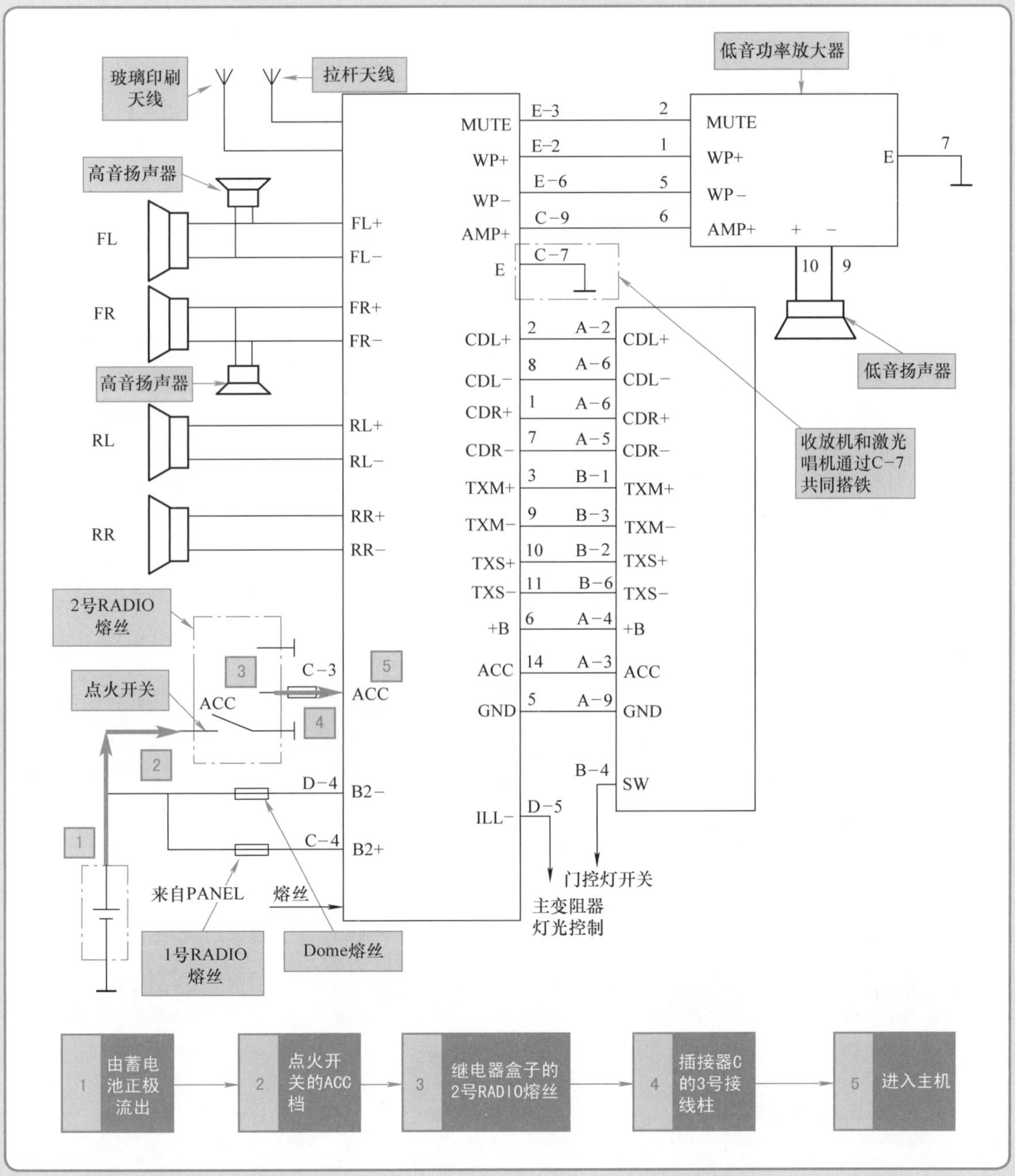

2.10.5 中央控制门锁系统电路图的识读

门锁是锁止车门的机构,是保证汽车行驶安全的一项重要措施。对门锁的一般要求是不仅能将车门可靠地锁紧或打开,而且要求门锁在锁止位置时,操纵内外手柄均不能打开车门。目前,为了提高汽车使用的安全性、方向性,现代轿车大多安装中控门锁(即中央控制门锁的简称)。

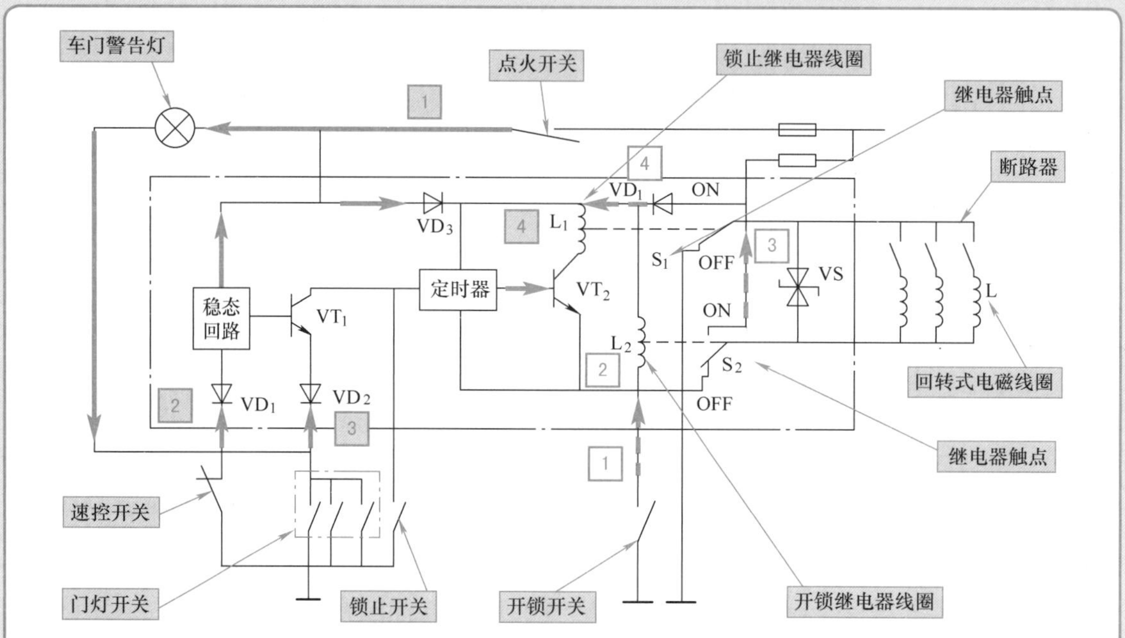

锁车门电路

锁车门电路走向(在上图中用 ➡ 表示)如下:

1. 接通点火开关,按下锁止开关形成回路 → 2. 晶体管VT_2导通期间,L_1有电流通过 → 3. 继电器触点S_1处于"ON"位置 → 4. 门锁执行机构通过正向电流锁上车门

解锁车门电路

解锁车门电路走向(在上图中用 ➡ 表示)如下:

1. 按下开锁开关 → 2. 车门开锁继电器线圈L_2通电 → 3. 车门开锁继电器触点S_2处于"ON"位置 → 4. 门锁执行机构通过反向电流开启车门 → 5. 若车门未被锁 → 6. 向晶体管VT_1提供基极电流 → 7. VT_1导通,然后促使VT_2导通,使L_1通电,执行锁门电路

第3章 大众车系电路图的识读

3.1 大众车系电路图识读基础

3.1.1 电路图中符号的含义

大众汽车在我国的轿车工业中占据较重地位，比较普及的有一汽-大众汽车有限公司生产的奥迪、捷达、宝来、高尔夫、速腾等车，上海大众汽车有限公司生产的桑塔纳、帕萨特等。该车系的电路图也独具特点，它既不同于其他车辆的接线图，也不同于电路原理图，可以看作电路原理图，但更接近接线图。

大众车系的电路图遵循德国工业标准DIN725527，其电路原理图采用了当前国际上流行的"纵向排列式画法"。该车系电路常用电路图符号如下：

电路图符号

符 号	含 义	符 号	含 义
	熔丝		电磁阀
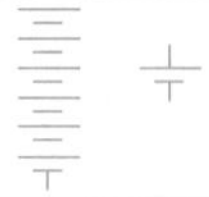	蓄电池		电动机
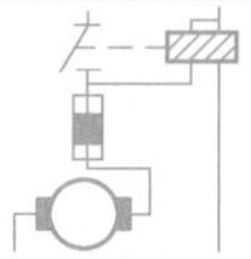	起动机	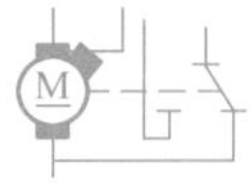	两档刮水器电动机
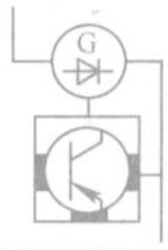	发电机		手动开关
	点火线圈		热敏开关
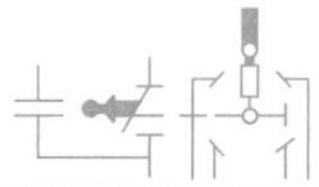	分电器（机械式）		手动按钮
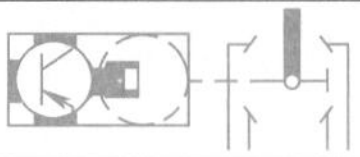	分电器（电子式）		机械控制开关
	火花塞插头及火花塞		压力开关
	加热器加热电阻	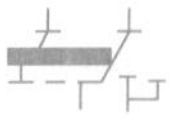	手动多档开关

（续）

符　号	含　义	符　号	含　义	符　号	含　义
	多功能显示器		后风窗玻璃加热装置		灯光调节电动机
	蜂鸣器		喇叭		上止点传感器（感应式传感器）
	燃油指示器		插接器		滑动触点
	化油器自动阻风门		速度传感器		热敏电阻
	热敏时控阀		电阻导线		继电器
	暖风调节器附加空气阀		双灯丝白炽灯		继电器（电子控制式）
	电阻		内饰灯		多孔插接器
	稳压二极管		点烟器		线路分配器
	发光二极管		二极管		可拆式线路连接
	电子控制器		指针式仪表		不可拆式线路连接
	指针式时钟		白炽灯		在元件内部的连接
	数字式时钟		可调电阻		

　　导线在图上以粗实线画出，集中在图的中间部分。每条线上都有导线的颜色、导线的截面积的标注。导线的颜色用字母标记，对应关系为：

　　　　　ws=白色　　　gn=绿色　　　sw=黑色
　　　　　bl=蓝色　　　ro=红色　　　gr=灰色
　　　　　br=棕色　　　li=紫色　　　ge=黄色

第3章 大众车系电路图的识读

电路图符号示例

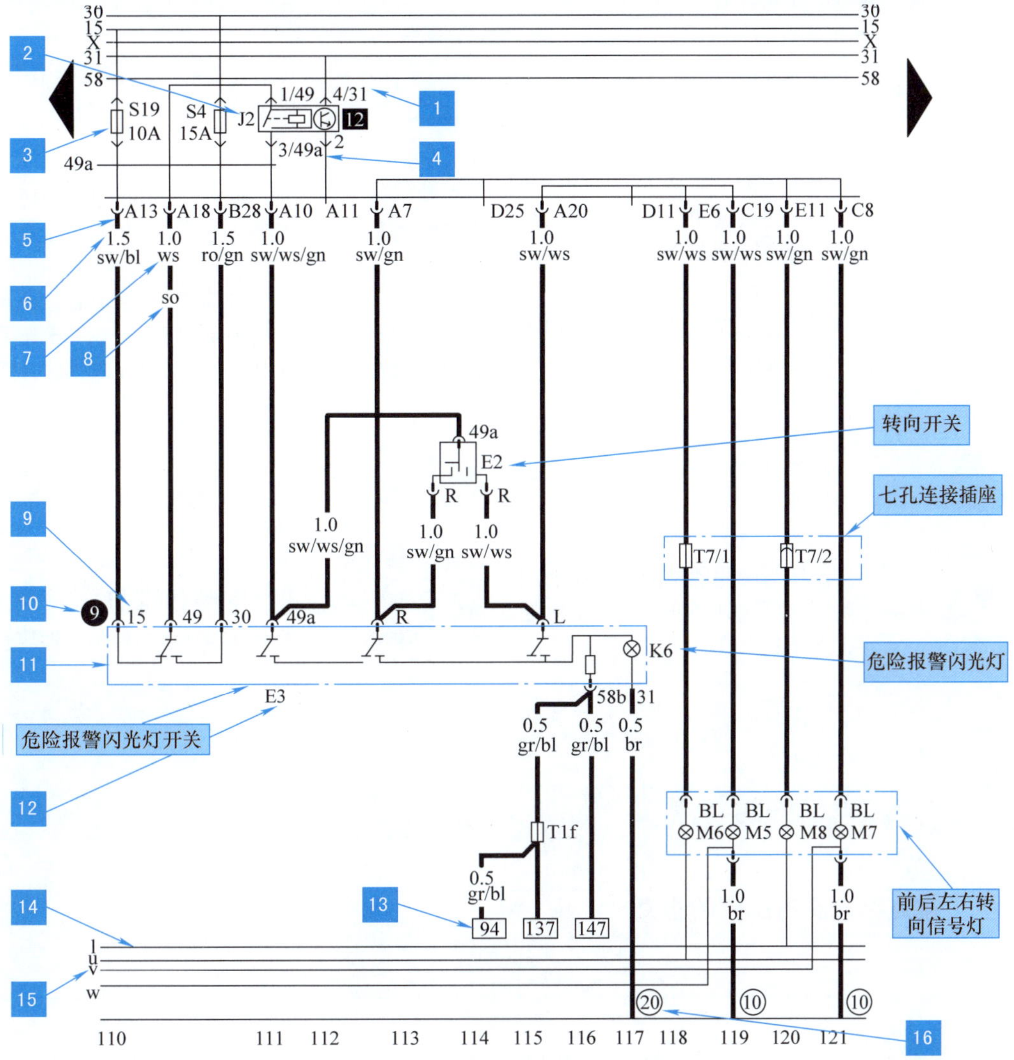

1 继电器位置号,表明继电器在继电器盒上的位置。

2 继电器盒上的继电器或控制器符号。在说明书中可以找到它的名称。

3 熔断器符号,如熔断器座上的19号熔断器(10A)S19。

4 继电器盒上的插接件符号,如3/49a,3表示继电器盒上12号继电器的3号插孔,49a表示继电器/控制器上的49a插头。

5	继电器盒上的连接件符号,指出一个带线束的多针或单针插头的位置,如A13指多针插头A的13号端子。
6	导线截面积,单位为mm²,是导线的"身份"标志之一。
7	导线颜色,此缩写是线色代码,线路图旁注有说明。导线颜色也是导线的"身份"标志之一。
8	白色线上印刷的标志号,用于区分一根线束中的不同白色线。
9	接线柱符号,可在零件图上找到标记。
10	故障诊断用的检测点。在插图或线路图中可找到同样的黑色圆内的数字,用于故障诊断程序。
11	线路标记,用以说明电路的工作原理。本图表示的是危险报警闪光灯开关。
12	零件符号。在说明书中,可以按符号找到零件名称。
13	导线连接端。方框内的数字表明电路图中的连接导线。
14	内部连线(细线)。此连接仅是内部电路连接,没有导线,可以用于依次追踪电路构件和线束内部的电流走向。
15	内部连接线符号。字母表示下一线路图的连接线。
16	接地点标记符号。可在说明书中查到接地点在车内的位置。

3.1.2 电路图的特点

接点标记具有固定的含义

接点标记具有固定的含义 → 在电路图中经常遇到接点标记的数字及字母,它们都有固定的含义,具体如下:
◆数字31代表接地线。
◆数字30代表来自蓄电池正极的供电线。
◆数字15代表来自点火开关的点火供电线。
◆数字50代表点火开关在起动档时的供电线。
◆X代表受控的大功率用电设备供电线(来自卸荷继电器的供电线)。

无论这些标记出现在电路的什么地方,相同的标记都代表相同的接点。

第3章 大众车系电路图的识读

 所有电路都是纵向排列，互相不交叉

所有电路都是纵向排列，互相不交叉 ──▶ 大众汽车电路图采用了断线代号法来处理线路复杂问题。例如：某一条线路的上半段在电路序号 116 位置上，下半段电路在电路接续号 147 位置上，在上半段电路的终止处画一个标有 147 的小方格，在下半段电路的开始处也有一小方格，内标有 116，通过 116 和 147 就可以将上、下半段电路连在一起了。

多条线路若在同一序号的线路上，即表示同一条线路。

 整个电路以继电器盒为中心

整个电路以继电器盒为中心 ──▶ 大众汽车电路图在表示线路走向的同时，还表达了线路的结构情况。例如：在电路图上的继电器标有 4/49、3/49a 等数字，其中分子 4、3 是指继电器盒插孔代号，分母 49、49a 是指继电器的插脚代号，4/49 就表示出了继电器插脚与插孔的配合关系。

继电器盒的正向插有各种继电器和熔断器。捷达轿车继电器盒正面熔丝、继电器的布置如下：

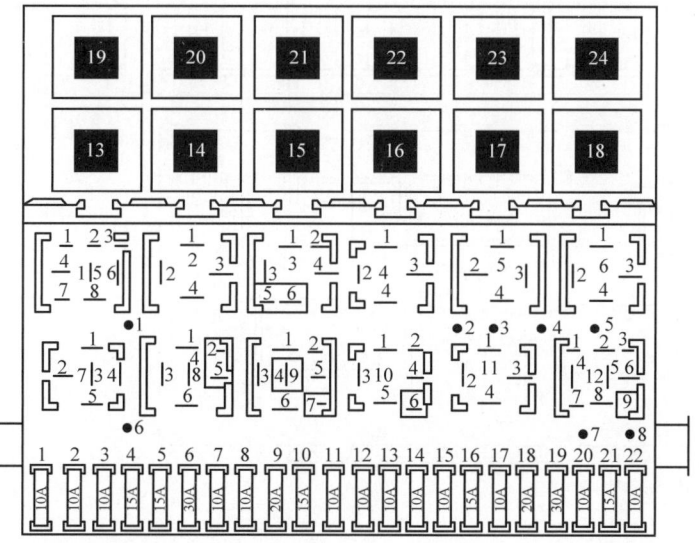

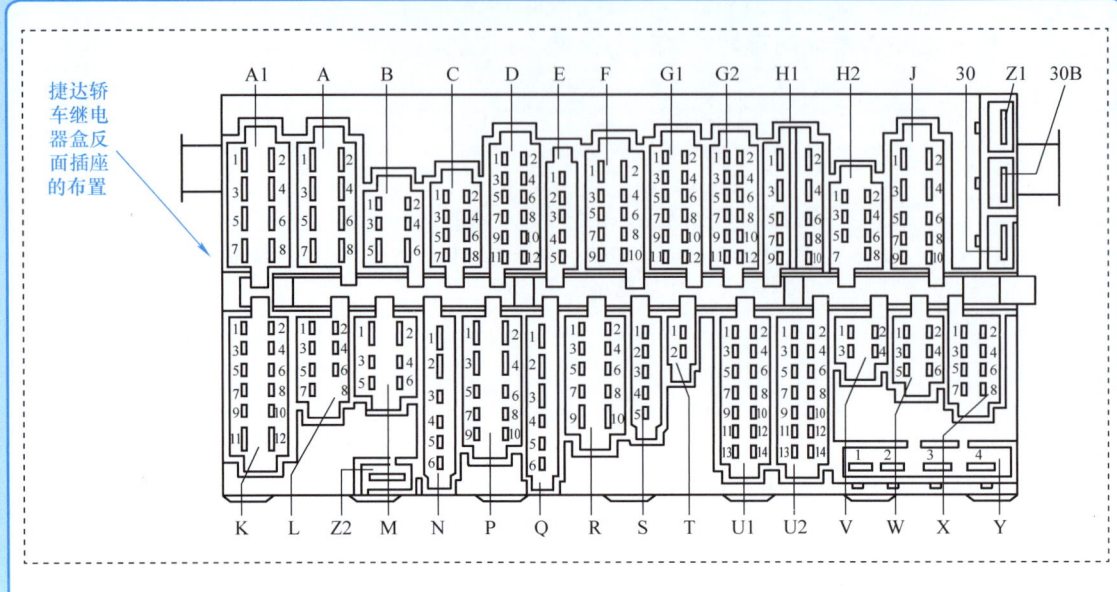

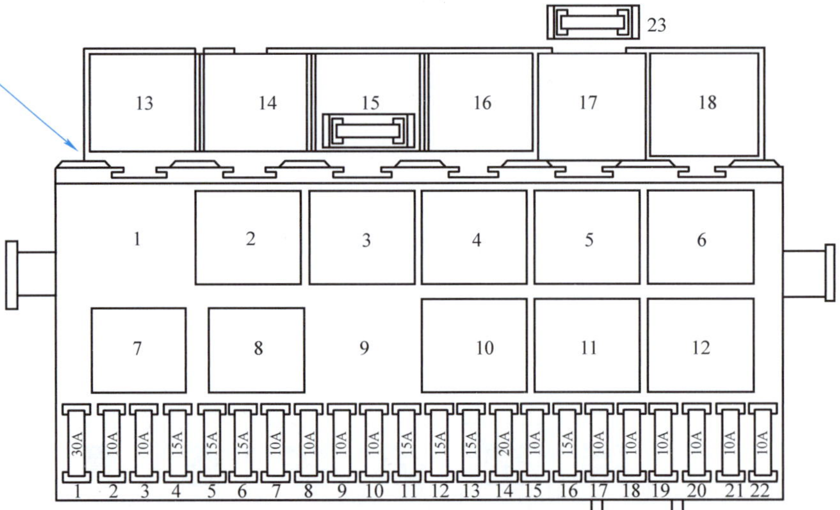

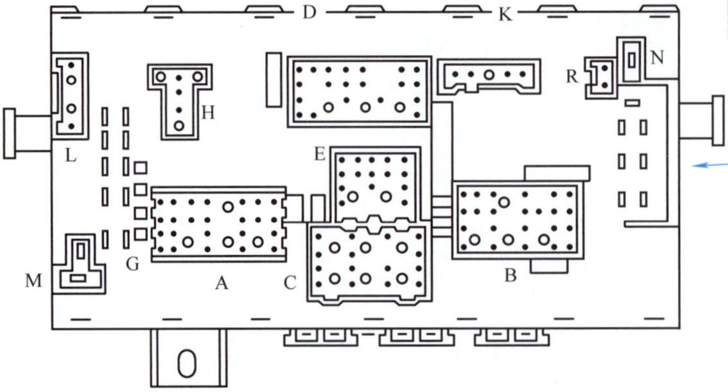

第3章 大众车系电路图的识读

3.2 捷达轿车电路图的识读

3.2.1 中央配电盒的布置

捷达整车电路中的熔断器对应序号如下：

序号	用电器	额定电流/A	颜色	序号	用电器	额定电流/A	颜色
1	左近光灯	10	红色	12	右远光灯	10	红色
2	右近光灯	10	红色	13	喇叭、散热器风扇	10	红色
3	仪表板照明灯、牌照灯	10	红色	14	倒车灯	15	蓝色
4	杂物箱灯	15	蓝色	15	发电机电子装置	10	红色
5	风窗玻璃刮水器、洗涤装置	15	蓝色	16	组合仪表	15	蓝色
6	空调机、鼓风机	20	黄色	17	转向信号灯、警告灯	10	红色
7	右尾灯、右停车灯	10	红色	18	电动燃油泵	20	黄色
8	左尾灯、左停车灯	10	红色	19	散热器风扇	30	绿色
9	后窗除霜加热器	20	黄色	20	制动灯	10	红色
10	雾灯、后雾灯	15	蓝色	21	车内照明灯、行李箱灯、时钟	15	蓝色
11	左远光灯	10	红色	22	收音机、点烟器	10	红色

捷达整车电路中的继电器对应序号如下：

位置号	继电器名称	外壳上的号码	位置号	继电器名称	外壳上的号码
1	空调继电器	13	14	起动保护继电器	53
4	卸荷继电器	18		散热器风扇起动控制单元	31
6	闪光器	21		催化反应器警报控制单元	44
8	间歇清洗/刮水继电器	19		进气歧管预热继电器	1
10	雾灯继电器	53	15	ABS液压泵继电器	78
11	双音喇叭继电器	53	16	ABS继电器	79
12	进气歧管预热继电器	1	17	空	—
	燃油泵继电器	67	18	电动座椅调整机构或自由轮锁止机构继电器	83
	预热塞继电器	60	19	自动变速器继电器	53
13	散热器风扇起动继电器	31	20	自由轮锁止机构继电器	83
	燃油泵起动控制单元	91		自动预热控制单元	47
	怠速提升控制单元	82	21	车窗玻璃升降继电器	24

3.2.2 捷达轿车电路图及识读方法

捷达轿车电路主要由电源、起动系统、点火系统、发动机控制系统、照明及信号系统、清洁装置和空调系统等电路组成。

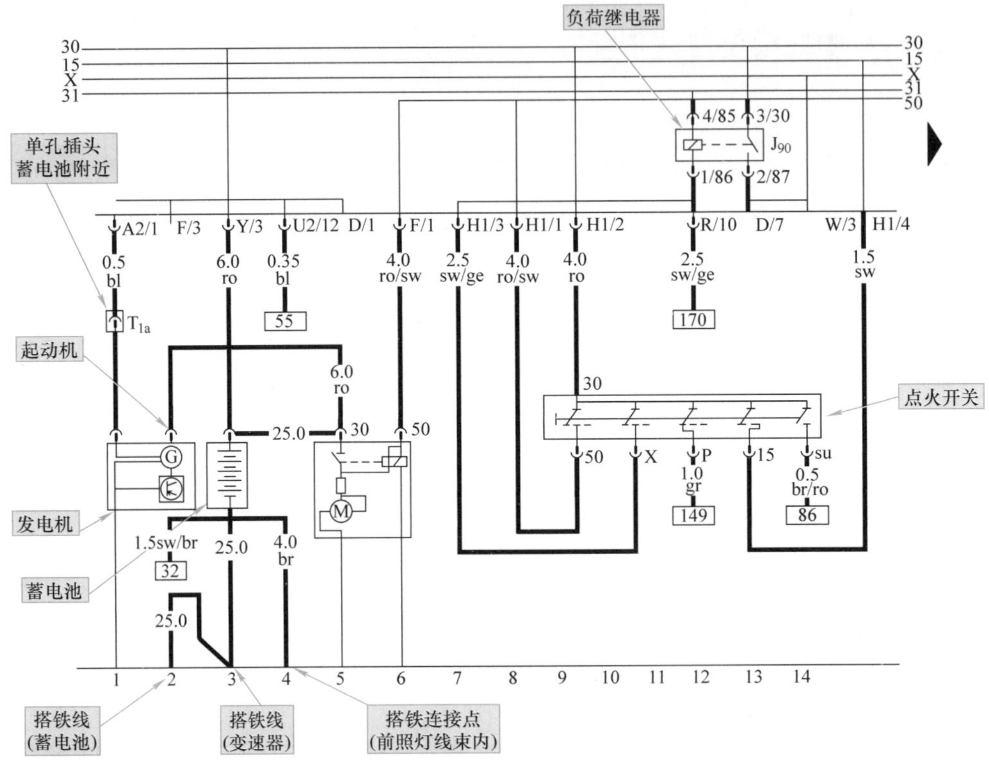

电源电路走向如下：

1. 由蓄电池正极端流出 → 2. 点火开关的15点火档 → 3. 经S_{16}熔断器、中央配电盒的H1/4端进入组合仪表和$T_{28/13}$端 → 4. 经充电指示灯K2、组合仪表的$T_{28/16}$流出 → 5. 经中央配电盒U2/12、A2/1、发电机的D+端到发电机的励磁绕组 → 6. 由搭铁回到蓄电池负极

起动电路走向如下：

1. 点火开关D转到起动档50 → 2. 蓄电池由正极端流出 → 3. 由中央配电盒的30及H1/2端回到点火开关D闭合的0档，经起动机回到搭铁 → 4. 在两组线圈的磁力共同驱动下使主触点闭合 → 5. 蓄电池的正极端经闭合的主触点，起动机电枢绕组到搭铁端，给电枢加电 → 6. 使起动机B进入起动状态

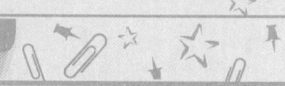

发动机冷却液温度控制电路

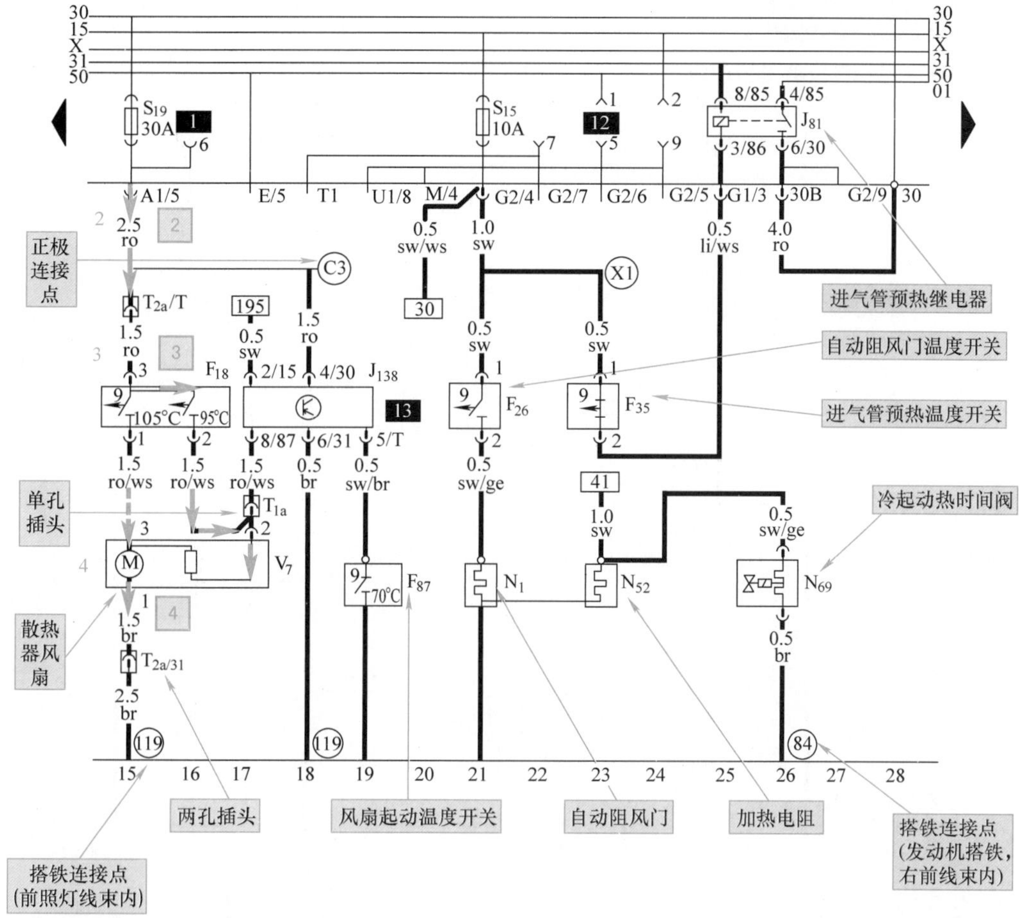

发动机冷却液温度 95℃电路：当发动机冷却液温度达到 95℃时，温度开关 F_{18} 的第 1 对触点闭合，接通风扇低速旋转电路。其电路走向（在上图中用——▶表示）如下：

1 蓄电池的正极端 → 2 经熔断器 S_{19}、中央配电盒A1/5 → 3 经温度开关 F_{18} 的3端及2端 → 4 经风扇电动机 V_7 的2端及1端到搭铁端

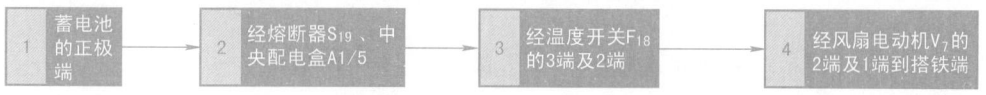

发动机冷却液温度 105℃电路：当发动机冷却液温度达到 105℃时，温度开关 F_{18} 的第 2 对触点闭合，接通风扇高速旋转电路，使发电动的冷却液温度快速下降。其电路走向（在上图中用– – ▶表示）如下：

1 蓄电池的正极端 → 2 经熔断器 S_{19}、中央配电盒A1/5 → 3 经温度开关 F_{18} 的3端及1端 → 4 经风扇电动机 V_7 的3端及1端到搭铁端

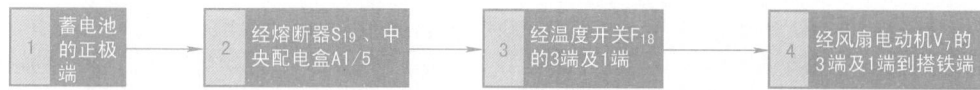

在发动机熄火后甚至在关掉点火开关之后，由于热积累，引起发动机冷却液温度升高，或由于强烈阳光照射，发动机舱内温度升高，发动机变热。当发动机舱温度达到 70℃时，风扇起动温度开关 F_{87} 便自动闭合，风扇还可继续运转，直到温度降低为止。

自动阻风门电路及进气歧管预热电路

进气歧管预热电路

自动阻风门 N_1 由自动阻风门温度开关 F_{26} 控制。起动发动机时,如果发动机温度低于开关闭合值,则温控开关接通,自动阻风门加热装置通电加热,使自动阻风门控制机构受热变形,这时操纵阻风门打开。

当发动机温度高于开关闭合值时,温度开关断开,切断自动阻风门加热装置。

在发动机热起动后便由冷却液温度控制阻风门,使其处于打开状态。

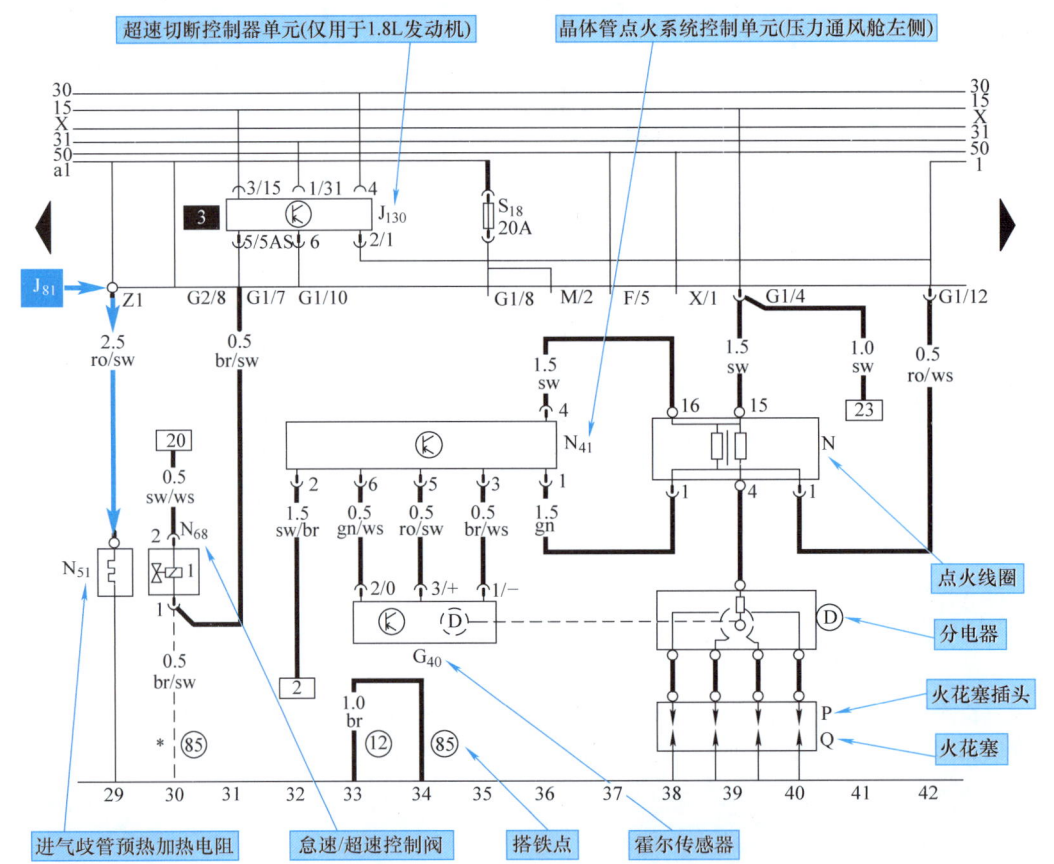

进气歧管预热继电器 J_{81}、进气歧管预热温度开关 F_{35}(图中未绘出)和进气歧管预热加热电阻 N_{51} 组成了进气歧管预热电路。其目的是在发动机低温起动时加热混合气,确保低温顺利起动。

当发动机冷却液温度低于 F_{35} 的闭合温度值时,F_{35} 便接通 J_{81} 的线圈,使其触点闭合,闭合的触点便接通 N_{51} 的电流回路,使 N_{51} 通电工作,加热混合气。

当发动机水温升高至 F_{35} 的断开温度值时,F_{35} 便切断 J_{81} 的线圈电流回路,使其触点断开,切断 N_{51} 的电流回路,进气歧管预热起动系统工作完毕。

第3章 大众车系电路图的识读

点火电路

普通捷达轿车采用霍尔式无触点电子点火系统,由晶体管点火系统控制单元(点火控制器)N_{41}、霍尔传感器 G_{40}、点火线圈 N 和分电器 D 组成。

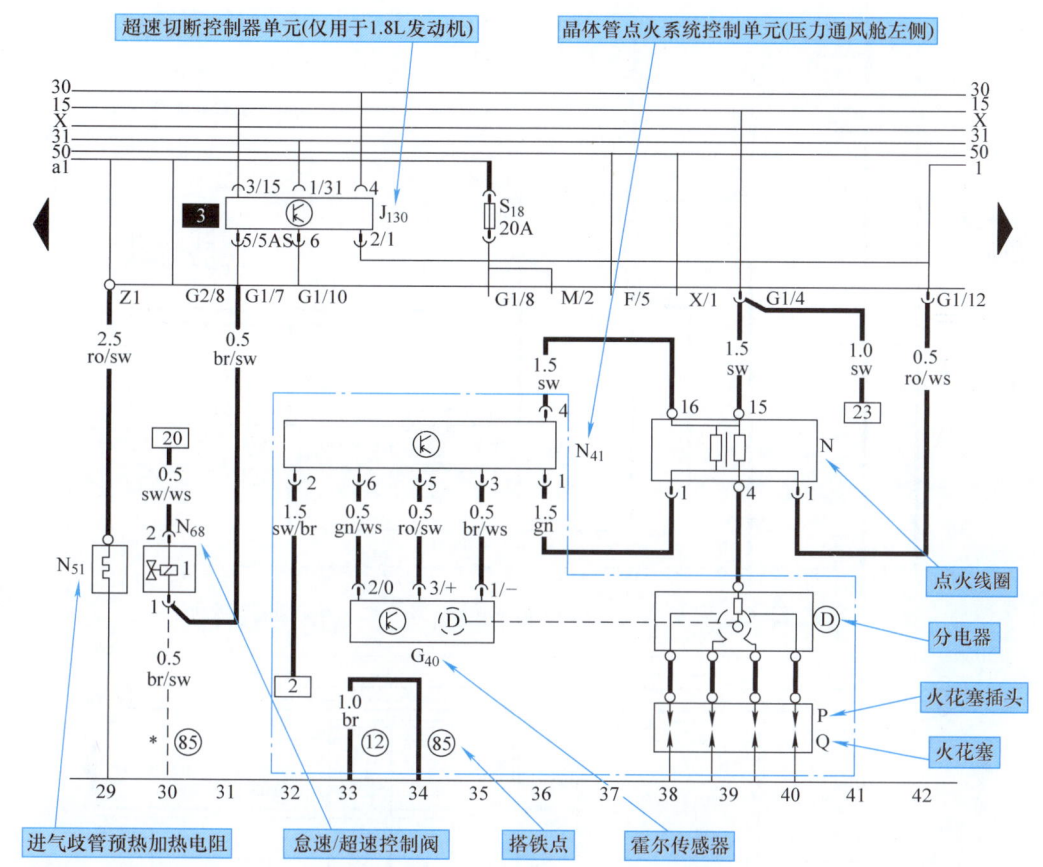

点火控制系统

捷达王轿车采用计算机控制点火系统,它是发动机集中控制系统中的子系统,采用双缸同时点火的无分电器点火系统。

怠速燃油截断电路

怠速/超速控制阀 N_{68} 在接通点火开关 D 后,由熔断器 S_{15} 提供电压,即打开怠速供油通路。当关断点火开关使发动机停止工作时,点火开关同时切断熔断器 S_{15} 的工作电源,截断怠速供油通路,防止发动机继续运转。

照明及停车信号灯电路

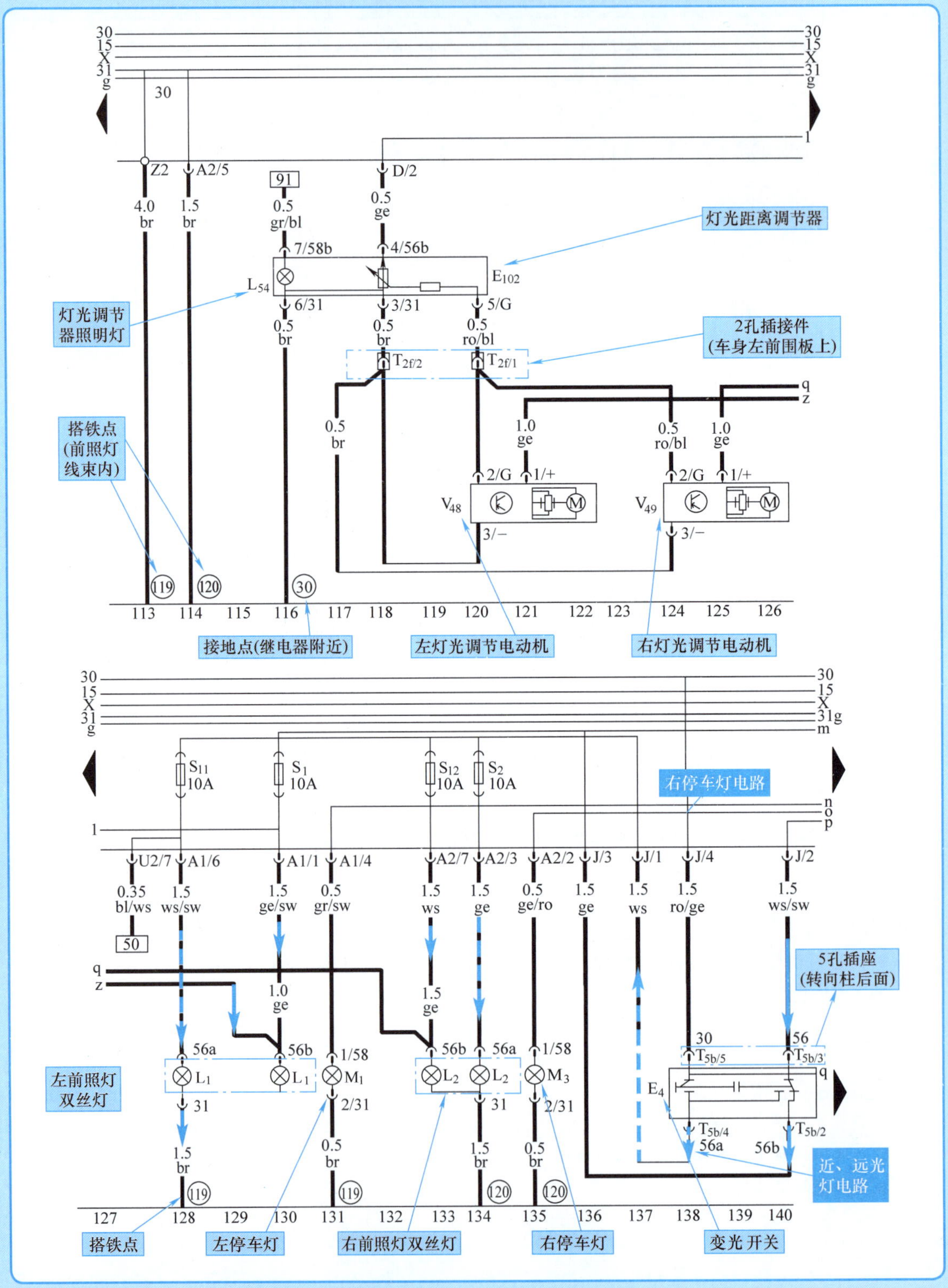

第3章 大众车系电路图的识读

照明及停车信号灯电路

近光灯电路

点火开关 D 在点火档 15 位置，车灯开关 E_1 在第 2 档，变光开关 E_4 在近光档时，两前照灯的近光灯点亮。其电流流向（在上图中用 ➡ 表示）如下：

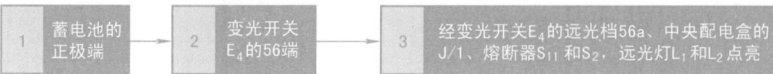

远光灯电路

将变光开关 E_4 拨至远光档 56a 处，其电流流向（在上图中用 ┅➡ 表示）如下：

尾灯电路

点火开关 D 处于停车档时，无论钥匙是否拔出，点火开关 D 的 30 触点都与 P 接通，其电流流向（见下图和 96 页图）如下：

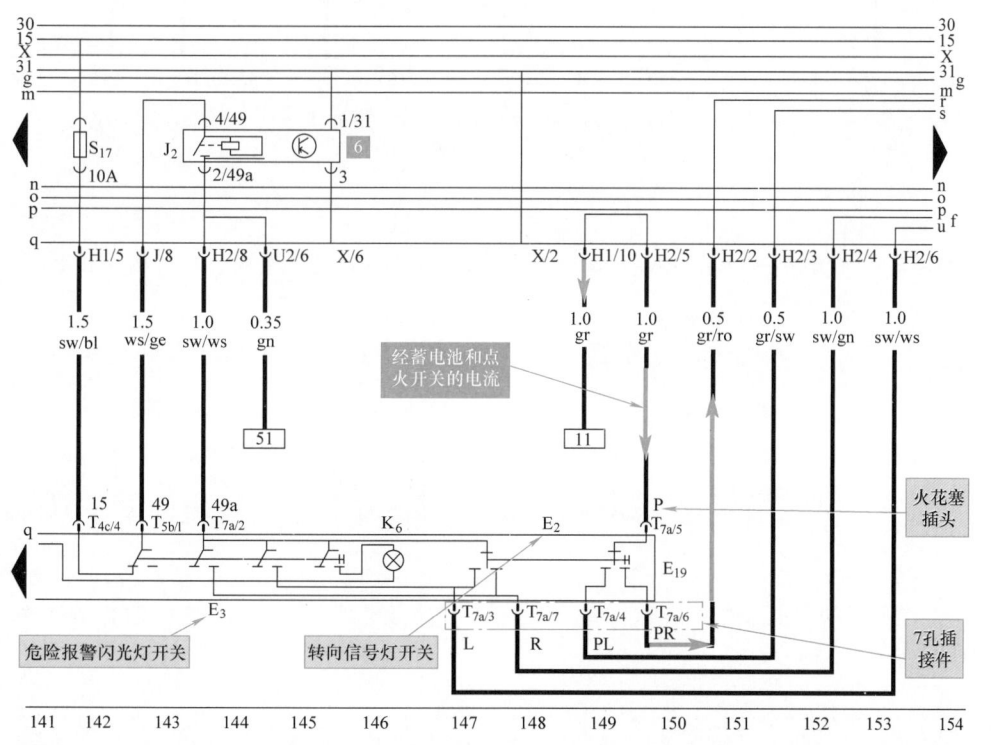

停车信号灯电路

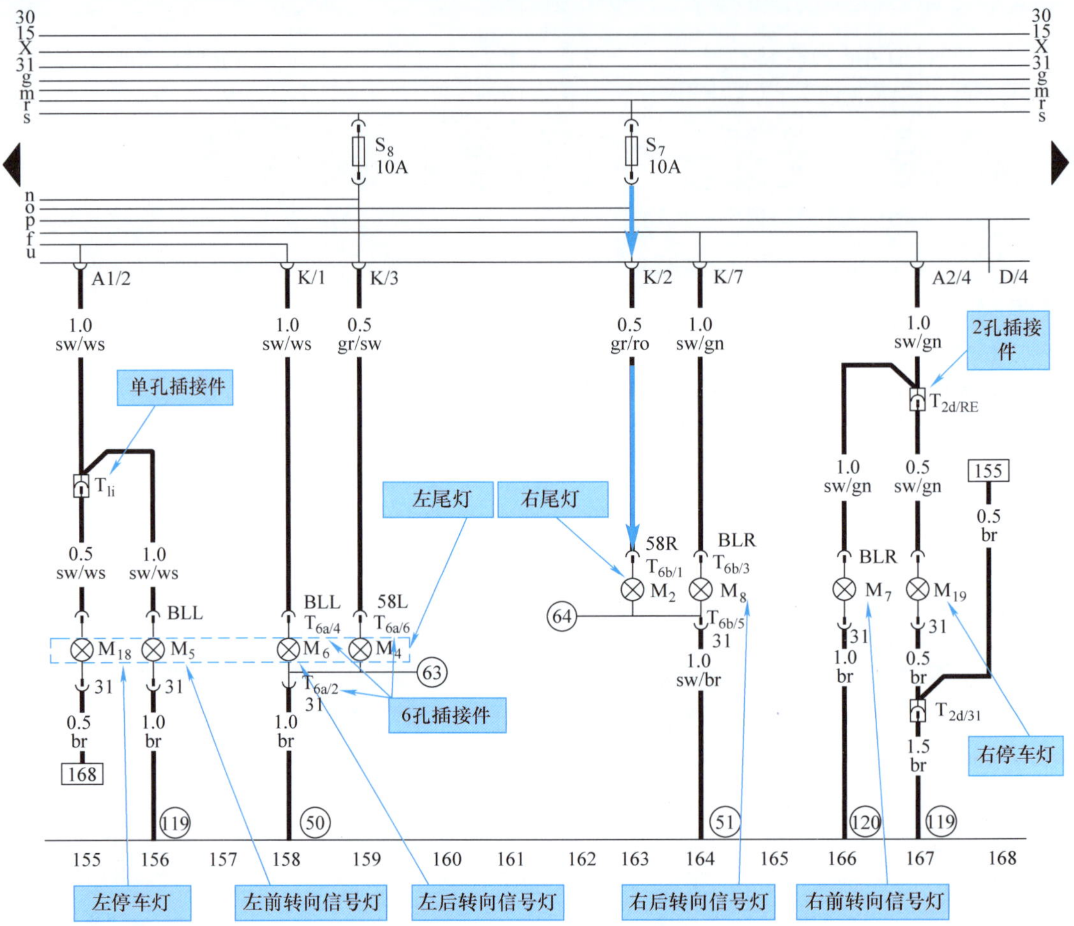

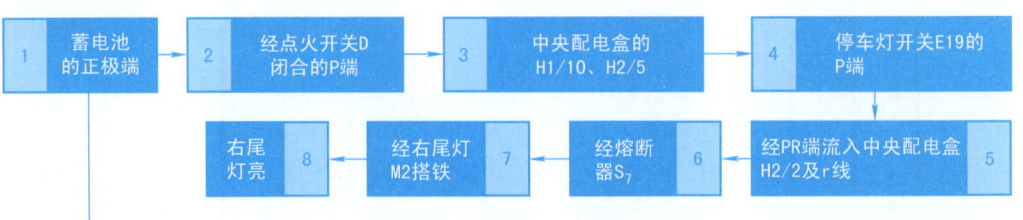

尾灯电路

如果车停在道路的左侧，则将停车灯开关 E_{19} 拨至右侧，电流流向（在 95 页图和上图中用 ➡ 表示）如下：

1. 蓄电池的正极端 → 2. 经点火开关D闭合的P端 → 3. 中央配电盒的H1/10、H2/5 → 4. 停车灯开关E19的P端 → 5. 经PR端流入中央配电盒H2/2及r线 → 6. 经熔断器S7 → 7. 经右尾灯M2搭铁 → 8. 右尾灯亮

另一条经中央配电盒内的 o 线（见 94 页下图）、中央配电盒的 A2/2、右停车灯 M3 到搭铁，于是右停车灯亮。

第3章 大众车系电路图的识读

制动灯电路

（电路图）

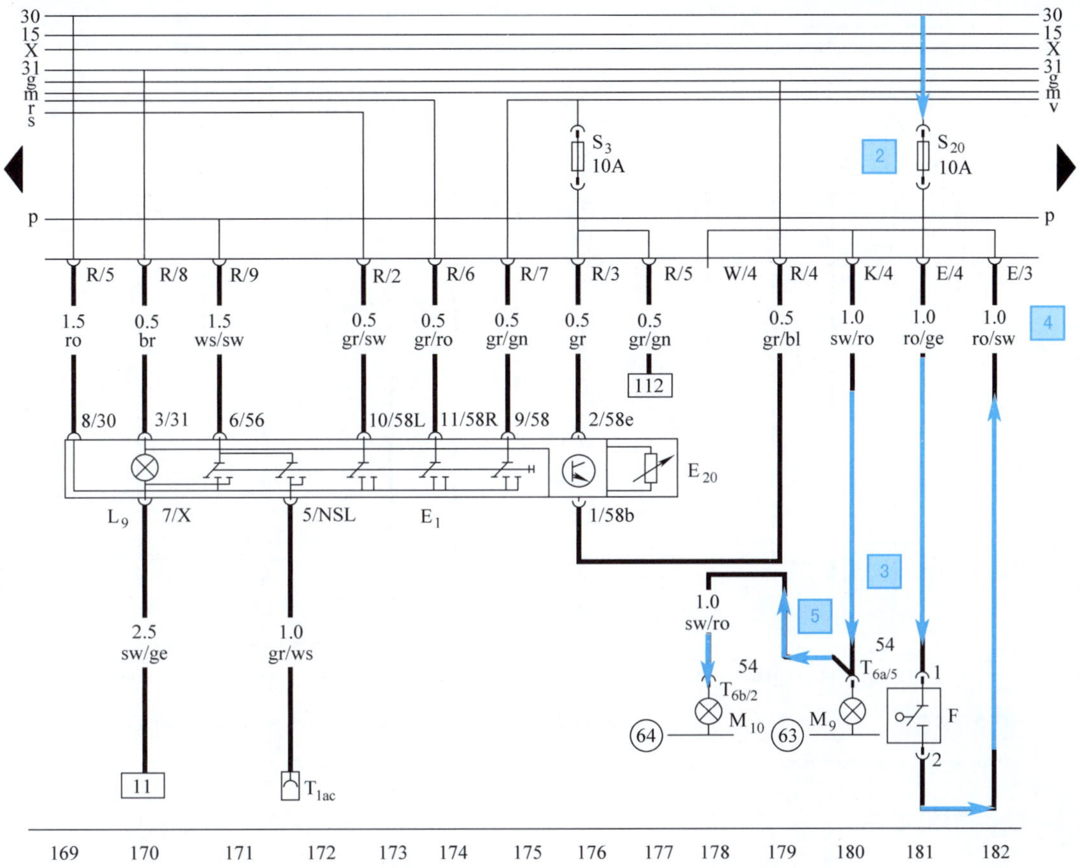

制动灯电路

无论汽车在何种状态，只要踩下制动踏板，制动灯就会点亮。制动灯电路电流流向（在上图中用 ➝ 表示）如下：

1. 蓄电池的正极端，经点火开关D的30端 → 2. 经熔断器 S_{20} → 3. 闭合的制动开关F → 4. 中央配电盒 E/3及K/4 → 5. 制动灯 M_9、M_{10}，回到搭铁

倒车灯电路

参见下页图，点火开关D在ON档时开关 F_4 闭合，两个倒车灯 M_{16} 和 M_{17} 便会点亮。倒车灯电路电流流向（在下页图中用 ⇢ 表示）如下：

1. 蓄电池的正极端，经点火开关D的30端 → 2. 熔断器 S_{14} → 3. 中央配电盒内j线 → 4. 中央配电盒 F/6、F/7及K/8 → 5. 倒车灯 M_{16} 和 M_{17} 回搭铁

倒车灯电路

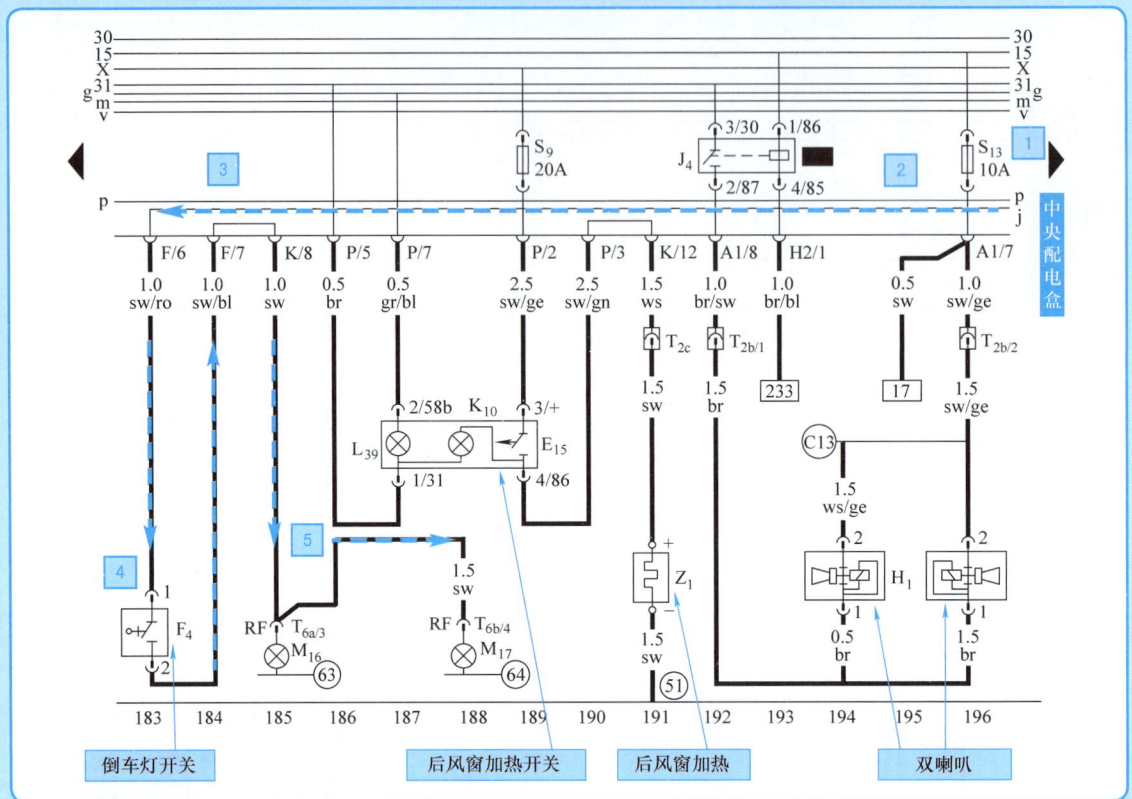

雾灯电路

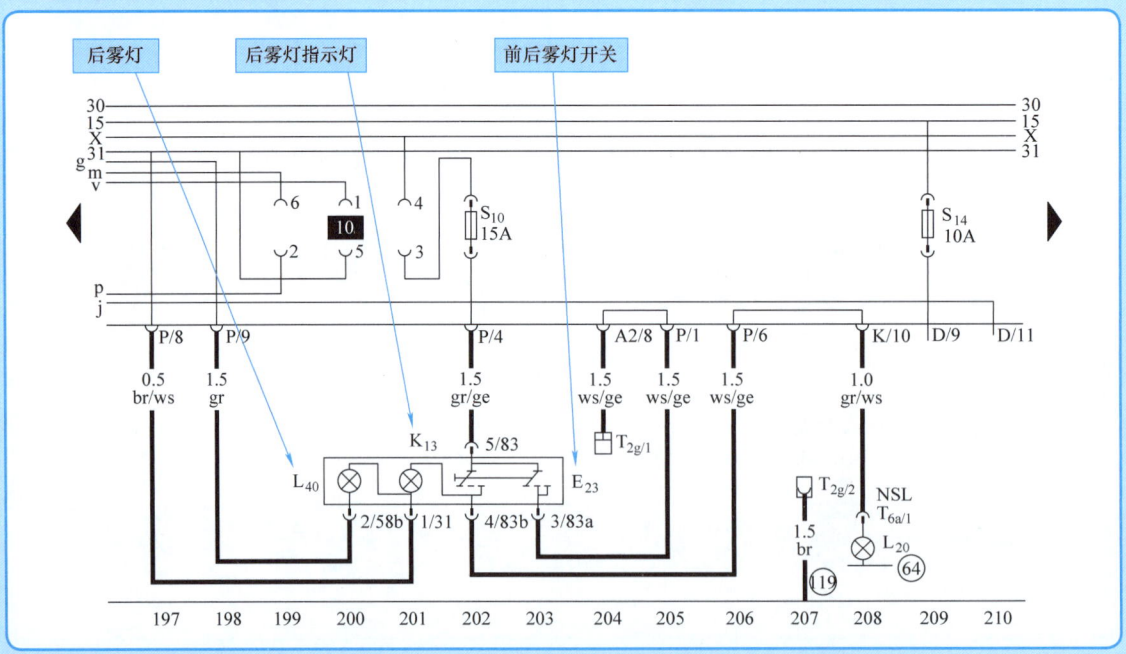

雾灯电路

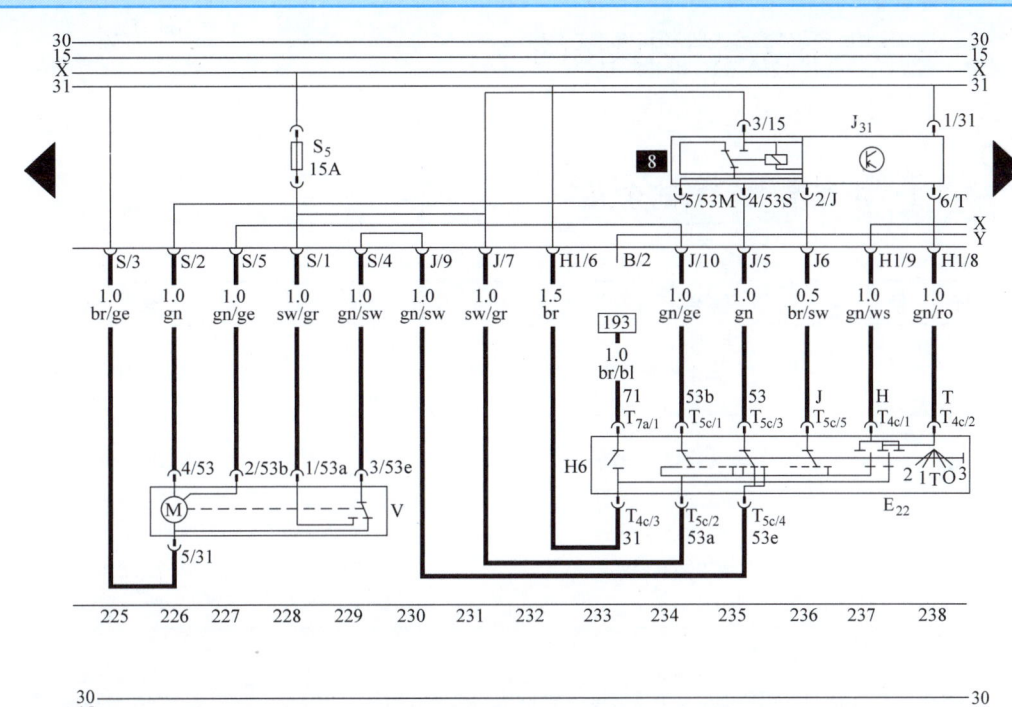

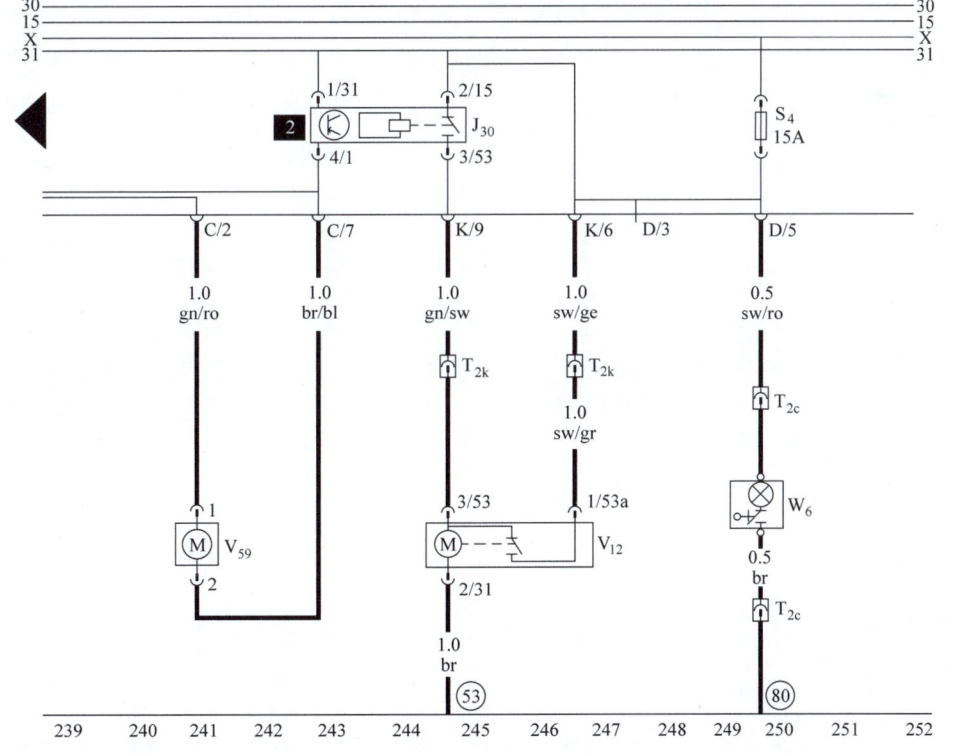

读者可以按照上述电路图的识读方法对雾灯电路进行识读。

第4章 宝马车系电路图的识读

4.1 宝马车系电路图识读基础

4.1.1 电路图中符号的含义

符　号	含　义	符　号	含　义
	电子控制装置		灯泡
	永久磁铁式电动机	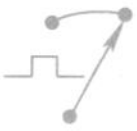	温控开关
	电路断路器		熔丝
	可调电阻 （阻值随着压力或温度改变）	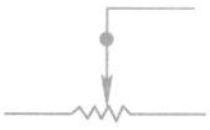	可调电阻 （滑动点由外力推动）
	氧传感器	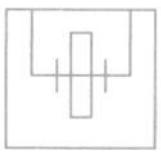	爆燃传感器
	蓄电池		易熔线
	实线框图表示 整个元器件		虚线框图表示 元器件的一部分
	发光二极管		晶体管开关
	二极管		稳压二极管
	电磁线圈		电磁控制阀、电磁离合器

第4章 宝马车系电路图的识读

（续）

符　　号	含　　义	符　　号	含　　义
 接线端子号—4—X270—配件位置图中的插接器编号	插接线	 ⏚ X165	搭铁符号和搭铁点的编号（搭铁编号可在部件位置图中查得）
●	固定连接	○	可拆离连接
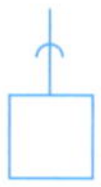	表示插接器的接线端子与元器件的引线连接	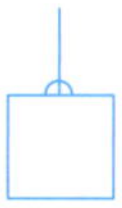	表示插接器的接线端子直接与元器件连接
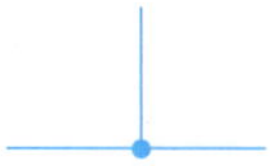	元器件内部连接		铰接点
	收音机	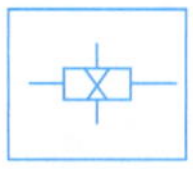	霍尔式传感器
	车速传感器		感应式传感器
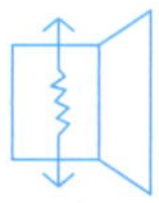	扬声器、喇叭		加热元件
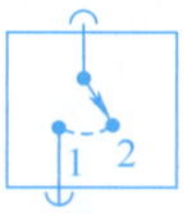	双位开关	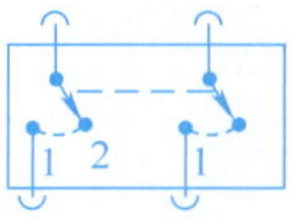	联动开关（虚线表示开关之间的机械连接）
	元器件壳体搭铁		带有螺钉接线端子的部件
 5BR 5BR 3 —— 4 X270 5BR 5BR	虚线表示同一插接器中的两个接线端子	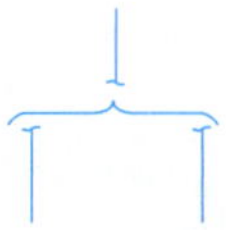	括号表示可供选择项目在线路上的区分
 .75GN/WS	波浪线表示导线连续		天线

4.1.2 电路图符号示例

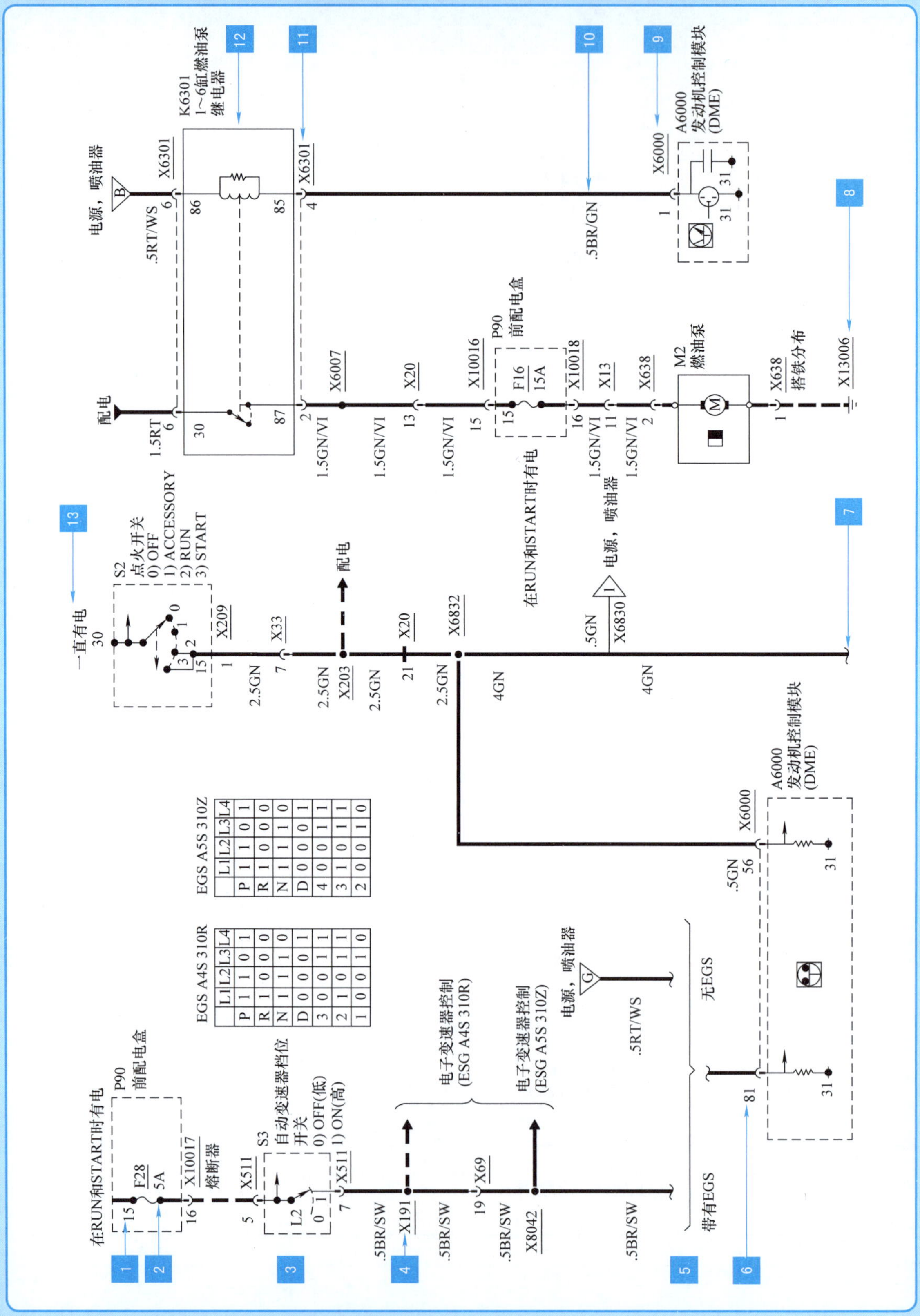

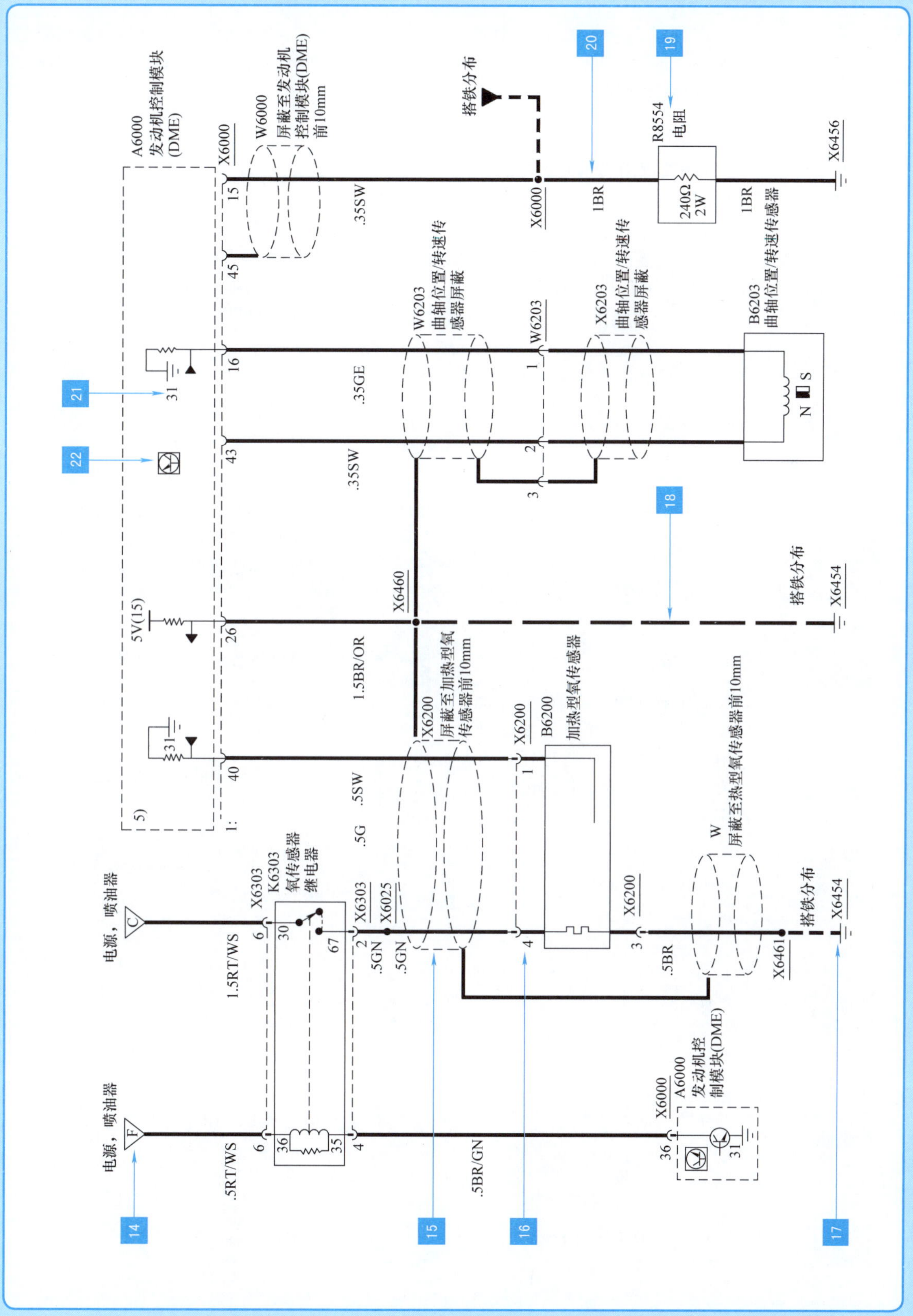

第4章 宝马车系电路图的识读

4.2 宝马轿车电路图的识读

第 4 章

4.2.1 宝马轿车前照灯电路

远光灯电路

1 30号端子（常通电）→ 2 远光灯继电器30号端子 → 3 远光灯继电器87号端子 → 4 1、2号熔丝 → 5 左、右远光灯（四灯）端子 → 6 S100、S114铰接点 → 7 G104搭铁点

仪表盘远光指示灯由 1 号熔断器供电。

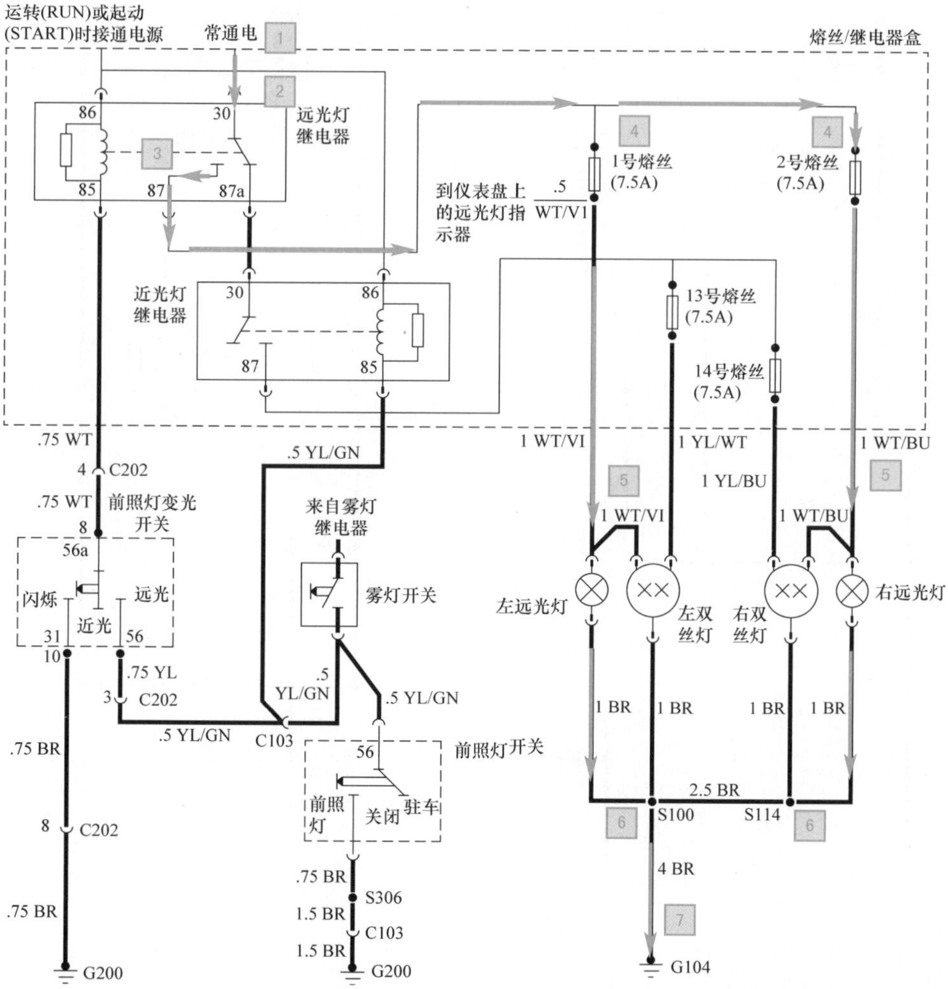

近光灯主电路

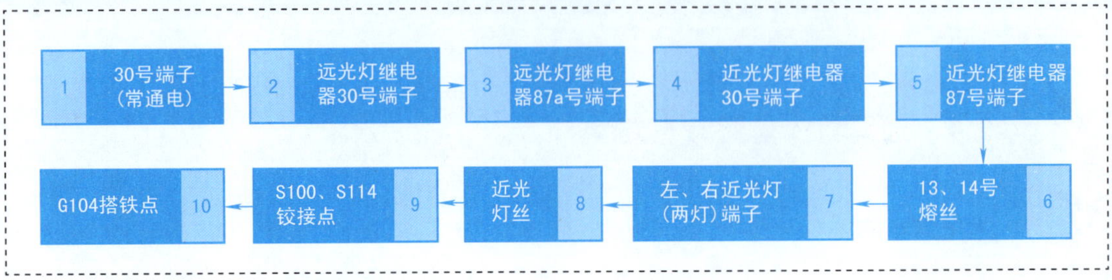

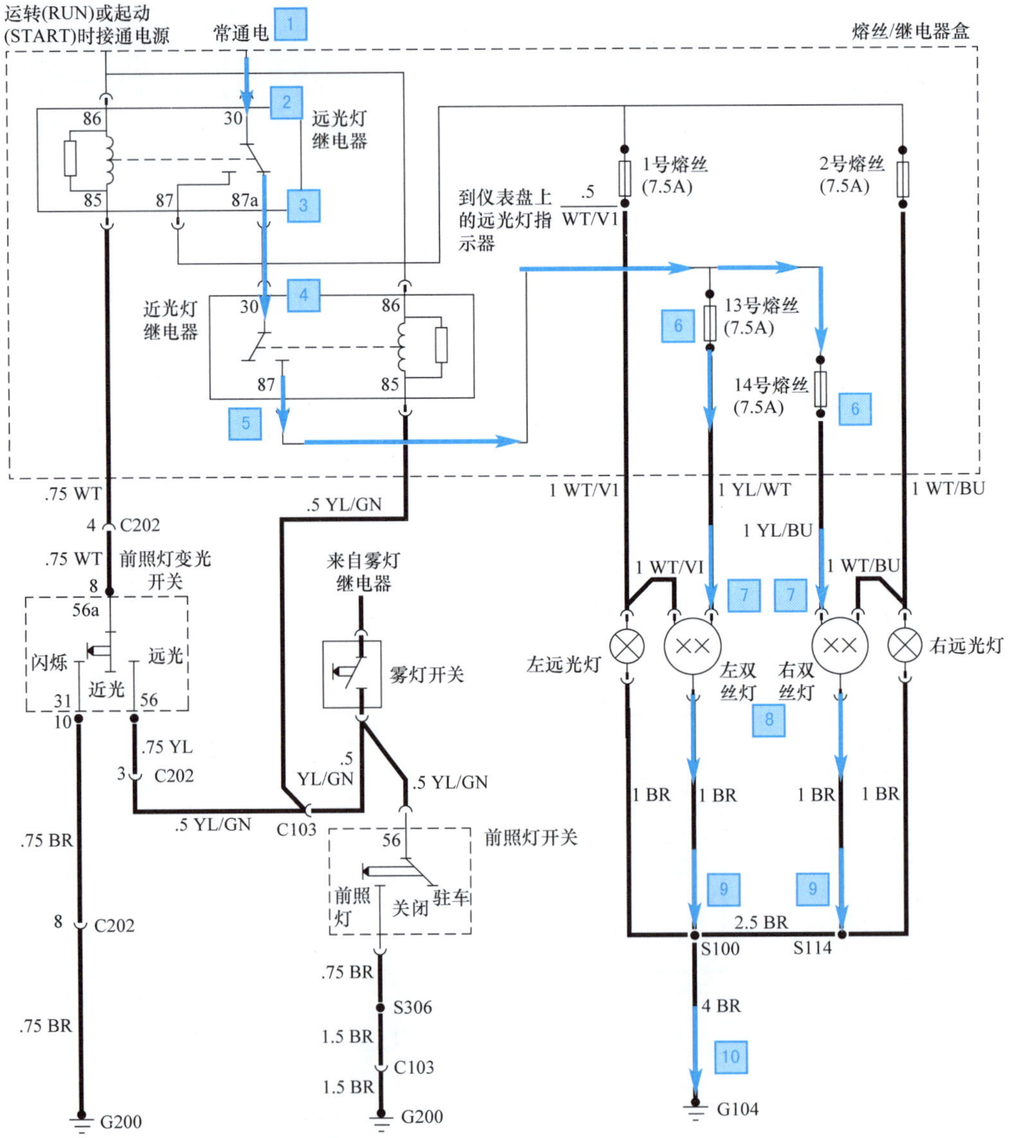

第4章 宝马车系电路图的识读

近光灯控制电路

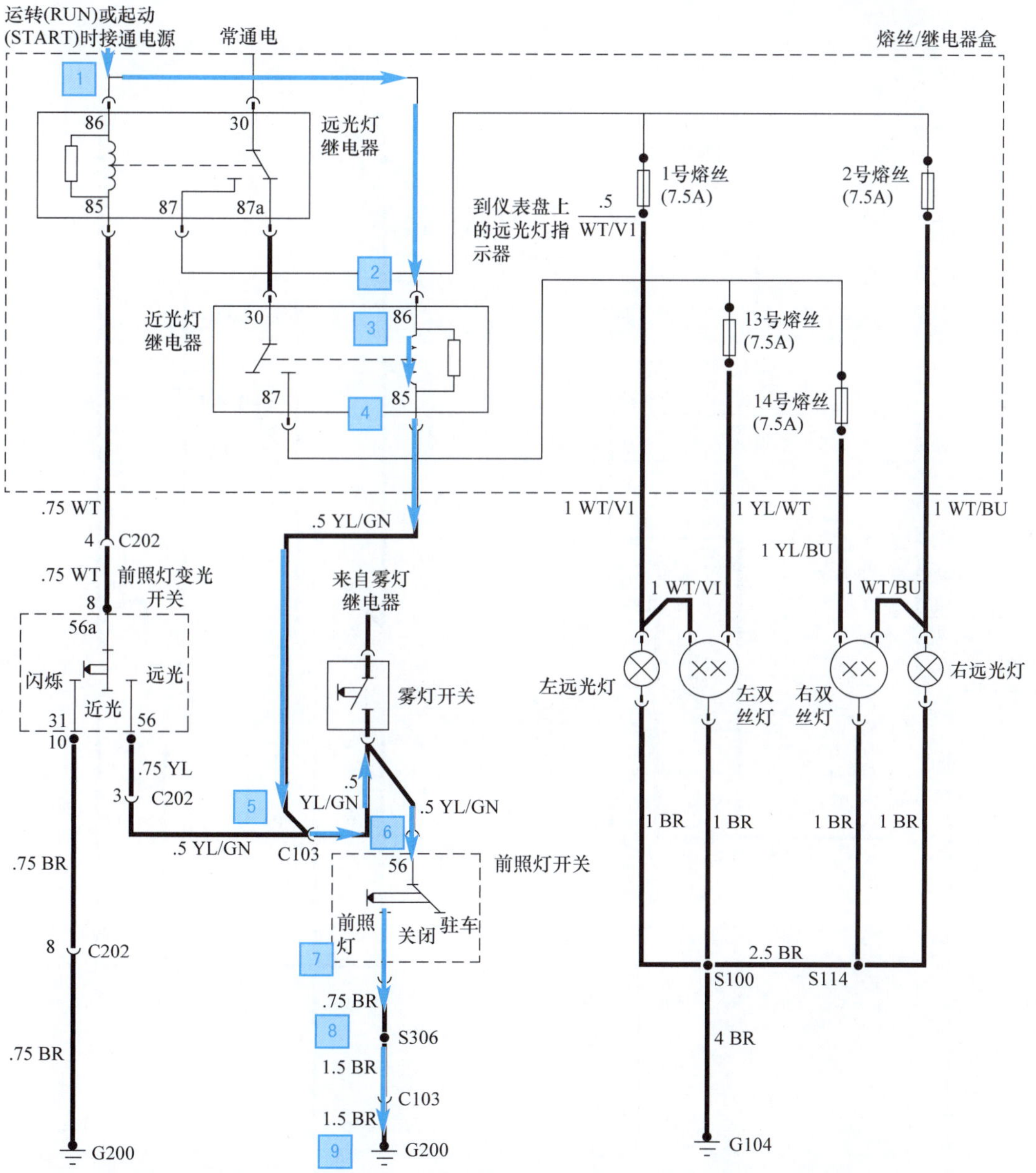

远光灯变光控制电路

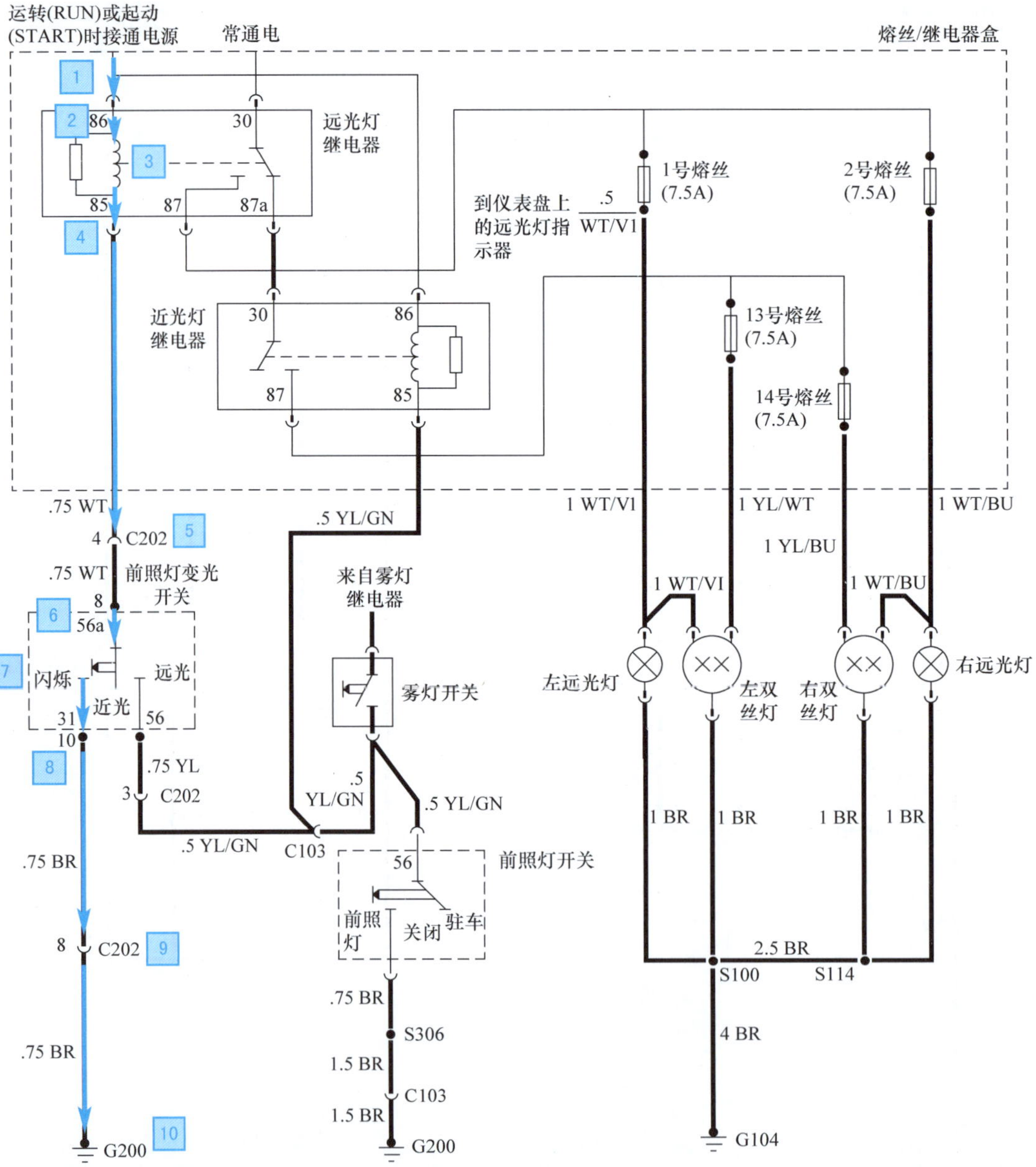

4.2.2 宝马轿车点火电路

在此以宝马 318ti 型汽车发动机的点火电路为例进行介绍。其点火电路属于单缸独立点火形式。发动机控制模块 DME 根据各种传感器输入信号，经过计算、逻辑判断后输出信号，控制大功率晶体管导通与截止，即控制点火绕组的初级绕组导通或中断，从而使次级绕组产生高压电。其各缸点火线圈的电路如下：

1缸点火电路

初级绕组点火电路（在下页图中用 ➡ 表示）如下：

| 1 | 蓄电池正极流向点火开关S2的2档或3档 | → | 2 | 插接器X209的接线端子1 | → | 3 | 横截面积为2.5mm² 的绿色导线，到达插接器X33的接线端子7及铰接点X203 |

| 6 | 到达铰接点X6833 | ← | 5 | 继续沿该导线经过插接器X6150的接线端子2 | ← | 4 | 继续沿该导线到达插接器X20的接线端子21，经铰接点X6832 |

| 7 | 插接器X6151的接线端子3 | → | 8 | 1缸点火线圈T6151的初级绕组 | → | 9 | 插接器X6151的端子1 | → | 10 | 经插接器X8150的接线端子1 |

| 13 | 经插接器X6454回到蓄电池负极 | ← | 12 | 发动机控制模块DME（大功率晶体管） | ← | 11 | 继续沿该导线经插接器X6000的接线端子25 |

次级绕组点火电路如下：

| 1 | 次极绕组 | → | 2 | 经1缸火花塞，由搭铁到达搭铁点X6454 | ← | 3 | 由横截面积为1.0mm² 的棕色导线经插接器X6151的接线端子2到达次级绕组 |

2缸点火电路

初级绕组点火电路（在下页图中用 --➡ 表示）如下：

| 1 | 蓄电池正极流向点火开关S2的2档或3档 | → | 2 | 插接器X209的接线端子1 | → | 3 | 横截面积为2.5mm² 的绿色导线，到达插接器X33的接线端子7及铰接点X203 |

| 6 | 到达铰接点X6833 | ← | 5 | 继续沿该导线经过插接器X6150的接线端子2 | ← | 4 | 继续沿该导线到达插接器X20的接线端子21，经铰接点X6832 |

| 7 | 插接器X6152的端子3 | → | 8 | 2缸点火线圈T6152的初级绕组 | → | 9 | 插接器X6152的端子1 | → | 10 | 插接器X8150的端子6 |

| 13 | 经插接器X6454回到蓄电池负极 | ← | 12 | 发动机控制模块DME（大功率晶体管） | ← | 11 | 继续沿该导线经插接器X6000的接线端子52 |

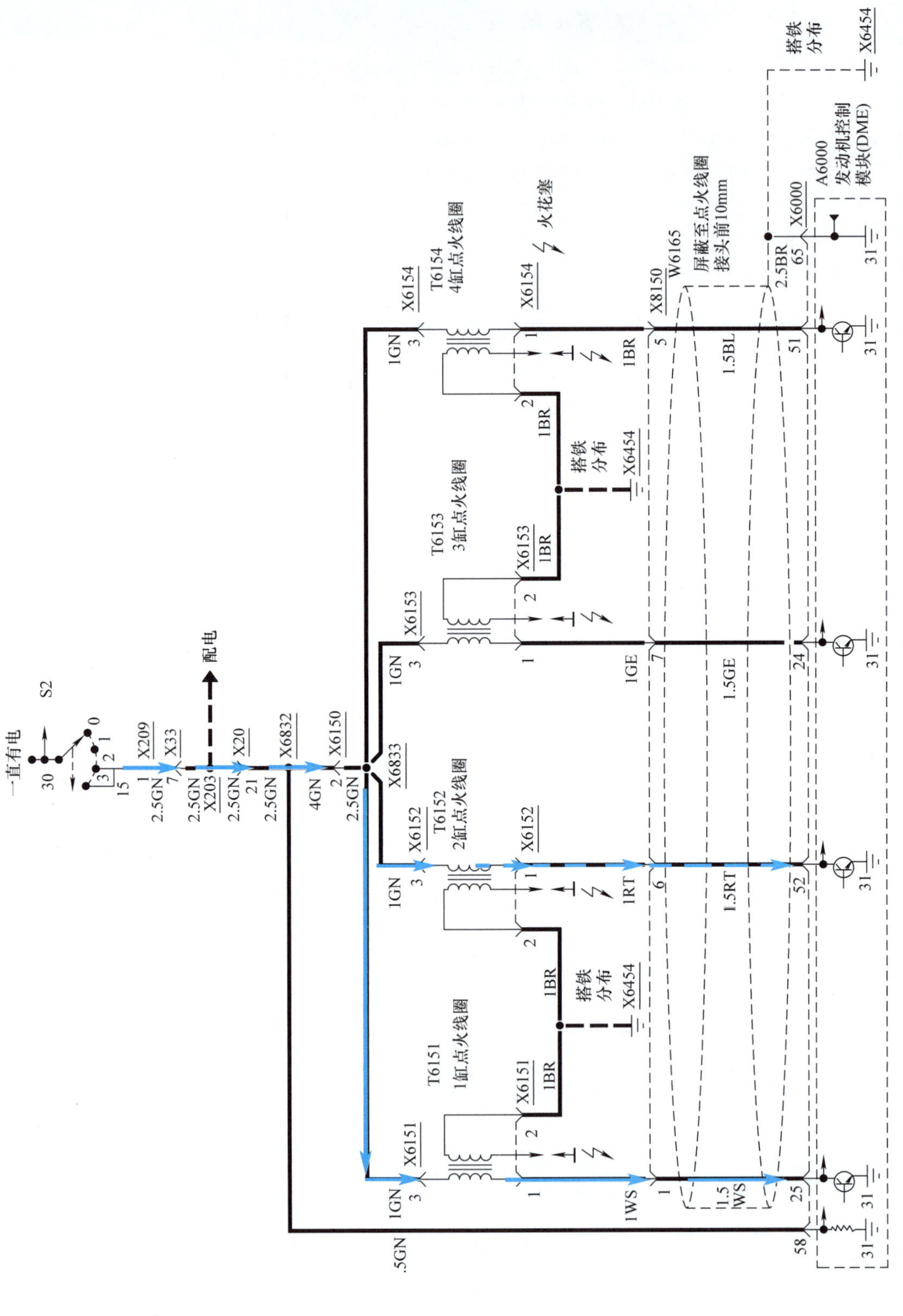

第 5 章　丰田车系电路图的识读

5.1 丰田车系电路图识读基础

5.1.1 电路图中符号的含义

丰田汽车电路由各独立的系统组成。丰田轿车电路图中各符号及含义如下：

符　号	含　义	符　号	含　义
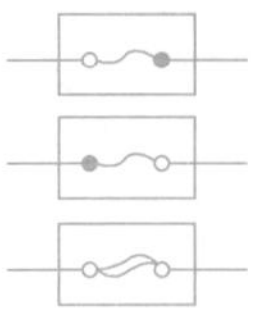	熔丝 易熔线		电机
	断路器		扬声器
	电阻		发光二极管
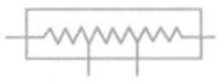	按键式变阻器		点火开关
	无级可变电阻器		刮水器停放位置开关
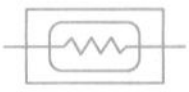	热敏电阻传感器		晶体管
	模拟速度传感器	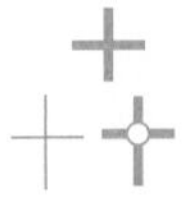	配线 1. 不连接 2. 铰接
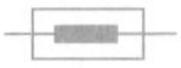	短路插销		
	电磁阀或电磁线圈		

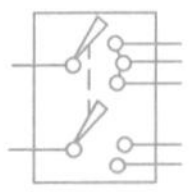

（续）

符　号	含　义	符　号	含　义	符　号	含　义
	ABS（防抱死制动系统）		组合仪表		前照灯光束水平控制
	AC（空调）		发动机控制		前照灯清洁器
	自动天线		前雾灯		超速驾驶
	倒车灯		燃油加热器		电源
	背后门锁		前刮水器和洗涤器		电动窗
	化油器		电热和废气控制		电动座位
	充电系统		电热塞		散热器风扇和冷凝器风扇
	停车灯		前照灯		音响
	转向信号灯和危险信号灯		车顶窗		后雾灯
	点烟器和时钟		开锁和座位安全带警告灯		尾灯

（续）

符　号	含　义	符　号	含　义	符　号	含　义
	后窗除雾器		电控安全带张力减小器		遥控后视镜
	后刮水器和洗涤器		喇叭		座位加热器
	巡航控制		照明		变速杆锁
	门锁		车内灯		SRS（乘员辅助安全系统）
	电子控制变速器和AT/指示灯		灯光自动切断		起动和点火
	电控液压冷却风扇		灯光提醒蜂鸣器	—	—

5.1.2　电路图中导线的颜色及标示方法

在第114、115页的丰田汽车电路图中，配线颜色用字母代号表示，字母代号的含义如下：

B—黑	L—蓝	R—红	BR—棕	LG—浅绿	V—紫
C—绿	O—橙	W—白	GR—灰	P—粉红	Y—黄

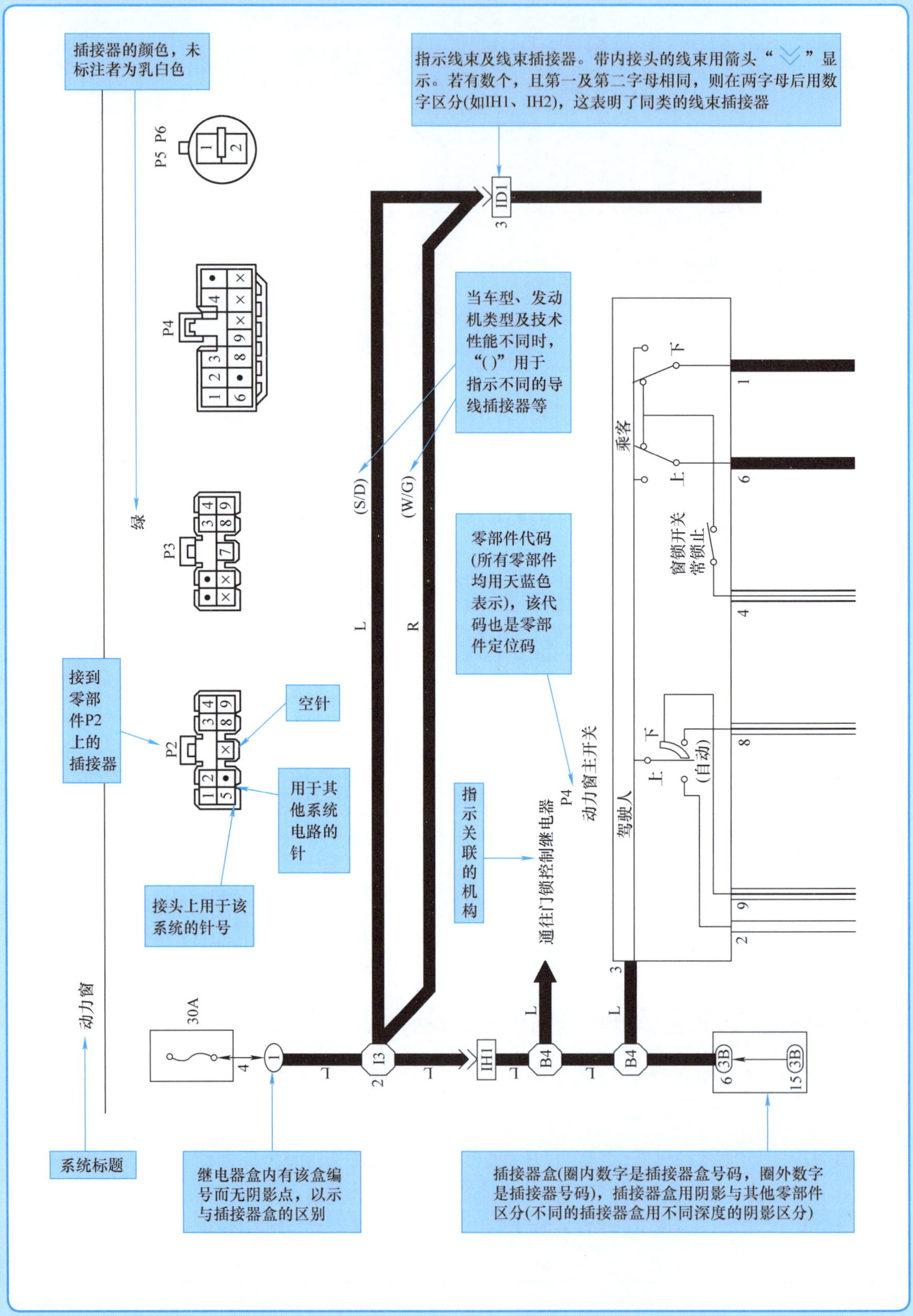

图解汽车电路图识读快速入门

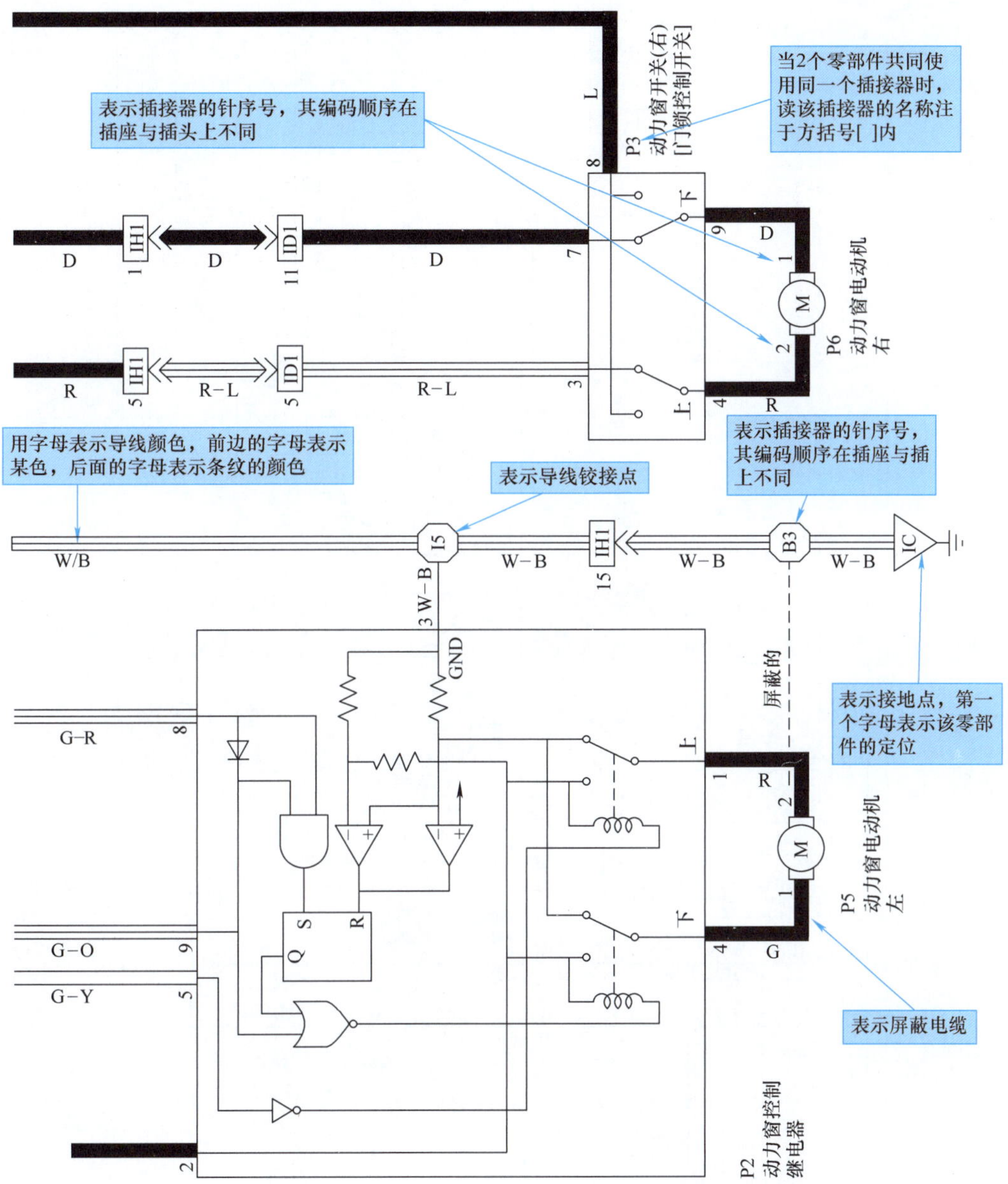

第5章 丰田车系电路图的识读

特殊提醒

需要注意的是,在线束及线束插接器、插接器盒、铰接点、接地点的表达代号中,第一个字母"E"指发动机室,"1"指仪表盘及周围区域,"B"指车身及周围区域。

丰田车电路图各部分的含义

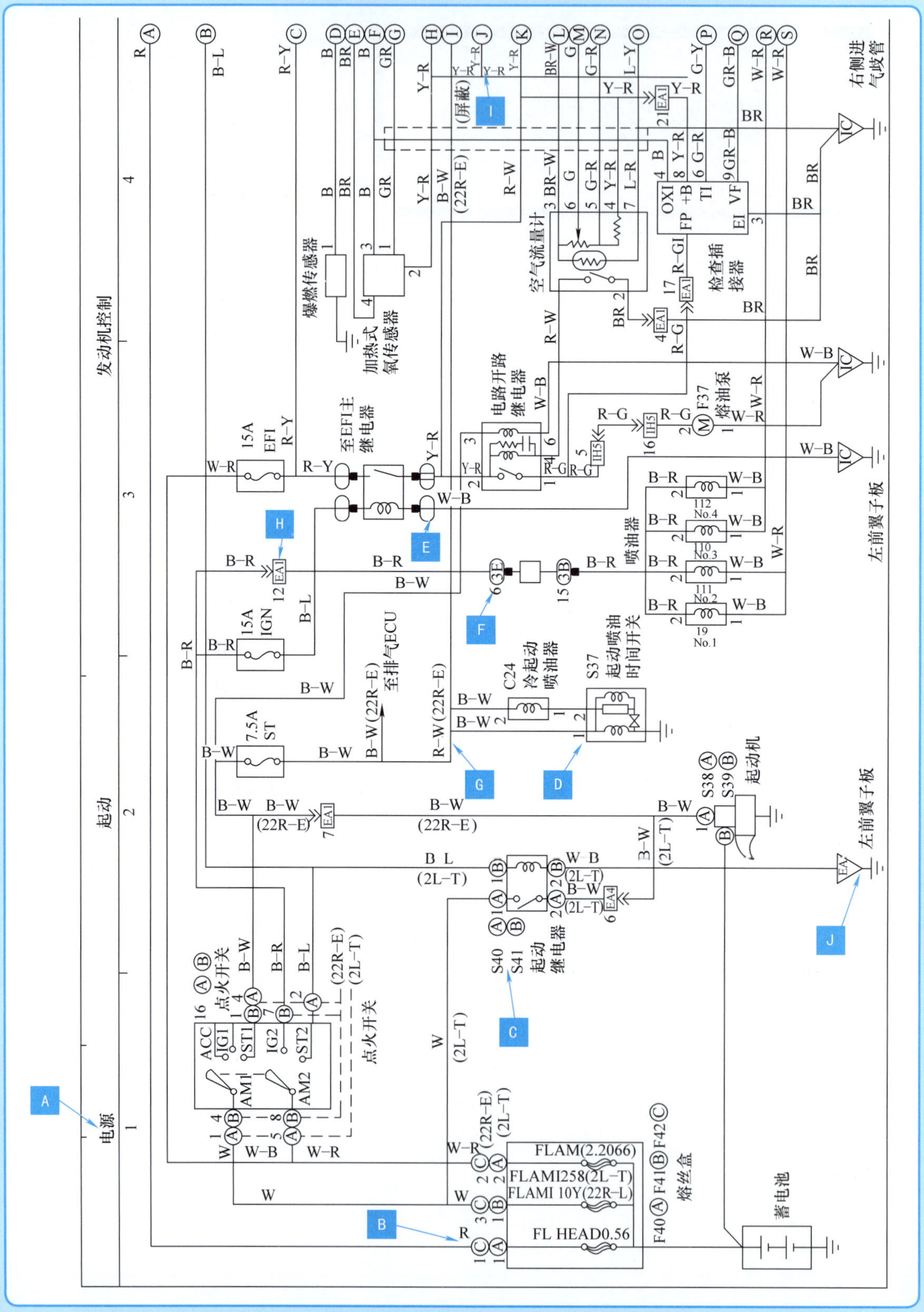

第5章 丰田车系电路图的识读

 → 表示各子系统的标题符号。

 → 表示配线颜色。例如，线路图中导线颜色为R，说明在实际电路中，导线颜色为红色。

 → 表示与电气元器件连接的插接器。S40或S41表示与起动继电器连接的插接器。

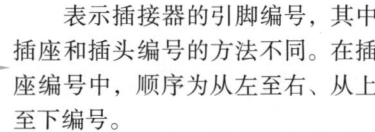 → 表示插接器的引脚编号，其中插座和插头编号的方法不同。在插座编号中，顺序为从左至右、从上至下编号。

→ 表示继电器盒，圈内数字表示继电器盒号码。图示继电器盒号码为1，表示EF1主继电器在1号位置。

→ 表示接线盒。圈内数字表示接线盒号（J/B）码，圈旁数字表示该插接器的位置代码。

→ 表示相互关联的系统。

→ 配线与配线间的插接器。带插头的配线用符号">>"表示，外侧数字12表示引脚号码。

 → 表示屏蔽线的配线。

→ 表示搭铁点位置。搭铁点在电路图中用 ▽ 表示。

元器件位置

丰田轿车采用布线图、继电器位置图和插接器等来表明元器件的位置。

布线图

布线图主要表明元器件在汽车上的位置，一般包括发动机舱、仪表板、车身和电动座椅等部分。另外，布线图还包括配线插接器、搭铁点和铰接点位置图。配线插接器用于各元器件的连接；搭铁点位置图用于检查电路搭铁点，清理搭铁点的锈蚀、油污情况及拧牢螺钉等，对于保证电路的正常工作 非常重要；铰接点表示配线间用铰接形式连接，在电路图中用相交点"·"表示，而在电路布线图中用八边形表示。

继电器位置图

在丰田轿车中，继电器有两种分布形式：一种为多个继电器集中安装在一个盒内，称为继电器盒(R/B)；另一种以单个或两个继电器独立存在。继电器位置图应给出每个继电器在继电器盒中的位置以及继电器盒的内部电路。

接线盒和配线插接器位置图

在丰田轿车中，接线盒也称为J/B，用于汽车的全车配线，通过插接器从各方向来的配线分配到各个元器件上，而这些插接器都在一个接线盒内。每个接线盒图都标示出了从各个方向来的配线插接器的接线端子以及接线盒的内部电路。配线插接器外形如左图所示，其短路端子如右图所示。

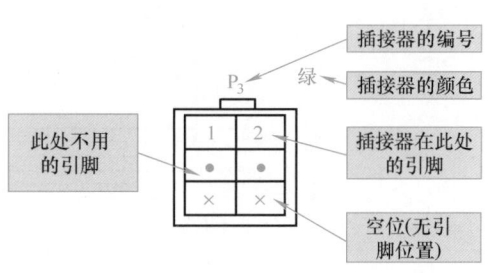

5.2 雷克萨斯轿车电路图的识读

第 5 章

5.2.1 元器件的安装位置

在此以雷克萨斯 LS400 UCF10 系列轿车刮水器和洗涤器电路、喇叭电路为例，介绍丰田汽车电路的特点。

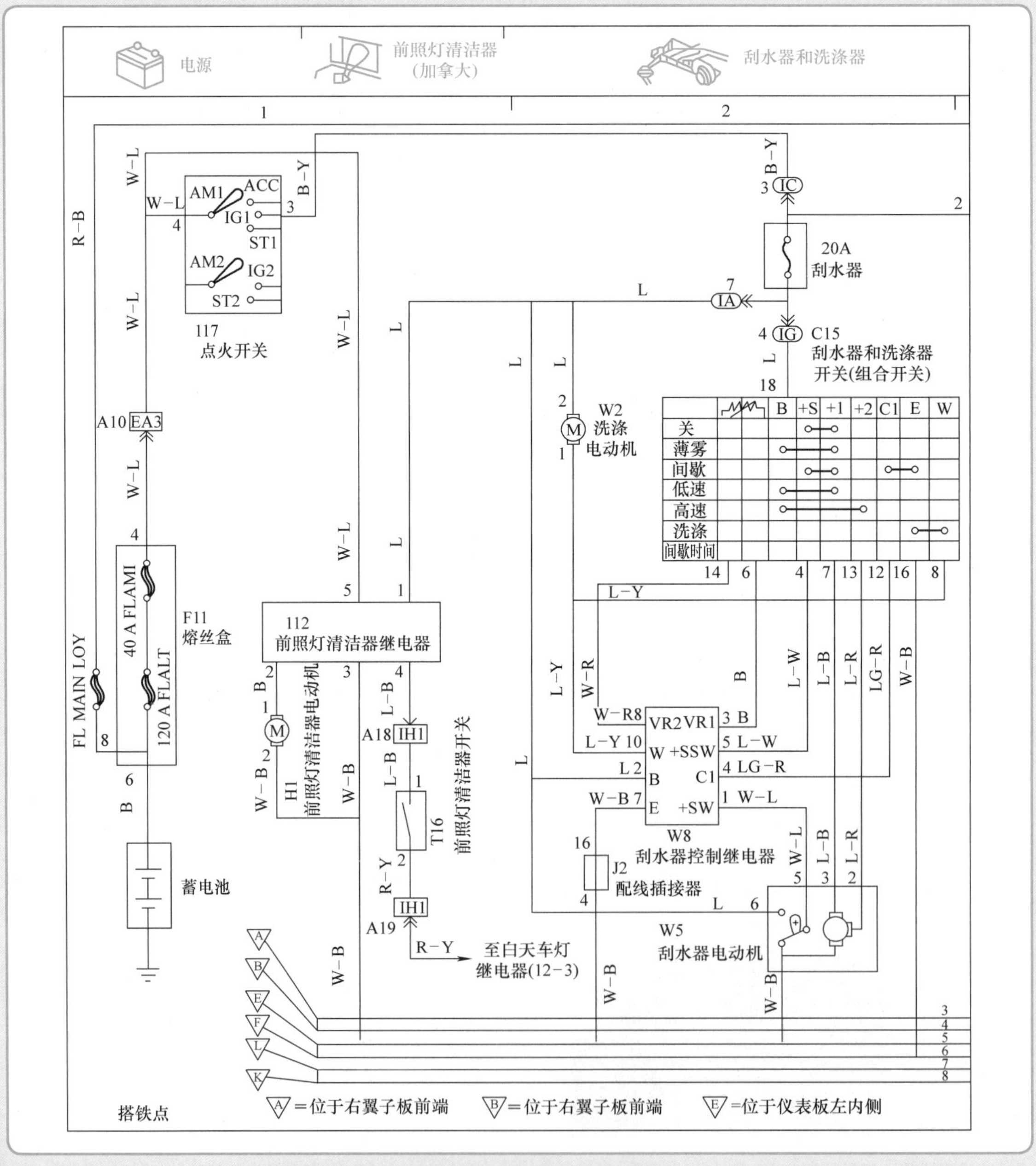

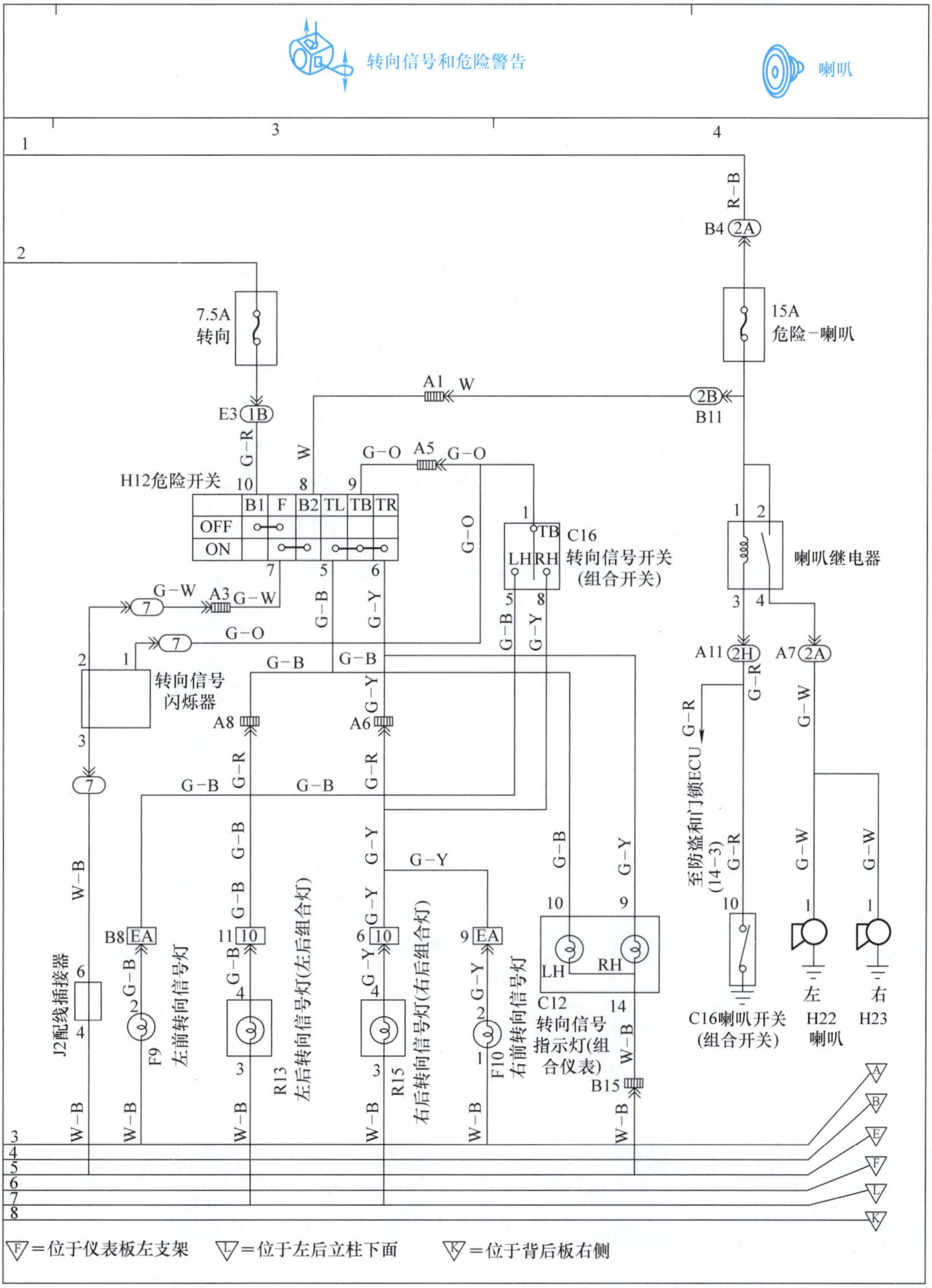

第5章 丰田车系电路图的识读

发动机舱布线图

W2	洗涤器电动机
W3	冷却液温度传感器
W4	冷却液温度开关
W5	刮水器电动机
I1	怠速空气控制阀(ISC阀)
I4	1号点火线圈
I5	2号点火线圈
J2	1号点火器
J3	2号点火器
I8	3号喷油器
I9	4号喷油器
I6	1号喷油器
I7	2号喷油器
I12	7号喷油器
I13	8号喷油器
I10	5号喷油器
I11	6号喷油器
K3	2号爆燃传感器(右侧)
M7	加热式主氧传感器(左侧)
K1	无钥匙开门蜂鸣器
K2	1号爆燃传感器(左侧)
N3	1号凸轮轴位置传感器
N4	2号凸轮轴位置传感器
M8	加热式主氧传感器
N1	噪声滤波器
P1	停车/空档位置开关
P2	PPS电磁阀
O1	直接档离合速度传感器
O2	机油压力开关
S3	副节气门执行器
S4	副节气门位置传感器
S1	起动机
S2	起动机(蓄电池)
T2	节气门位置传感器
T3/4	牵引制动执行器
S5	左前悬架控制执行器
T1	防盗喇叭
T7	牵引泵和电动机
V1	1号车速传感器(速度传感器)
T5	牵引电磁阀继电器
T6	牵引电动机继电器
V6	VSV用于燃油压力升高
V2	2号车速传感器(速度传感器)
V3	空气流量计
V4	VSV空气泵
W1	洗涤器位置开关

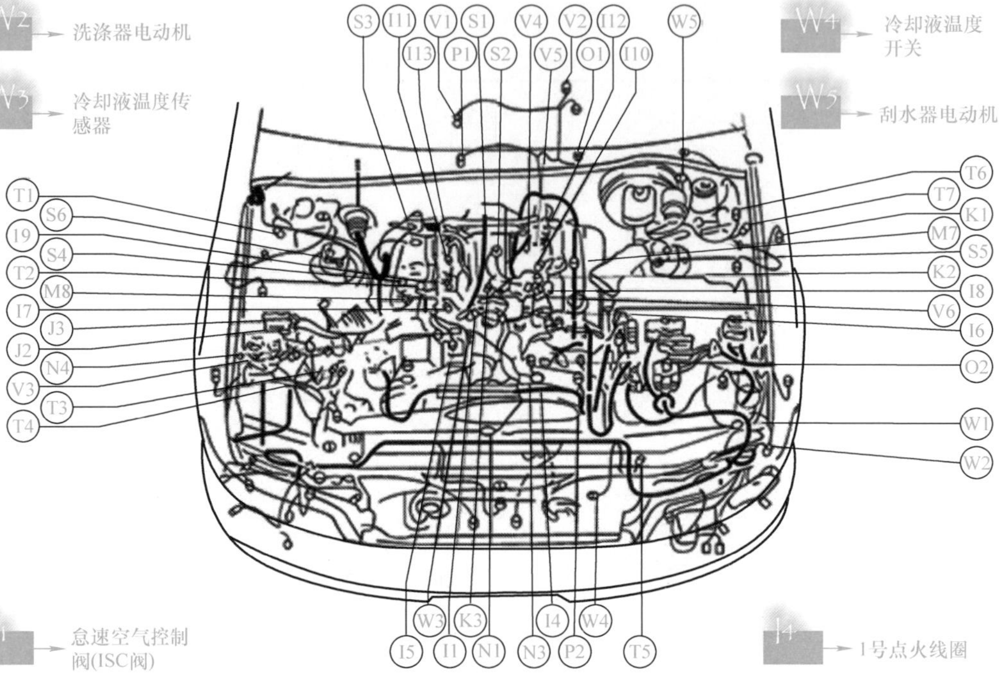

120

第5章 丰田车系电路图的识读

仪表板继电器位置图

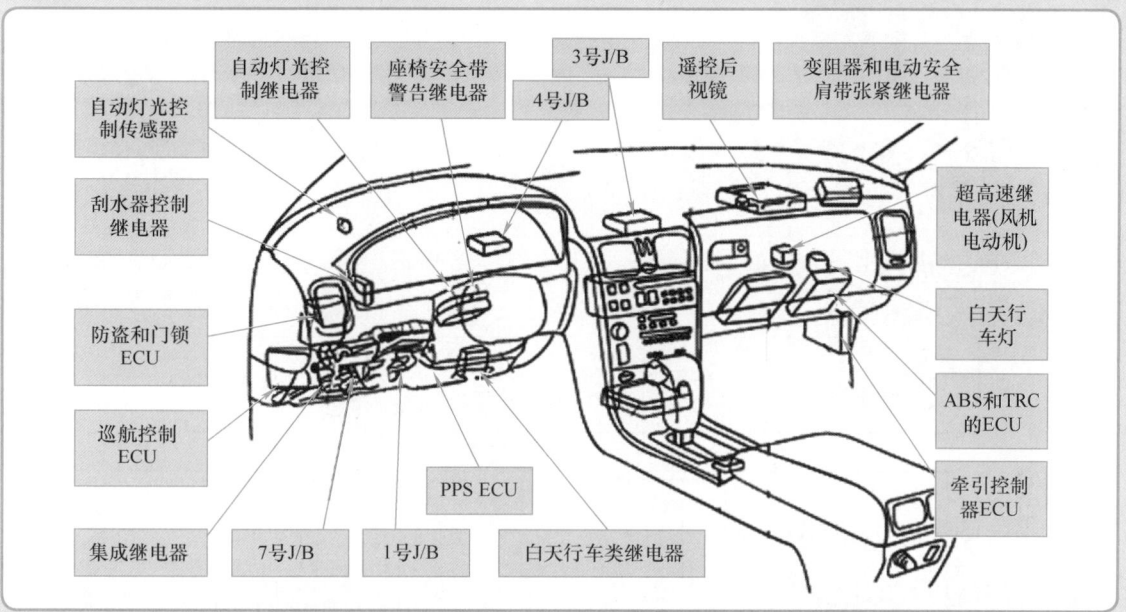

各继电器在继电器盒内的位置

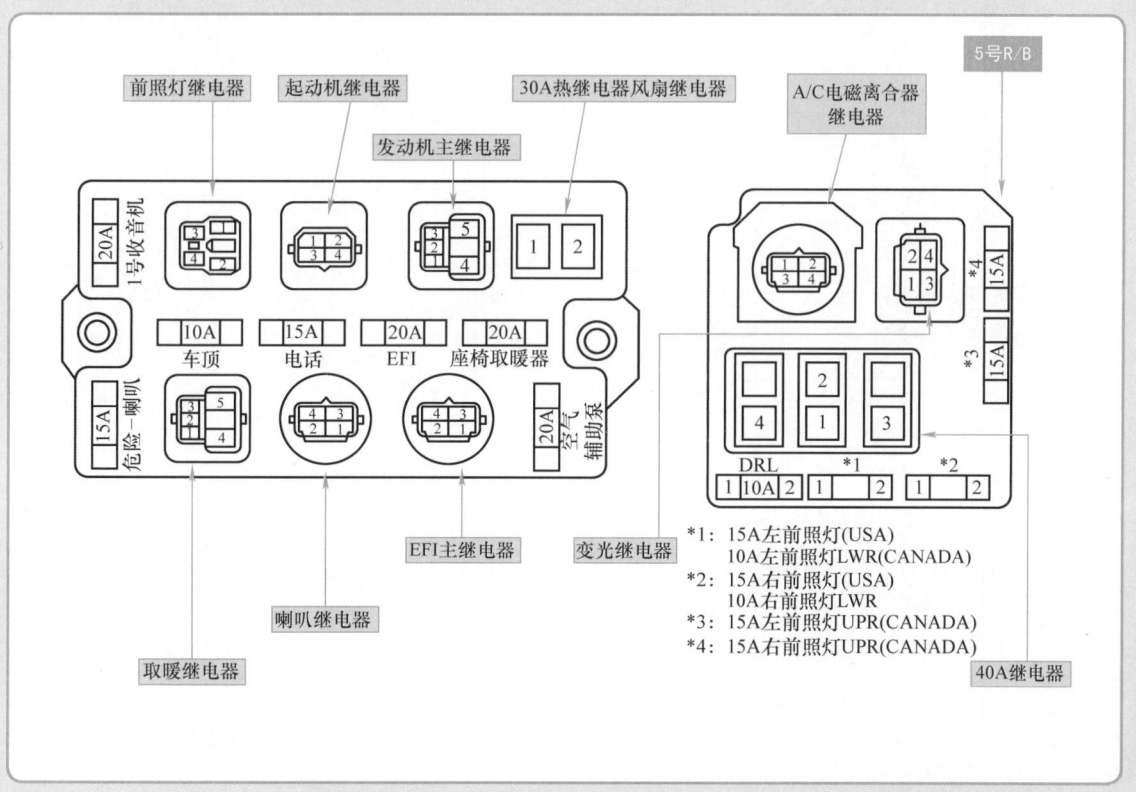

5.2.2 刮水器和洗涤器电路图的识读

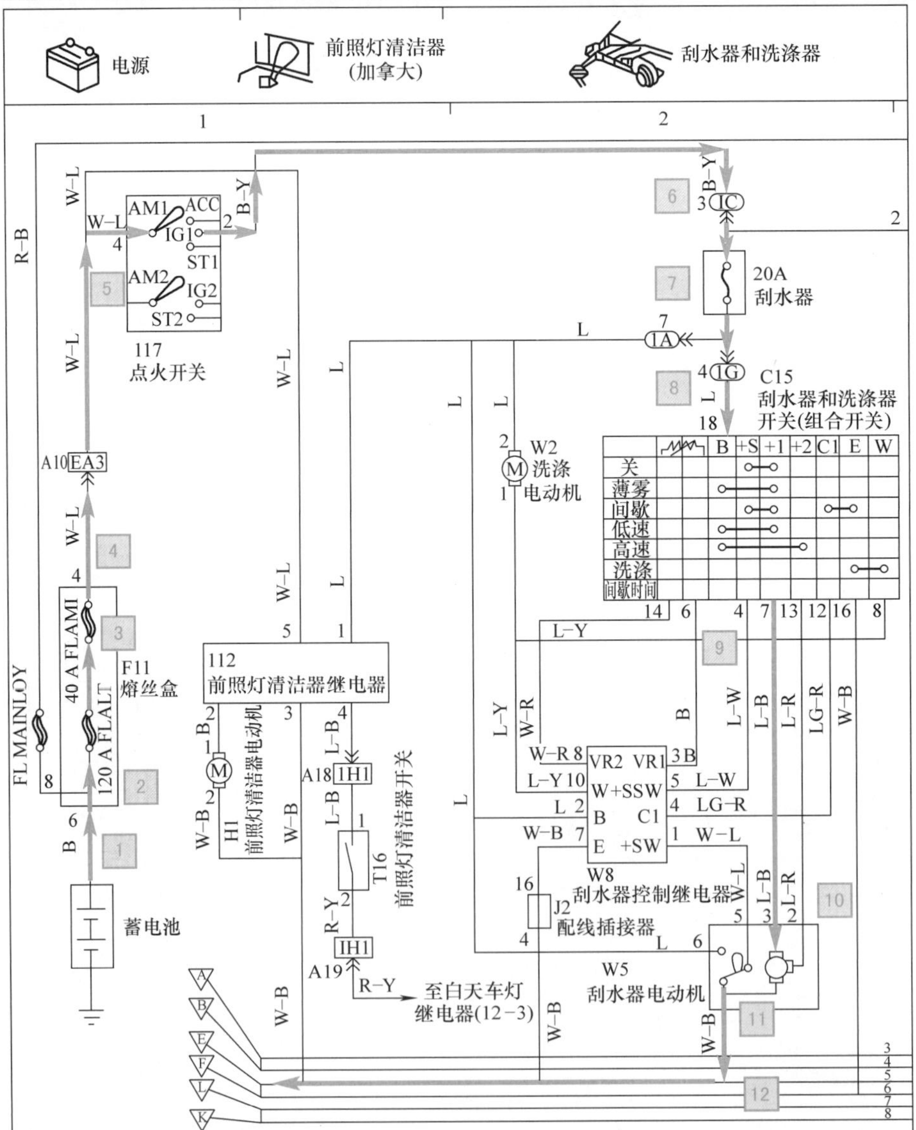

第5章 丰田车系电路图的识读

刮水器高速工作电路

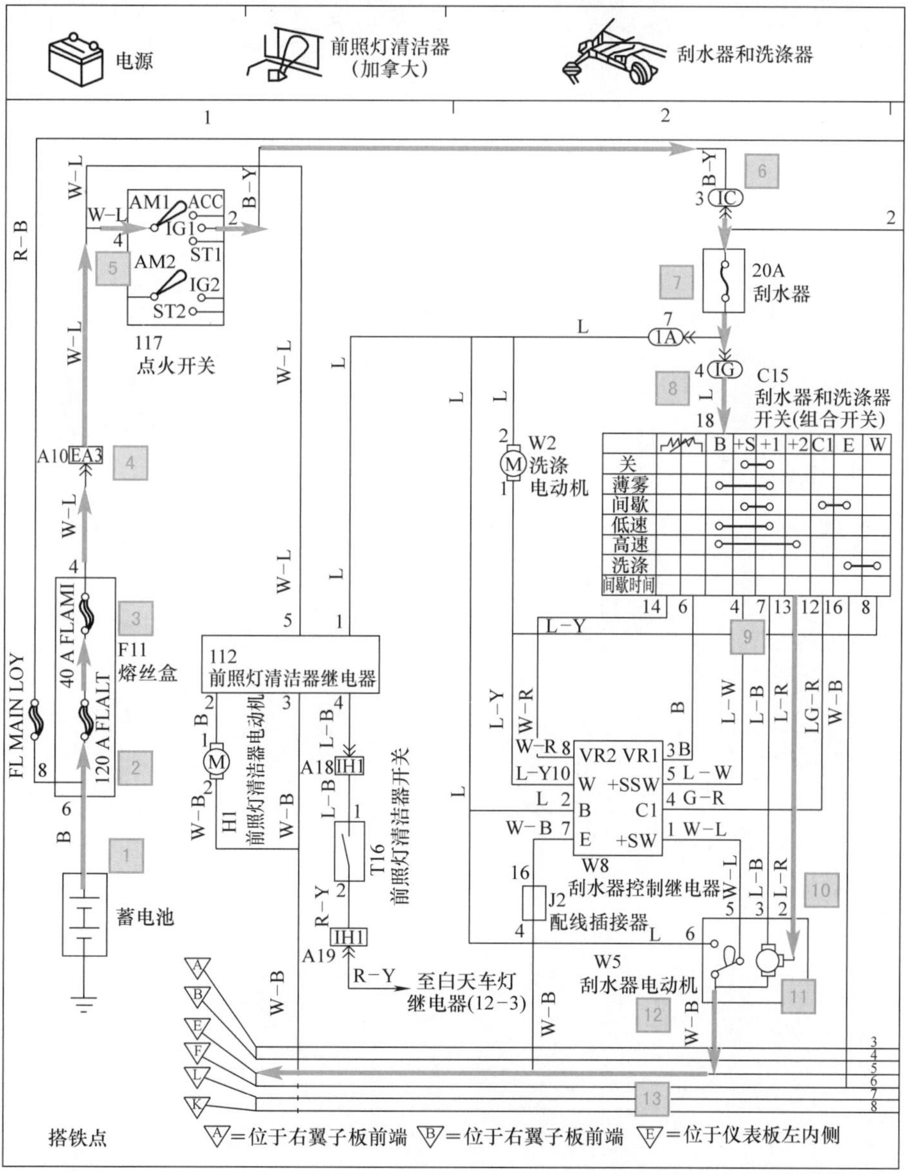

刮水器间歇工作电路

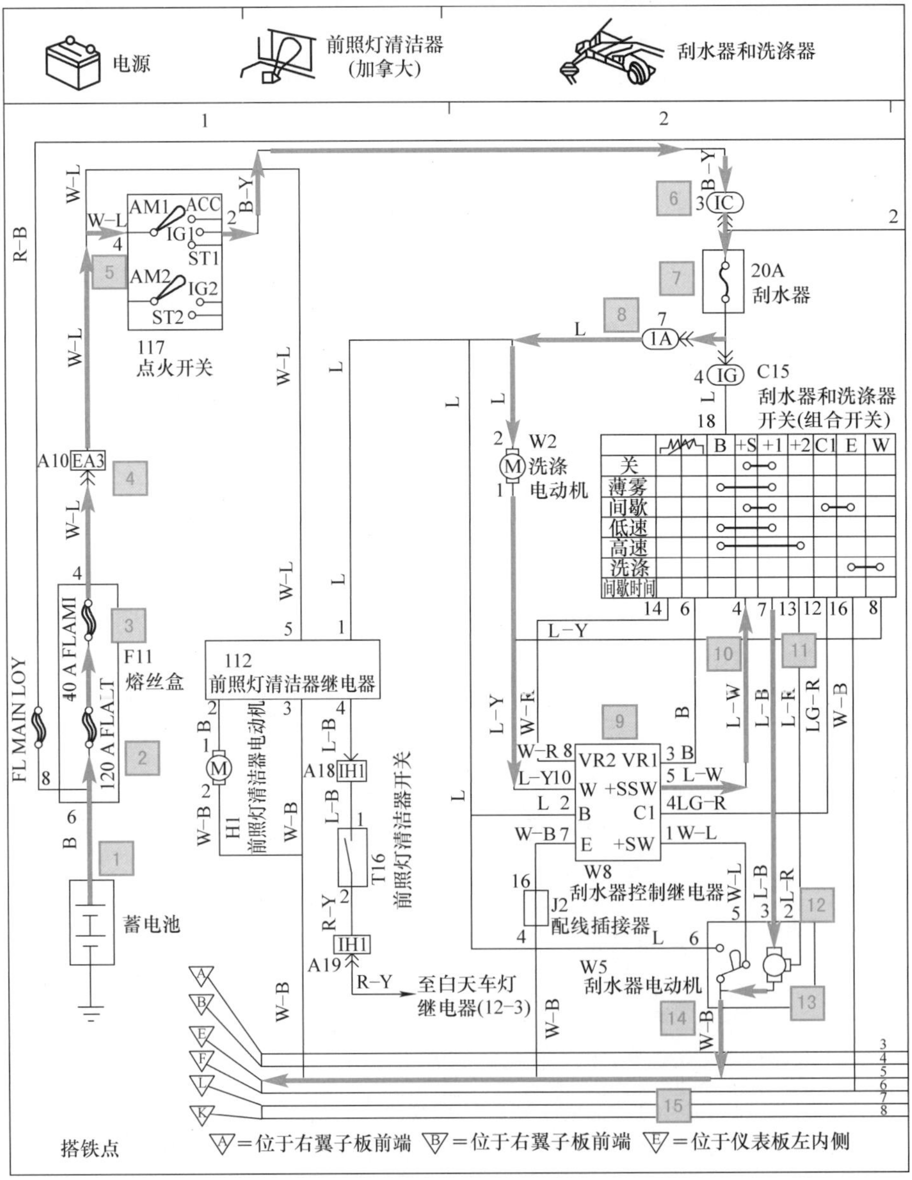

第5章 丰田车系电路图的识读

洗涤器工作电路

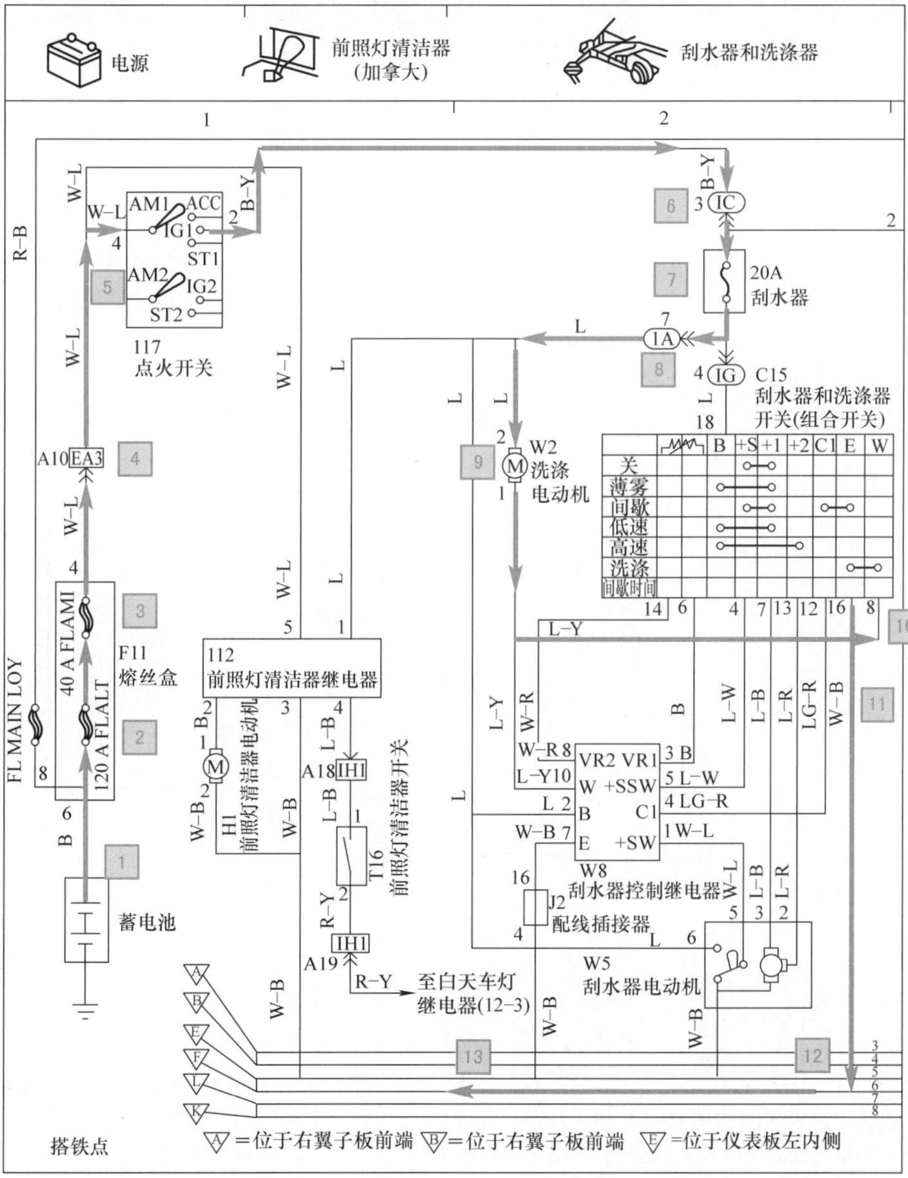

第6章 雪铁龙车系电路图的识读

6.1 雪铁龙车系电路图识读基础

6.1.1 电路图中符号的含义

雪铁龙轿车电路图在表现形式上与通常的汽车电路图有较大差别。其电路原理图与布线图的标示方法及含义如下：

电路原理图与布线图的标示方法及含义

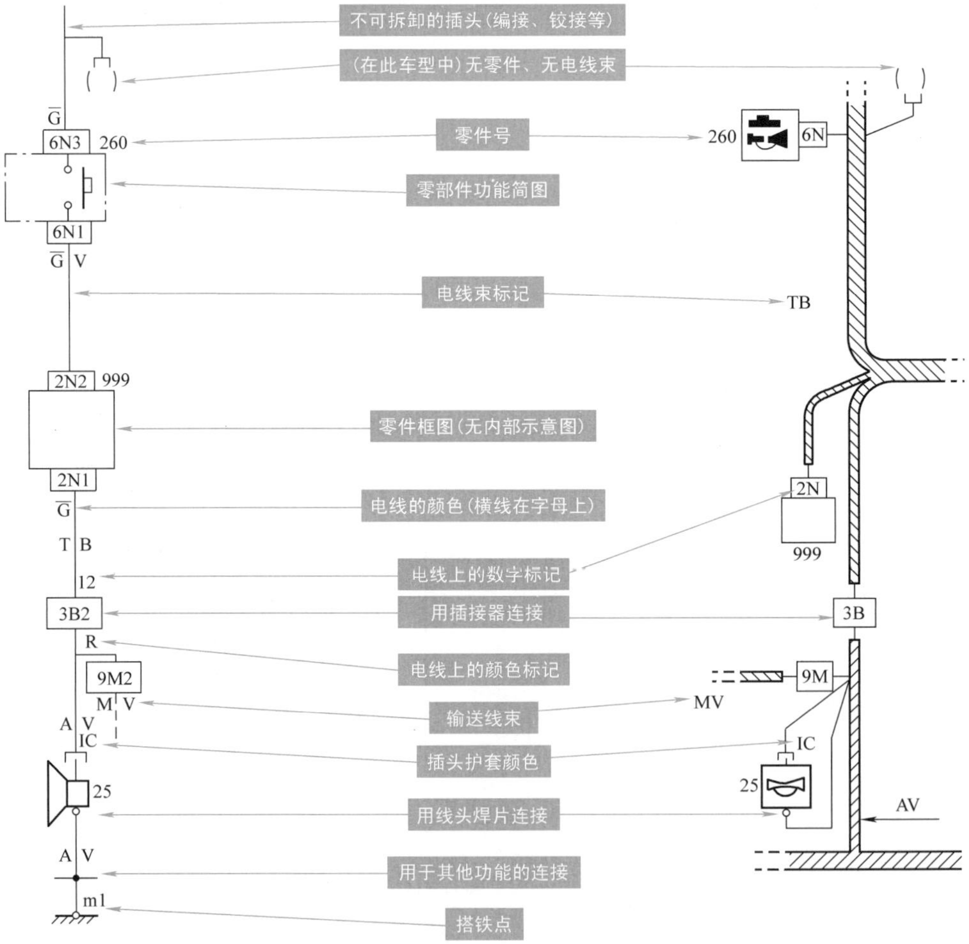

1900年，安德烈·雪铁龙在波兰参观一家专门生产传动齿轮的企业时看到了人字形齿轮。他凭借特有的敏感，决定买断此项发明专利，并迅速办完手续，拿到专利证书。回到巴黎后，雪铁龙立即将他买到的发明专利投入试生产。就这样，人字形齿轮不仅成为雪铁龙1904年创办的齿轮公司的主打产品，之后又成了雪铁龙汽车的商标标志。

第6章 雪铁龙车系电路图的识读

电路图中使用的符号及含义

符 号	含 义	符 号	含 义
	线头焊片接点		机械开关
	插头接点		压力开关
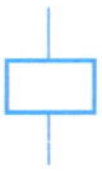	插接器接点		温度开关
	带有分辨记号的插接器接点		延时断开触点
	不可拆接点（铰接）		延时闭合触点
	不可拆接点（铰接）		摩擦式触点
	经线头焊片搭铁		带电阻手动开关（点烟器）
	经插接器搭铁		电阻
	经零件外壳搭铁		可调电阻
	开关（无自动回位）		手动可调电阻
	手动开关		机械可调电阻
	转换开关		热敏电阻
	常开触点（自动回位）		压力可调电阻
	常闭触点（自动回位）		可调电阻
	手动开关		分流器

（续）

符　号	含　义	符　号	含　义
	线圈		电子控制组件
	指示灯		继电器组件
	照明灯		零件框图（带有原理图）
	双灯丝的照明灯		零件框图（无原理图）
	发光二极管		零件部分框图
	光敏二极管		零件部分框图
	二极管		指示器
	熔断器		热电偶
	热断路器		电极
	屏蔽装置		氧探测器
	蓄电池单格		接线柱
	电容器		NPN型晶体晶体管
	电动机		PNP型晶体晶体管
	双速电动机		联动线（轴）
	交流发电机	（　）	备用头
	发声元件	—	—

第6章 雪铁龙车系电路图的识读

6.1.2 电路图中导线的颜色

导线颜色代码

电路中用代码标明了各导线的颜色，具体如下：

代 码	颜 色	代 码	颜 色
N	黑	Bl	湖蓝
M	栗色	Mv	深紫
R	红色	Vi	紫罗兰
Ro	粉红	G	灰色
Or	橙色	B	白色
J	柠檬黄	Lc	透明
V	翠绿	—	—

线束代码

为了查找线路走向方便，在电路图中给各导线都标明了其所在线束的代码。各线束代码如下：

线束代码	线束名称	线束代码	线束名称
AV	前部	MT	发动机
CN	蓄电池负极电缆	MV	电动风扇
CP	蓄电池正极电缆	PB	仪表板
EF	行李箱照明灯	PC	驾驶人侧门
FR	尾灯	PD	右后门
GC	空调	PG	左后门
HB	驾驶室	PL	顶灯
PP	乘客侧门	RD	右后部
RG	左后部	RL	侧转向信号灯
UD	右制动蹄片磨损指示器	UG	左制动蹄片磨损指示器

插接器

雪铁龙轿车插接器的种类及表示方法如下：

单排插接器

单排插接器的插脚或插孔只有一排，在电路图中的表示方式如下：

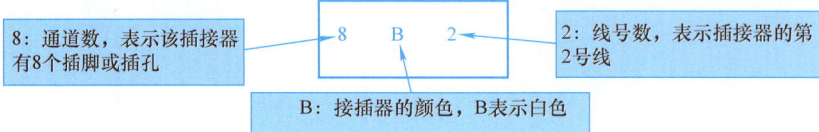

双排插接器

双排插接器的插脚或插孔有两排，在电路图中的表示方式如下：

前围板插接器

前围板插接器位于风窗玻璃左下侧的车身内，有62个通道，用于前部线束和仪表板线束的连接。前围板插接器为黑色，由8组7脚的插孔和3组2脚的插孔组成，见左图所示。在电路图中的表示方式见右图。其识别方法如下：

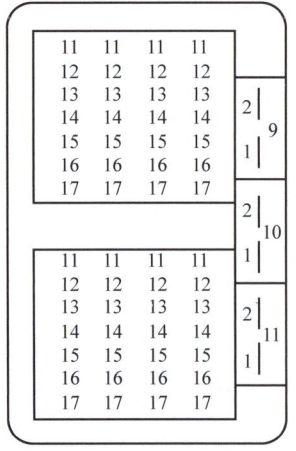
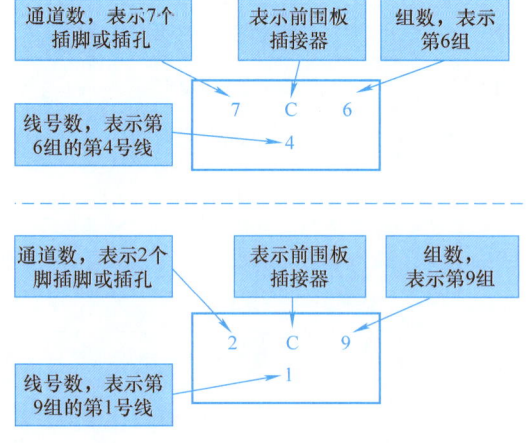

第6章 雪铁龙车系电路图的识读

14脚圆插接器

该插接器位于发动机罩下左侧的熔断器盒内,用于前部ＡＶ线束与发动机ＭＴ线束的连接。其在电路图中的表示方式及识别方法如下:

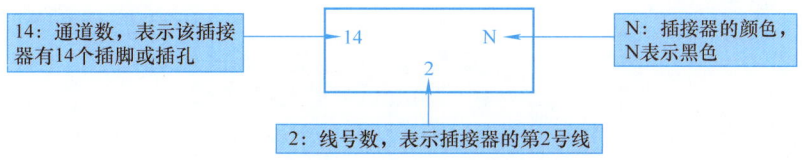

点火开关

法国雪铁龙车系点火开关的表示方法见下图所示,各档位工作状态见下表。

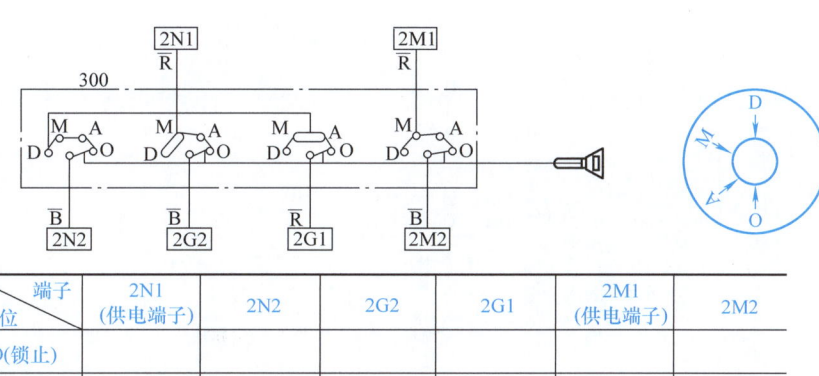

端子 档位	2N1 (供电端子)	2N2	2G2	2G1	2M1 (供电端子)	2M2
O(锁止)						
A(附件)	○――――――――○					
M(点火)	○――――――――○				○―――○	
D(起动)	○―――○―――○					

雪铁龙汽车主要车型的特点:

富康:富康轿车共有五大车系,30多个品种。富康轿车装有与后制动轮缸混为一体的比例阀,用于对前后制动力的分配调节,可提高制动的稳定性。

爱丽舍:爱丽舍轿车的悬架系统继承了雪铁龙车系独有的后轮随动转向技术,而且有进一步优化。

毕加索轿车:毕加索轿车改变了传统轿车车头、车厢及车尾三部分的设计方式,仪表台中央的多功能数字式仪表、副仪表板上的变速杆、可独立翻转或拆卸的三个后座椅等具有明显的特点。

6.1.3 电路图各部分的含义

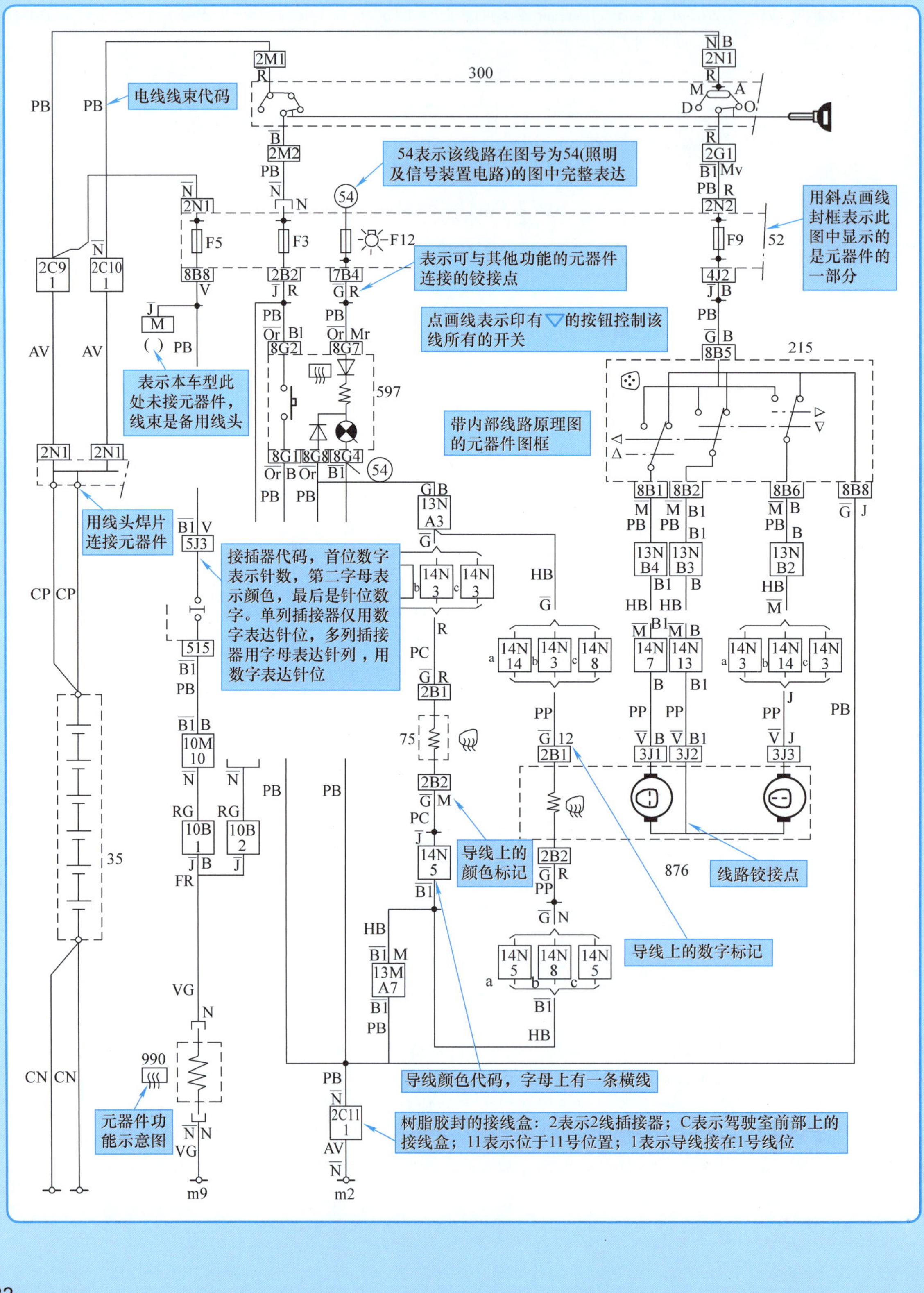

第6章 雪铁龙车系电路图的识读

6.2 爱丽舍轿车电路图的识读

6.2.1 爱丽舍轿车熔断器盒

爱丽舍轿车的熔断器盒有两个：一个在发动机舱内，另一个在驾驶室内。

发动机舱内熔断器盒

发动机舱内熔断器盒共有6路，故也称为6路熔断器盒，位于发动机舱左翼子板，其内部电路接线原理分别如下：

发动机舱内熔断器盒正面

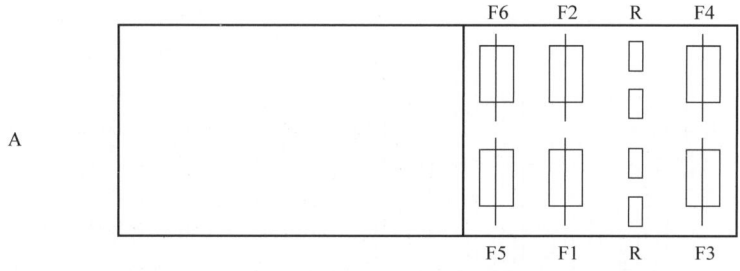

发动机舱内熔断器盒背面

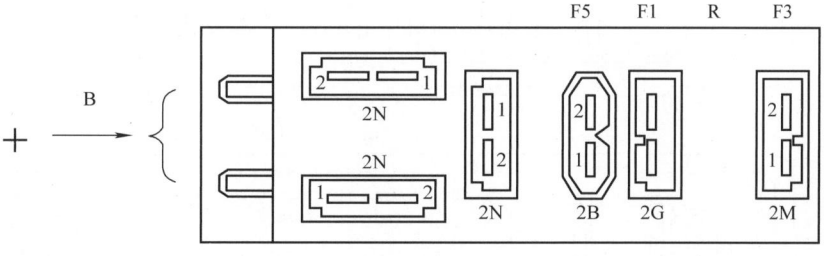

发动机舱内熔断器盒内部电路接线原理图

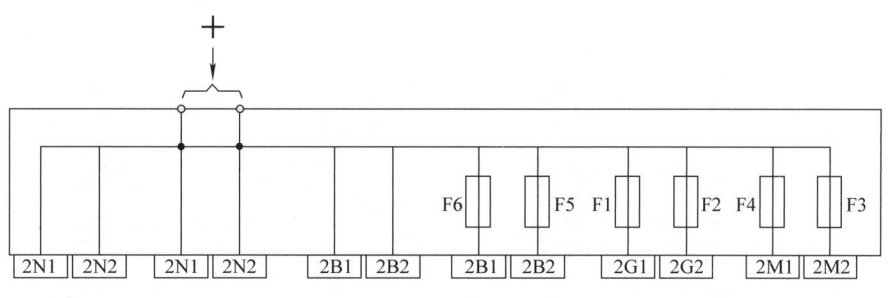

序号	容量/A	颜色	输出插接器	被保护元器件
F1	30	绿	2G1	前雾灯
F2	30	绿	2G2	未使用
F3	30	绿	2M2	双电动风扇
F4	30	绿	2M1	电动风扇电源和继电器
F5	20	黄	2B2	发动机点火系统及自动变速器电气系统
F6	20	黄	2B1	发动机点火系统及自动变速器电气系统

驾驶室内熔断器盒

驾驶室内熔断器盒共有30路熔断器，位于驾驶室仪表板左侧，打开盖板即可看到。其外形如下：

第6章 雪铁龙车系电路图的识读

驾驶室内熔断器盒的内部接线原理图如下:

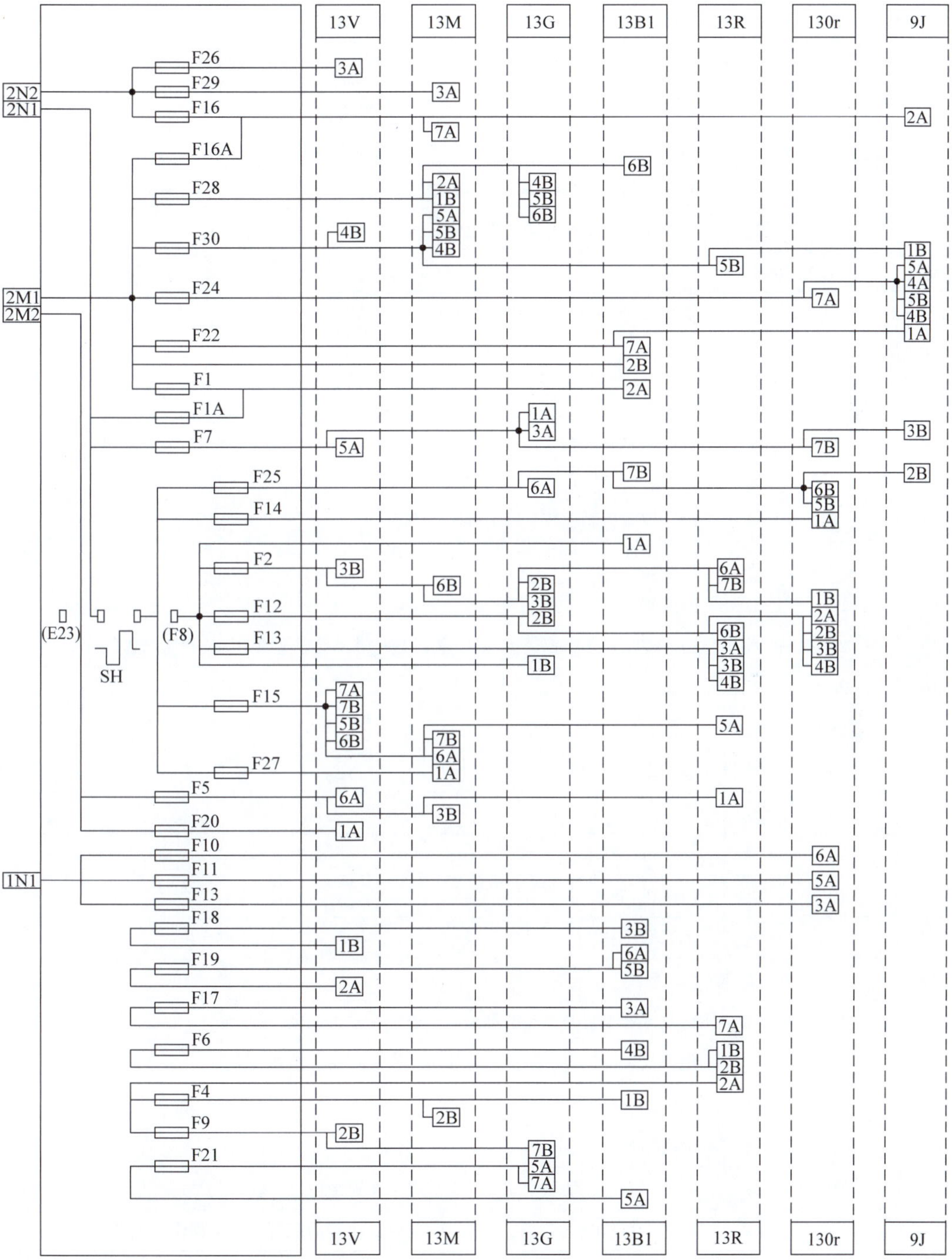

爱丽舍轿车熔断器盒中的各熔断器的颜色、功能及容量如下：

熔断器	额定电流/A	颜色	被保护元器件
F1	10	红	收放机
F2	5	栗	防盗控制盒、温控盒、空调、空调切断继电器、组合仪表、诊断插头
F3	10	红	ABS 电控单元
F4	10	红	近光灯（右）
F5	5	栗	后窗加热延时继电器、鼓风机继电器
F6	10	红	自动变速器变速杆锁止继电器
F7	20	黄	喇叭
F8	—	—	新车交付前将 SH 熔断器插于此位置
SH	—	—	—
F9	10	红	近光灯（左）
F10	5	栗	左前、右后位置灯
F11	5	栗	右前、左后位置灯
F12	20	黄	组合仪表、制动灯、压力开关、倒车灯
F13	5	栗	仪表板照明
F14	10	红	闪光器
F15	20	黄	防盗控制盒（中控锁）、温控盒、中控锁、行李箱照明灯、危险报警闪光灯
F16	20	黄	开关
F17	15	蓝	点烟器
F18	10	红	燃油泵
F19	10	红	后雾灯
F20	30	绿	远光灯（左）
F21	10	红	鼓风机
F22	15	蓝	远光灯（右）
F24	20	黄	（空）
F25	10	红	前刮水器组合开关、前刮水器、前刮水器继电器
F26	15	蓝	组合仪表、顶灯、时钟、收放机、诊断插头、防盗控制盒
F27	30	绿	（空）
F28	15	蓝	电动车窗
F29	30	绿	组合仪表、电动后窗切断开关、电动车窗继电器、转向信号灯
F30	15	蓝	后窗加热延时继电器、阅读灯、时钟、电动后视镜、电动前窗继电器

此表中的信息为通量，个别型号的车可能略有不同，在参考使用时请注意区别对待。

6.2.2 爱丽舍轿车电路图及识读方法

爱丽舍轿车充电系统、起动系统电路图

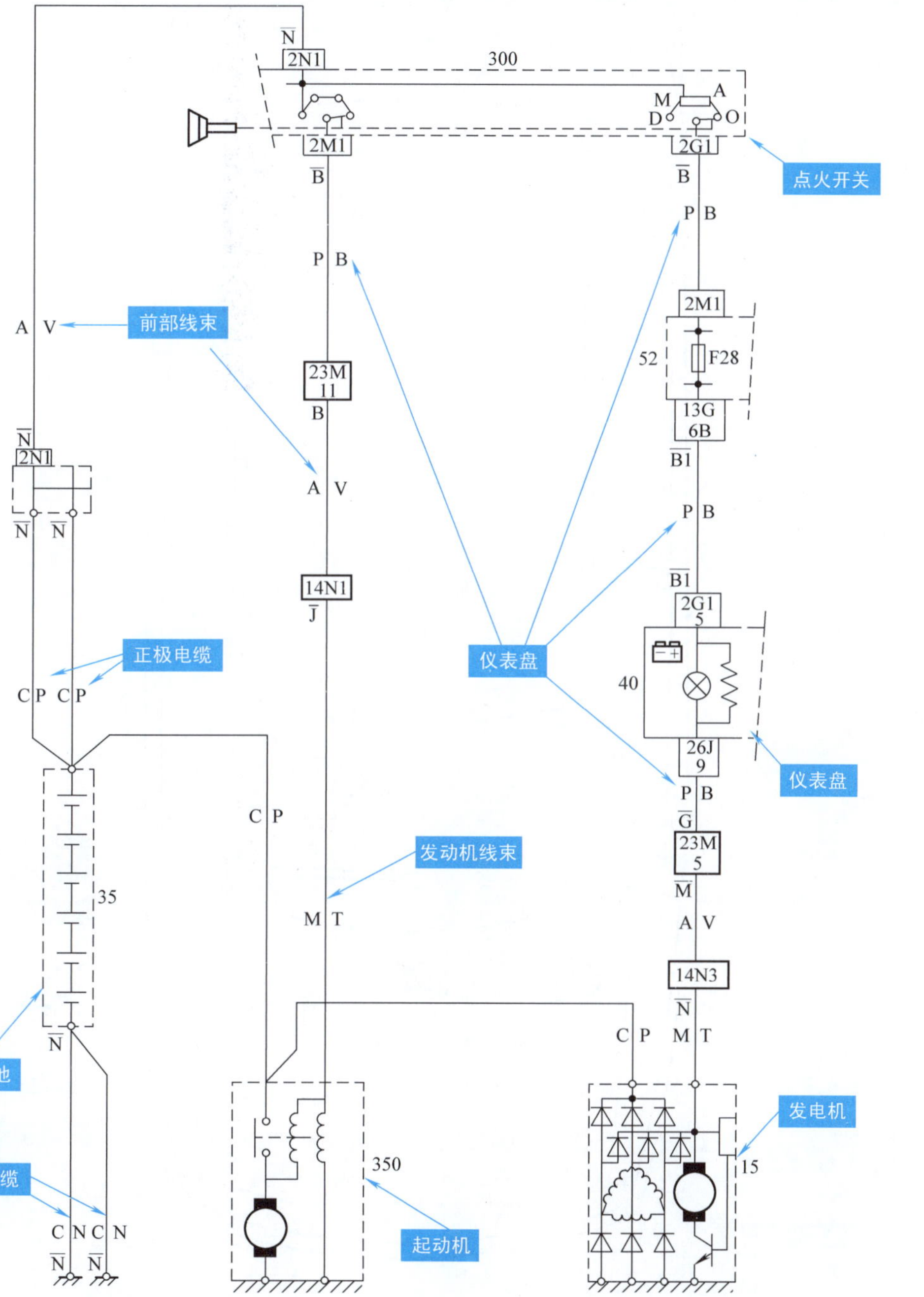

爱丽舍轿车充电系统、起动系统布线图

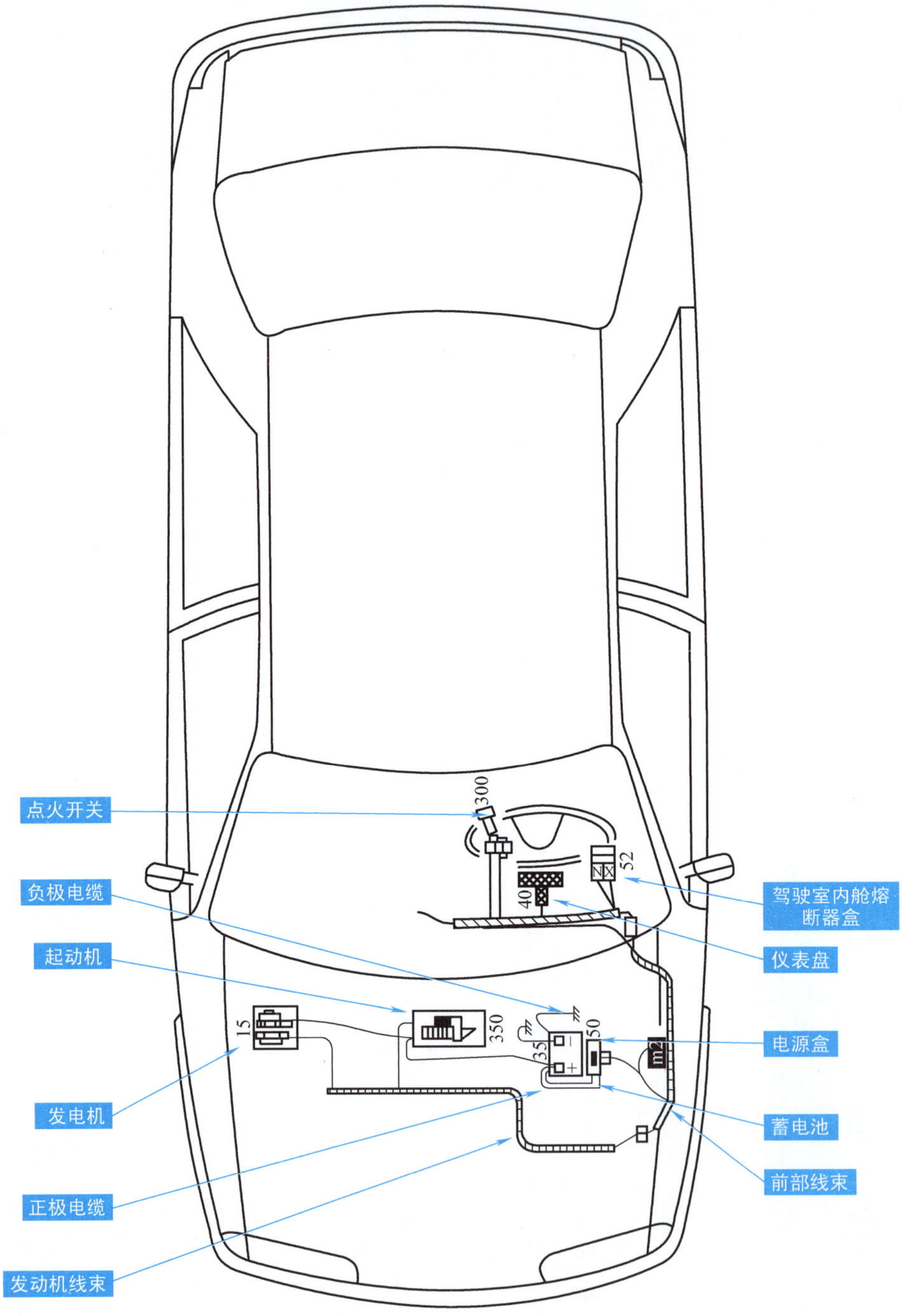

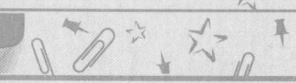

充电系统电路图的识读

将点火开关拨至 A 档或 M 档时，发动机未起动，交流发电机 15 的励磁电流流向如下：

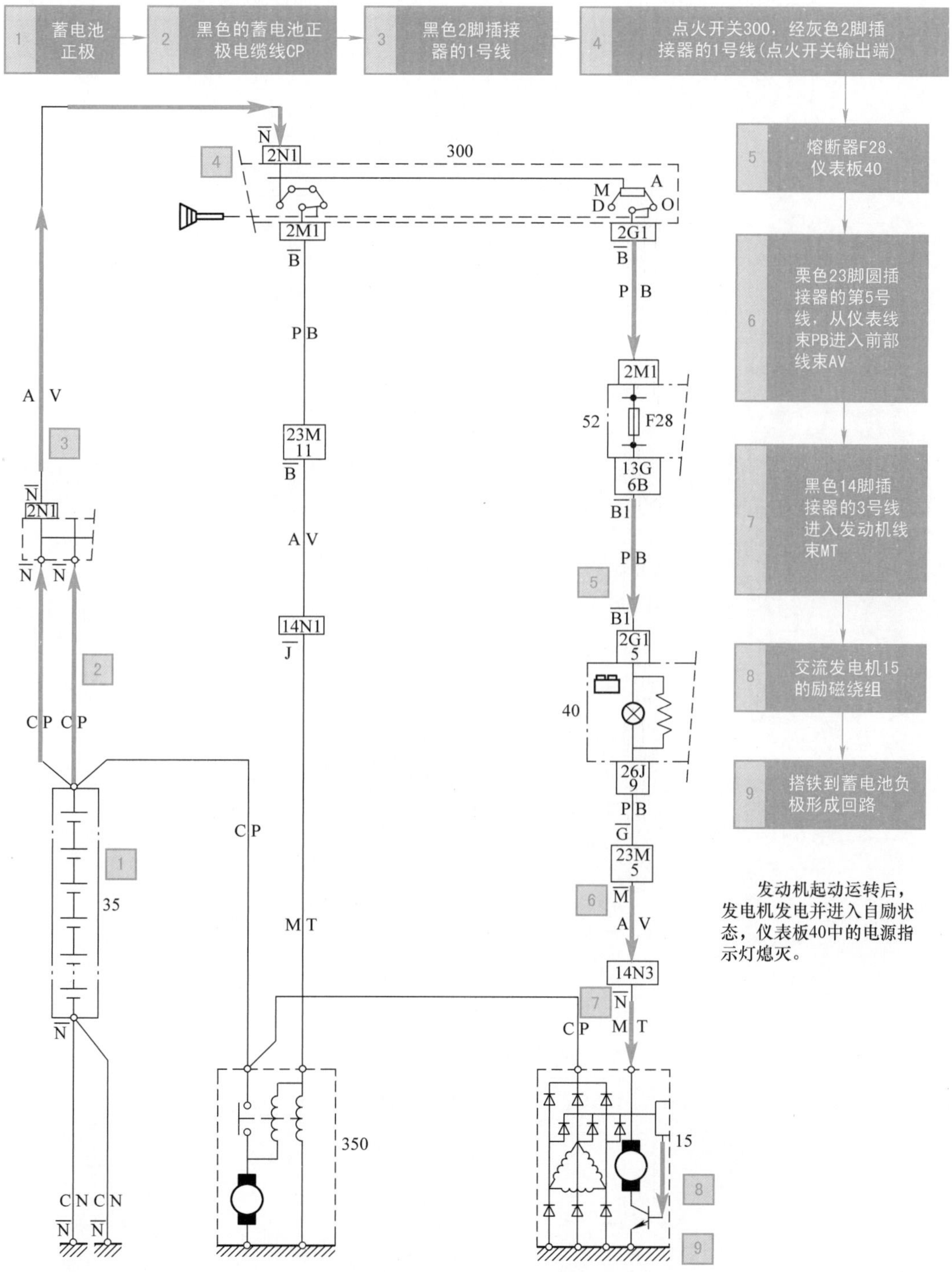
1 蓄电池正极
2 黑色的蓄电池正极电缆线CP
3 黑色2脚插接器的1号线
4 点火开关300，经灰色2脚插接器的1号线（点火开关输出端）
5 熔断器F28、仪表板40
6 栗色23脚圆插接器的第5号线，从仪表线束PB进入前部线束AV
7 黑色14脚插接器的3号线进入发动机线束MT
8 交流发电机15的励磁绕组
9 搭铁到蓄电池负极形成回路
300
2N1
2M1
2G1
M
A
D
O
PB
AV
23M 11
14N1
2M1
52
F28
13G 6B
2G1 5
40
26J 9
23M 5
14N3
CP
MT
35
350
15

发动机起动运转后，发电机发电并进入自励状态，仪表板40中的电源指示灯熄灭。

 起动系统电路图的识读

将点火开关拨至D档时,起动机开始工作。起动机电磁开关控制电流流向为:

1. 蓄电池正极 → 2. 黑色的蓄电池正极电缆线CP → 3. 黑色2脚插接器的1号线
4. 点火开关300
5. 栗色2脚插接器的1号线(点火开关输出端)
6. 栗色23脚圆插接器的第11号线,从仪表线束PB进入前部线束AV
7. 黑色14脚插接器的1号线(柠檬黄色),进入发动机线束MT
8. 起动机350的吸引线圈和保持线圈
9. 经搭铁到蓄电池负极形成回路

于是起动机350的电磁开关闭合,起动机的电动机由蓄电池通过正极电缆线CP直接供电,起动机进入工作状态。

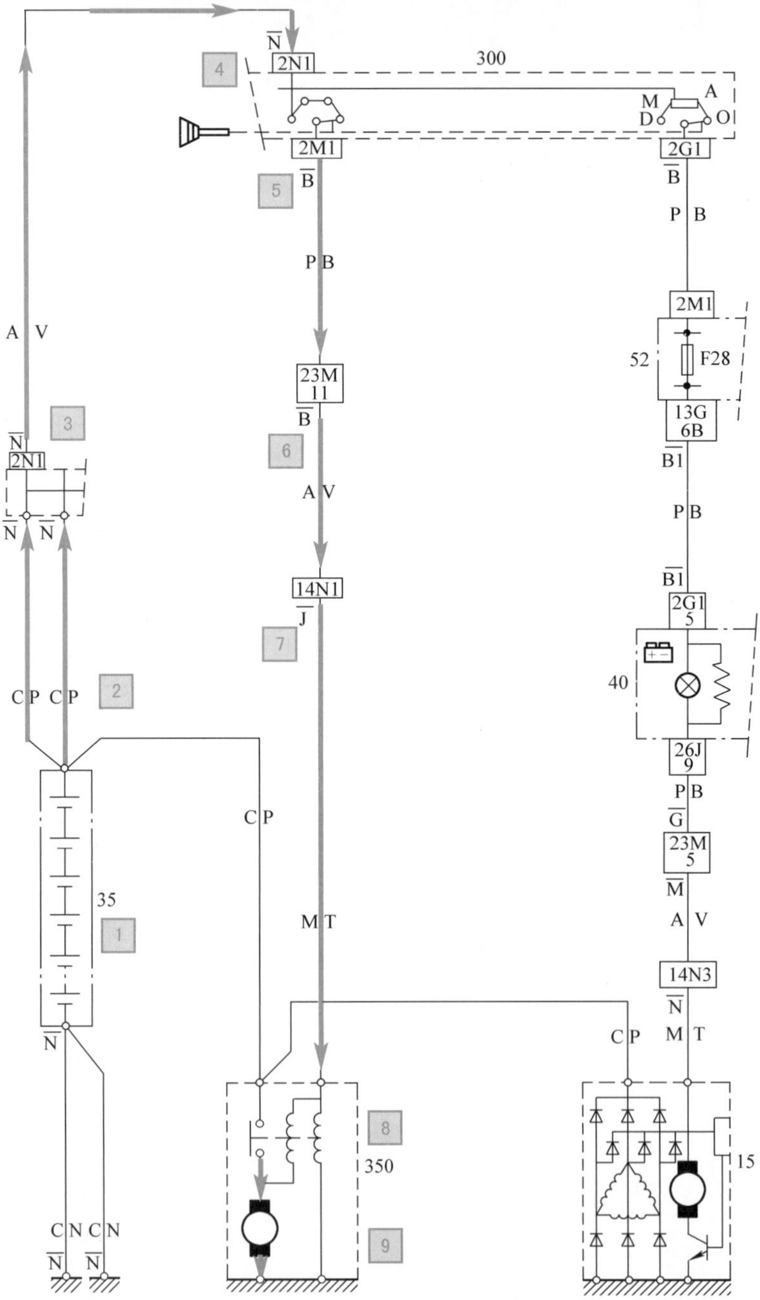

第7章 日产车系电路图的识读

7.1 日产车系电路图识读基础

7.1.1 导线的颜色及开关状态的表示方法

导线的颜色

导线颜色代码见下表。如果线是多色的,则基色放在前面,条纹颜色放在后面。例如,"L/W"表示导线的颜色为蓝色带白条纹。

代码	颜色	代码	颜色	代码	颜色
B	黑色	P	粉红色	Y	黄色
BR	褐色	G	绿色	SB	天蓝色
W	白色	PU	紫色	LG	淡绿色
OR	橙色	L	蓝色	CH	暗褐色
R	红色	GY	灰色	DG	暗绿色

开关状态的表示方法

多路开关的状态一般采用图示和接线图两种方式来表示。

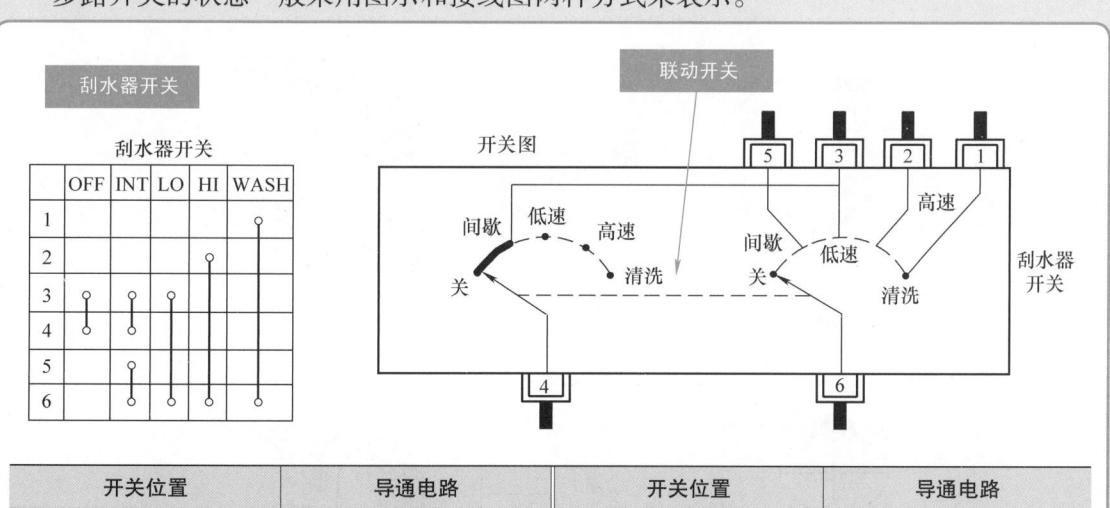

开关位置	导通电路	开关位置	导通电路
OFF	3—4	HI	2—6
INT	3—4,5—6	WASH	1—6
LO	3—6	—	—

插接器

插接器接线端子的位置图如下图所示。单线框表示从端子侧看到的接线端子的位置图，双线框表示从线束侧看到的接线端子的位置图。

插接器由插头和插座（阴阳端子）组成，插座（阴端子）的导槽未涂黑，被涂黑的部分表示插头（阳端子）。

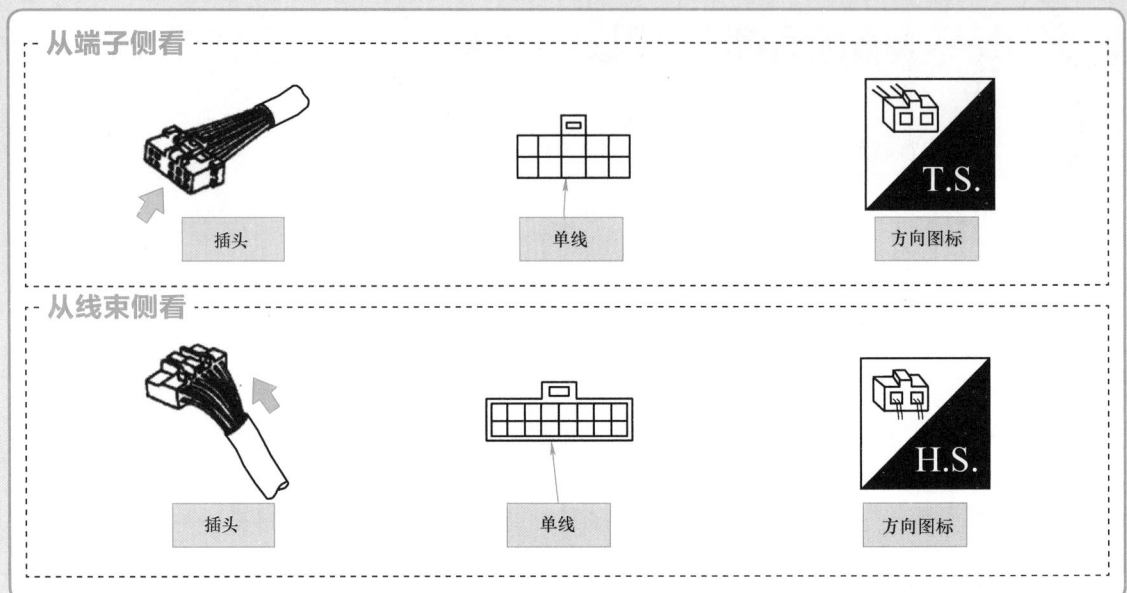

 阴阳端子的表示方法

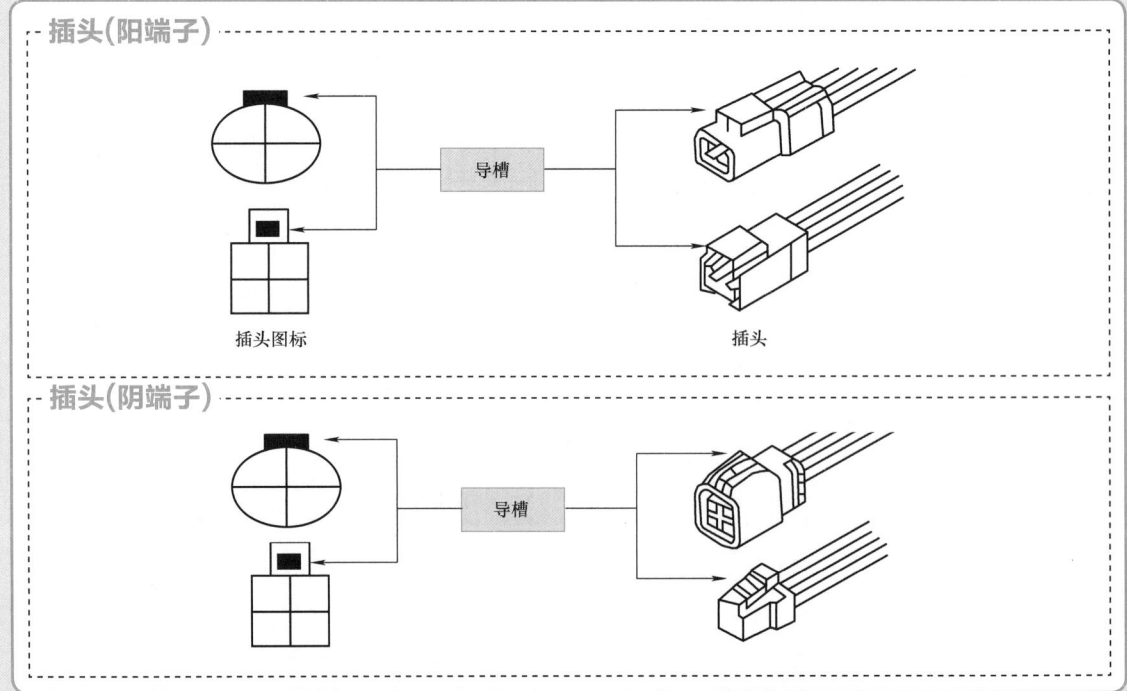

第7章 日产车系电路图的识读

插接器布置图

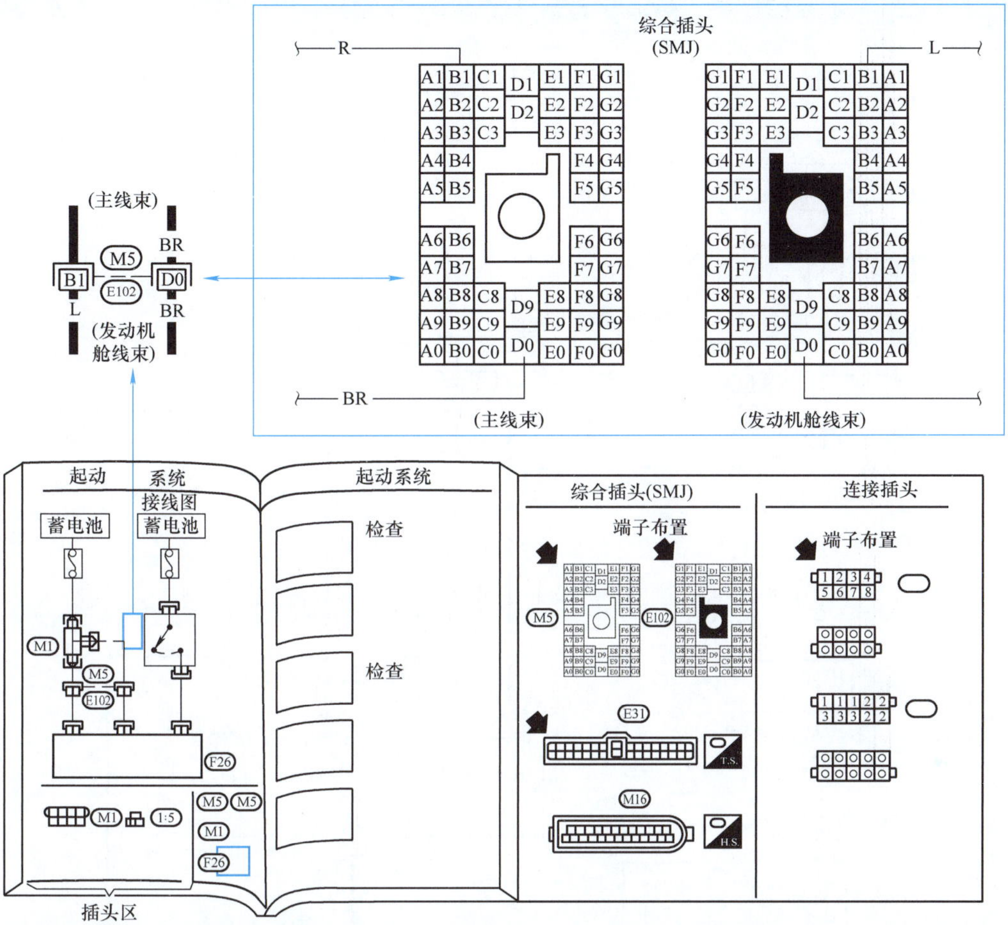

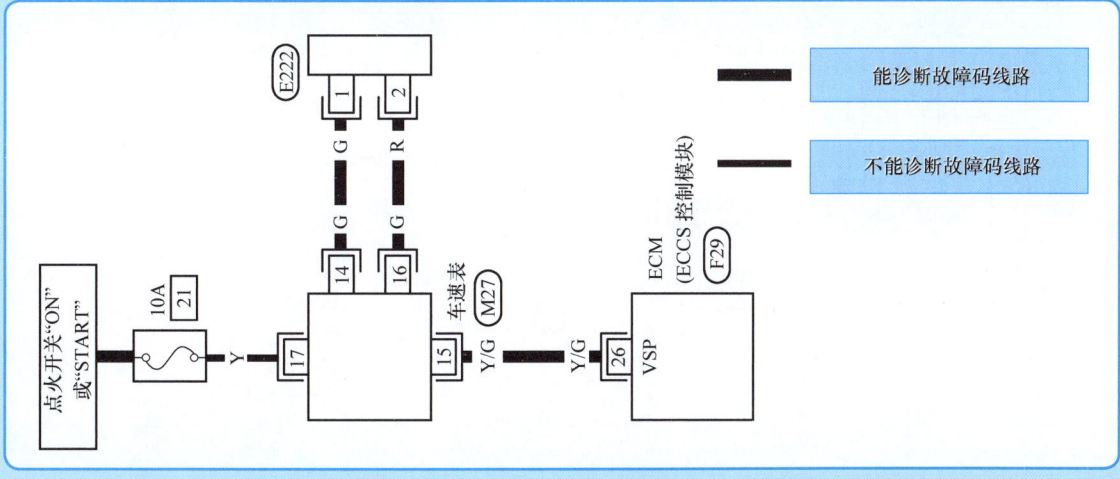

7.1.2 诊断电路的表示方法

7.2 日产风度轿车电源系统电路图的识读

第7章

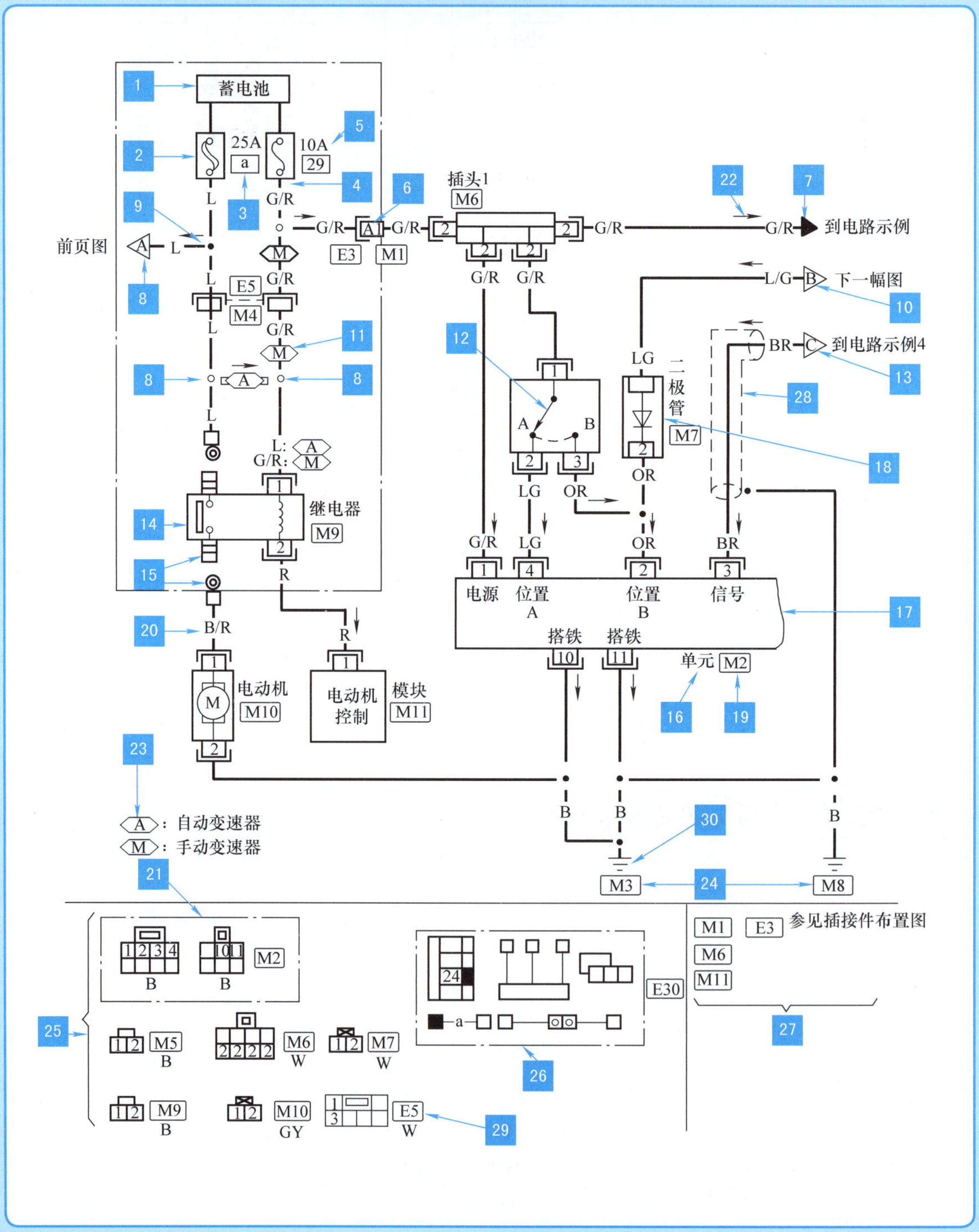

第7章 日产车系电路图的识读

1. 供电状态。图中表示系统施加了蓄电池电压。
2. 熔断器的连接。双线表示是熔断器连接装置，空心圆圈表示电流流入，实心圆圈表示电流流出。
3. 熔断器位置。注明熔断器在熔断器/继电器盒中的位置。
4. 熔断器。单线表明是熔断器，空心圆圈表示电流流入，实心圆圈表示电流流出。
5. 电流大小。
6. 插头。图中 E3 是插座，M1 是插头。G/R（绿/红）是 A1 线路的颜色。
7. 进入另一系统。
8. 空心圆圈表示连接是可选择的，不是必须有的。
9. 实心圆圈表示连接必定存在。
10. 翻页。电路在邻近页的继续框内，图号及字母要吻合。
11. 用略语表示选项。电路是可选的。
12. 开关。图中表示开关处于 A 位置，端子 1 和 2 导通；开关处于 B 位置时，端子 1 和 3 导通。
13. 翻页。电路在系统内某一页的继续框内，框内字母要吻合。
14. 继电器。
15. 用螺栓或螺母连接的插头。
16. 元器件名称。
17. 元器件波形线，表示元器件的另一部分显示在另一页图上。
18. 结合在一起的总成零件。
19. 显示插接器的号码。
20. 导线颜色。"B／R"表示导线颜色为黑色带红条纹。
21. 共同部件。虚线框内的插头表示它们属于同一部件（插接器）。
22. 箭头指向电流的流动方向，用在不容易理解的地方；双箭头←→表示可以双向流动。
23. 图标的解释，完整地给出字母的意义。图中 A 表示自动变速器，M 表示手动变速器。
24. 搭铁。
25. 显示该页电路图中接线端子的视图。
26. 显示熔断器连接情况和熔断器的布置情况，用于电源主线路。空心方框表示电流流入；实心方框表示电流流出。
27. 参考提示，表示可参考最后一页电路图，查到多个接线端子插接器的更多信息。
28. 屏蔽线。外面有虚线套的是屏蔽线。
29. 插接器的颜色代码。
30. 表示多根导线汇聚在一起搭铁。

第8章 本田车系电路图的识读

8.1 本田车系电路图识读基础

8.1.1 电路图中符号的含义

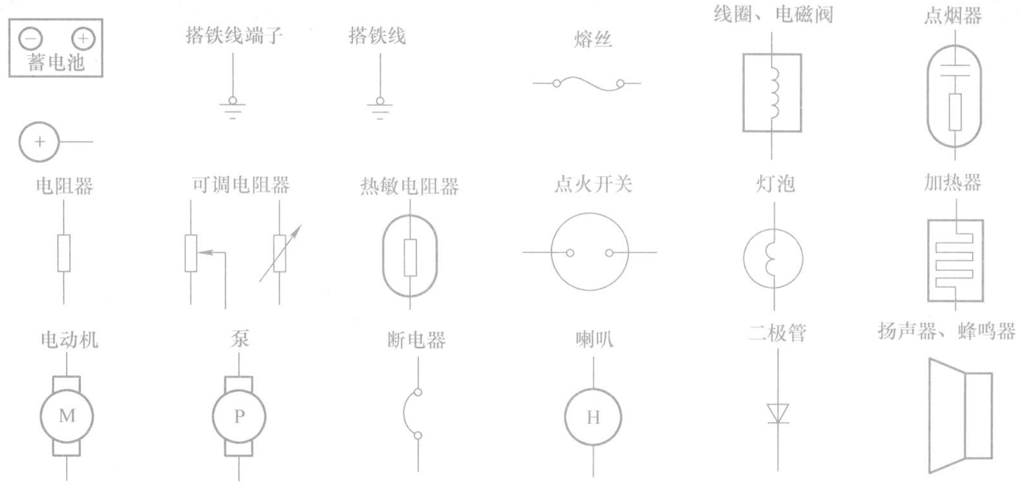

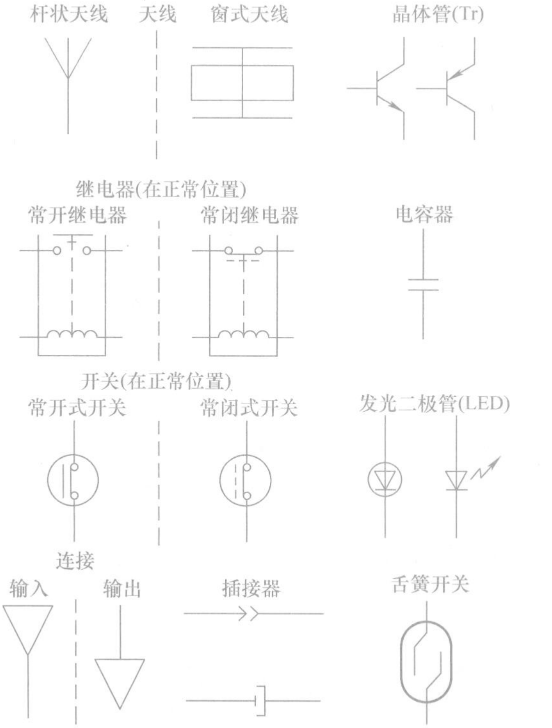

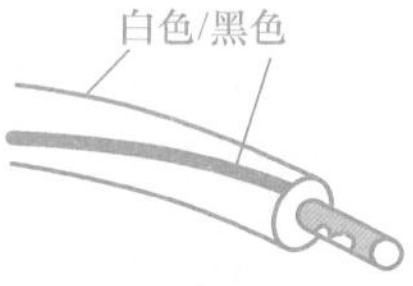

第8章 本田车系电路图的识读

线路符号

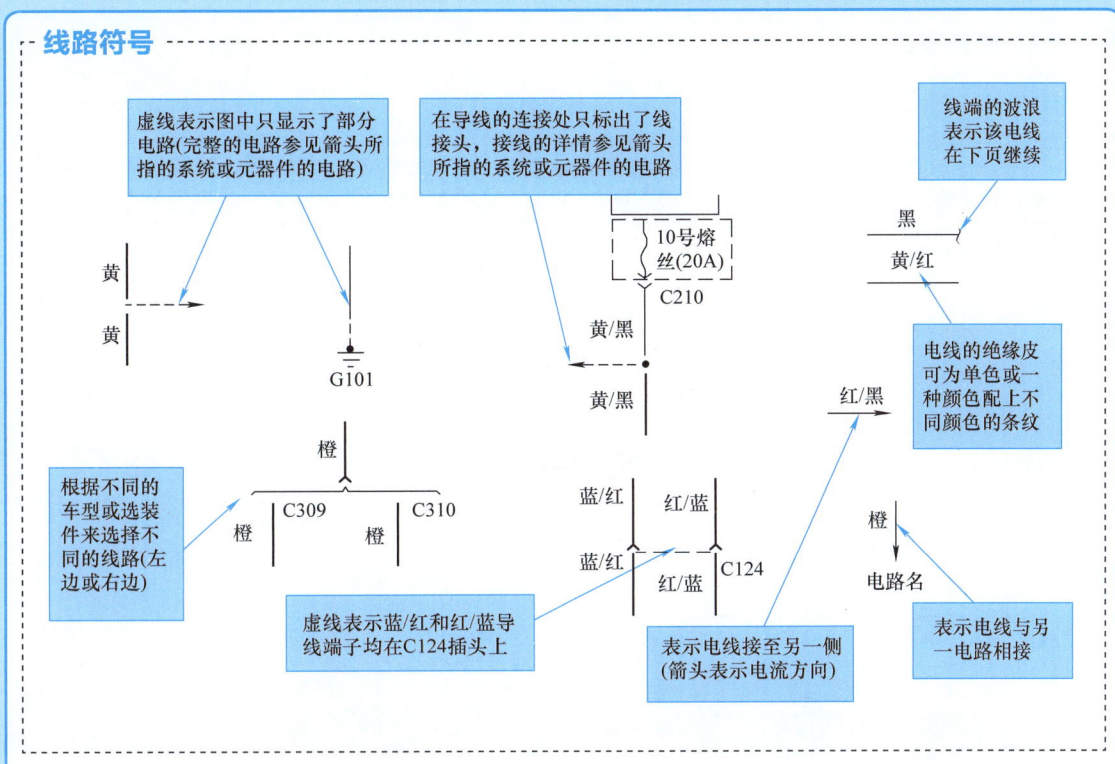

线路符号

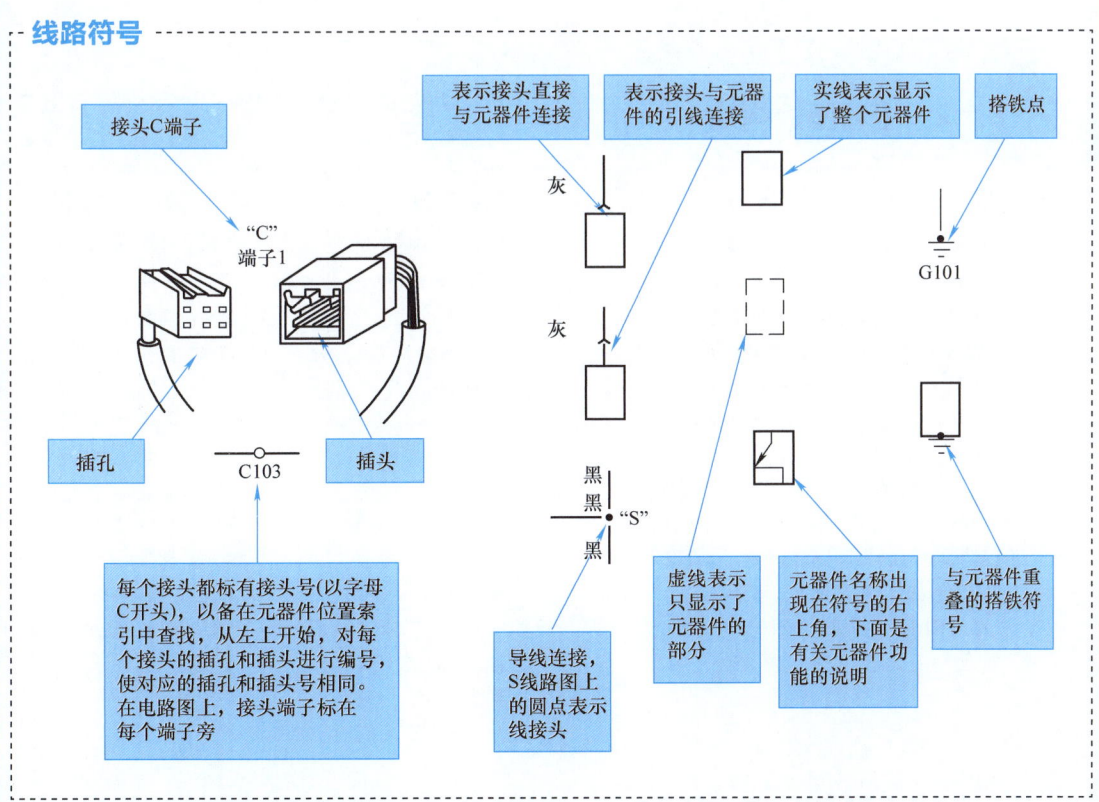

开关、熔断器符号

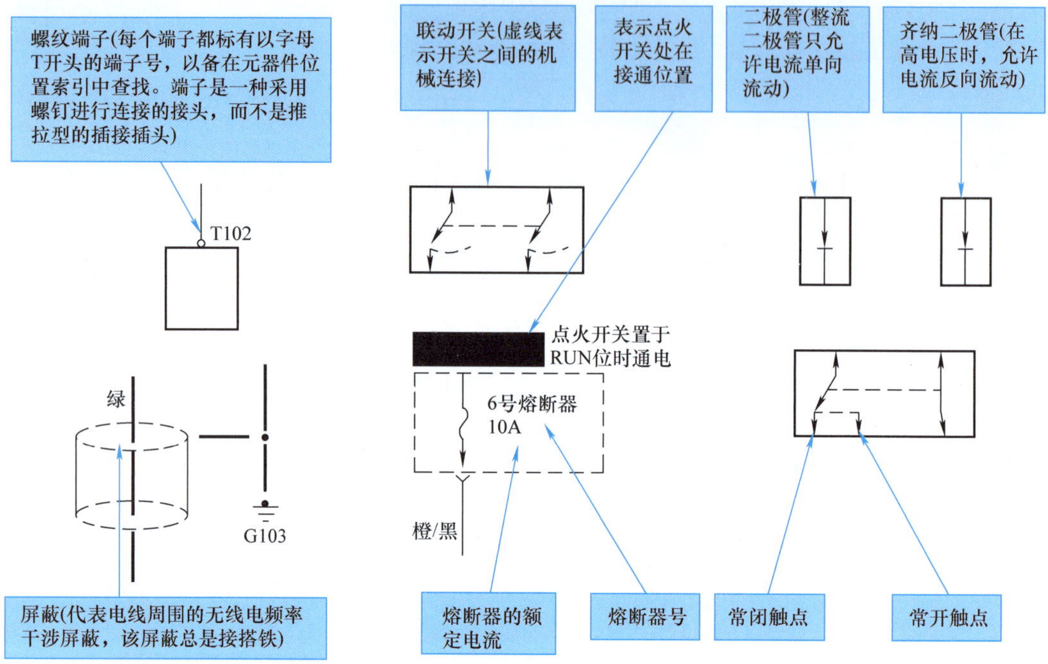

螺纹端子(每个端子都标有以字母T开头的端子号，以备在元器件位置索引中查找。端子是一种采用螺钉进行连接的接头，而不是推拉型的插接插头)

联动开关(虚线表示开关之间的机械连接)

表示点火开关处在接通位置

二极管(整流二极管只允许电流单向流动)

齐纳二极管(在高电压时，允许电流反向流动)

T102

点火开关置于RUN位时通电

6号熔断器
10A

橙/黑

绿

G103

屏蔽(代表电线周围的无线电频率干涉屏蔽，该屏蔽总是接搭铁)

熔断器的额定电流

熔断器号

常闭触点

常开触点

8.1.2 电路图的构成

线路部分

BLK = 黑色；WHT = 白色；
RED = 红色；YEL = 黄色；
BLU = 蓝色；GRN = 绿色；
ORN = 橙色；PNK = 粉红色；
BRN = 棕色；GRY = 灰色；
PUR = 紫色；LTBLU = 淡蓝色；
LTGRN = 淡绿色。

如果导线是双色的，则以两种颜色英文缩写共同组成。例如，"WHT／BLK"，斜杠"／"前面的"WHT"指导线颜色的本色或底色，而斜杠"／"后面的"BLK"指条纹部分为黑色，为了方便起见，把它叫作白黑线。

元器件部分

电路图的作用就是表达元器件之间的连接关系，因此，元器件在电路图中是主体。

广州本田雅阁轿车的元器件在图中是用虚线框图或实线框图来表示的，在框图中用汉字标定元器件的名称，用英文字母、数字标定插接点或触点。

继电器、熔断器及其连接部分

此部分反映的内容有：继电器的名称、磁场线圈、触点熔断器的号码和额定电流。车上的大部分继电器和熔断器都安装在继电器盘的正面。几乎全部主线束均从继电器背面插接后通往各用电设备。

8.2 本田雅阁轿车电路图的识读

8.2.1 继电器与熔断器的位置

发动机盖下熔断器/继电器盘的布置

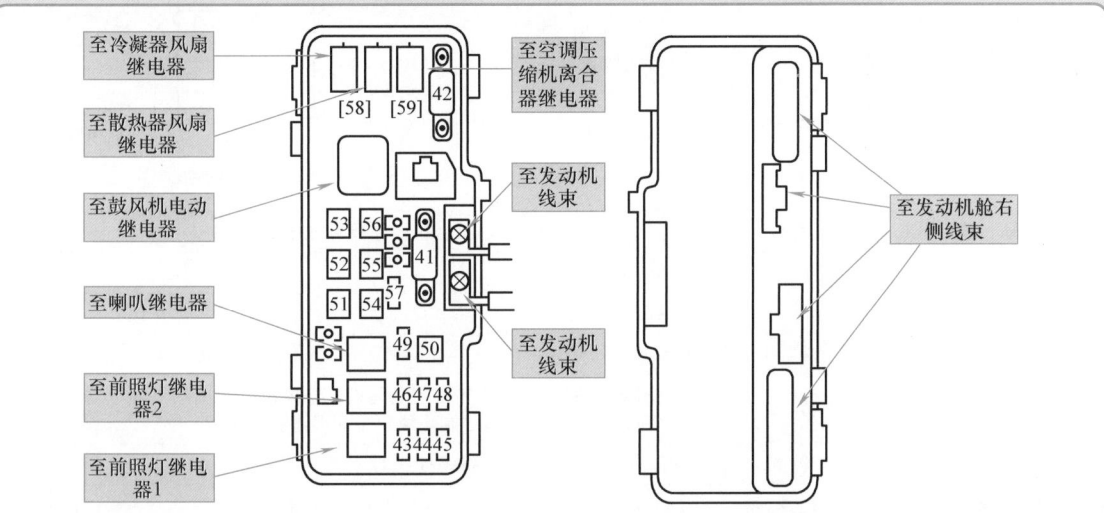

熔断器号	额定电流/A	导线颜色	被保护的元器件或电路
41	100	—	蓄电池与各电源线
42	50	白	点火开关
43	—	—	未使用
44	—	—	未使用
45	20	红/黄	远光指示灯、左侧前照灯
46	15	白/绿	PGM—F1主继电器、数据传输插头（DLC）、交流发电机
47	20	白/黄	点火开关钥匙灯、ABS控制装置、定速巡航控制装置、ECM/PCM、喇叭、多路控制装置、高位制动灯、制动器故障传感器
48	20	白/绿	ABS前后车轮电磁阀
49	15	白/绿	转向信号/危险报警继电器，危险报警闪光灯
50	30	白	ABS油泵电动机
51	40	白/蓝	第1、7、8、15号熔断器（前乘客席侧仪表板下熔断器/继电器盒）
52	—	—	未使用
53	40	白/绿	后车窗除霜器继电器
54	40	黄	第9、10、11、12和13号熔断器（前乘客席侧仪表板下熔断器/继电器盒）
55	40	黄/绿	第2、4和5号熔断器（前排乘客席侧仪表板下熔断器/继电器盒）
56	40	黄/黑	鼓风机电动机
57	20	蓝/黑	散热器风扇电动机
58	20	蓝/黄	冷凝器风扇电动机
		白	散热器风扇控制模块
		红	空调压缩机离合器
59	—	—	未使用

驾驶席侧仪表板下熔断器/继电器盒的布置

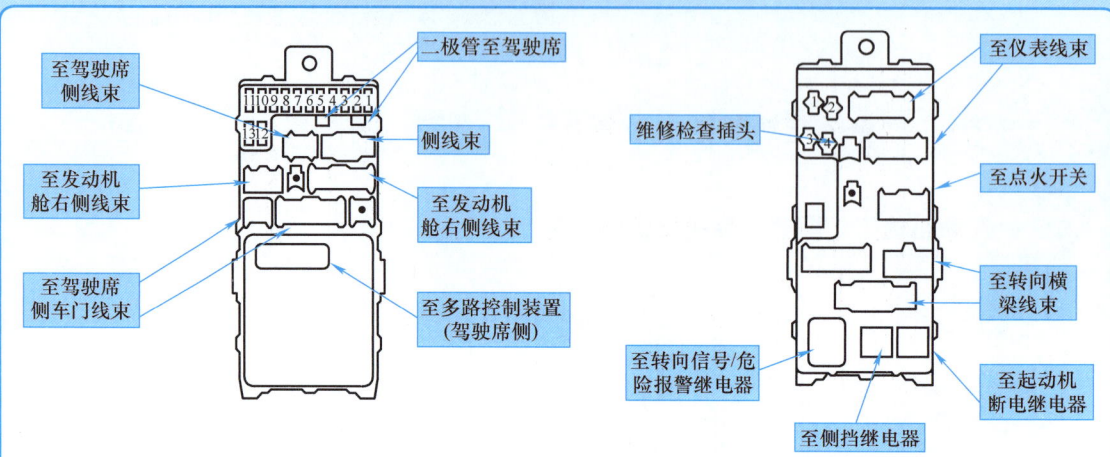

熔断器号	额定电流 /A	导线颜色	被保护的元器件或电路
1	15	红/白	PGM—FI 主继电器
		红/白	SRS 装置（VA）
2	10	黑/白	SRS 装置（VB）
3	7.5	黑/黄	加热器控制板、空气循环控制电动机、鼓风机高速电动机继电器、后车窗除霜继电器、散热风扇控制模块、车内温湿控制装置
4	7.5	黄/黑	ABS 控制装置、电动后视镜控制器
		熔断器/继电器盒插座	备用插头
5	—	—	未使用
6	15	黑/黄	ECM/PCM、定速巡航控制装置、定速巡航主开关指示灯、氧传感器、仪表总成、交流发电机、发动机支架控制电磁阀、燃油蒸发排放控制电磁阀、散热器风扇控制模块
7	7.5	黄/黑	多路控制装置、电动车窗继电器、风窗玻璃清洗器电动机
8	7.5	黄/黑	附件插座继电器
		熔断器/继电器盒插座	备用插头
9	7.5	黄	仪表总成、时钟、倒车灯、换档锁止电磁阀、制动器故障传感器、多路控制装置（乘客席侧）
		熔断器/继电器盒插座	多路控制装置（驾驶席侧）、倒档继电器
10	7.5	黄/红	转向信号/险报警继电器
11	15	黑/黄	点火线圈
12	30	绿/黑	风窗玻璃刮水器间歇控制继电器、风窗玻璃刮水器电动机
13	7.5	蓝/橙	PGM—F1 主继电器、ECM/PCM

前乘客席侧仪表板下熔断器/继电器盒的布置

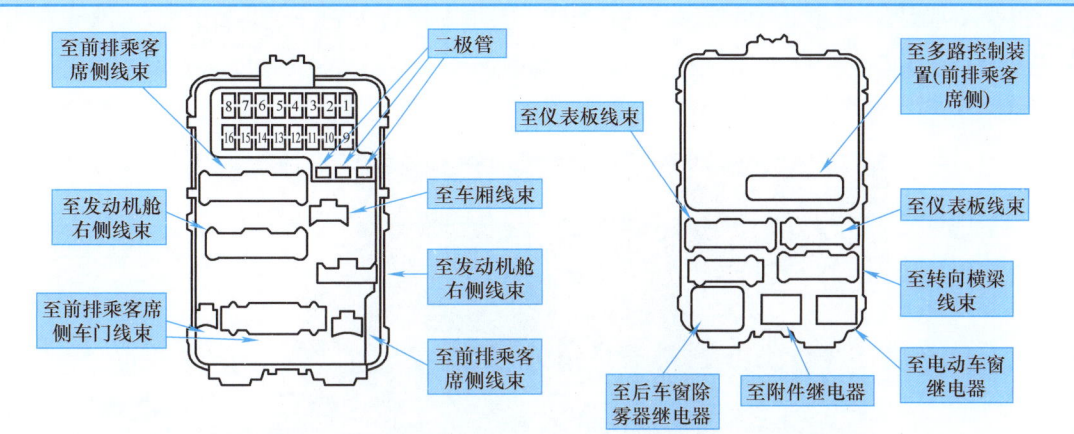

熔断器号	额定电流/A	导线颜色	被保护的元器件或电路
1	30	绿	电动天窗电动机
2	20	红	电动座椅调节电动机
3	—	—	未使用
4	20	蓝	电动座椅调节电动机
5	7.5	绿	ECM/PCM
		熔断器/继电器插座	多路控制装置（前乘客席侧）
6	—	—	未使用
7	20	白/黄	电动天窗开启与关闭继电器、后电动车窗电动机、多路控制装置（驾驶席侧）
8	20	蓝/黑	前乘客席侧电动车窗电动机、多路控制装置（前乘客席侧）
9	20	白/绿	音响装置
		白/红	音响装置、附件插座、点烟器
10	10	红/绿	加热器控制板、定速巡航主开关灯、A/T档位控制灯、仪表灯、音响装置、电动天窗开关灯、时钟、解除报警开关灯、化妆镜灯、杂物箱灯、前驻车灯、前侧标志灯、多路控制装置（驾驶席侧）、车内温湿控制装置、后部阅读灯、点烟器灯
11	7.5	白/蓝	门控灯、聚光灯、车内顶灯、行李箱灯
12	20	熔断器/继电器盒插座	多路控制装置（前乘客席侧）
13	7.5	白/黄	ECM/PCM、加热器控制板、安全防盗指示灯、多路控制装置（车门及驾驶席侧）、仪表总成、时钟、车内温湿控制装置、可折回电动后视镜控制装置
		熔断器/继电器盒插座	多路控制装置（乘客席侧）
14	7.5	绿	ABS控制装置
15	20	绿/白	多路控制装置（车门）
16	20	白/黑	后电动车窗电动机、多路控制装置（前乘客席侧）

8.2.2 布线图

布线图清楚地表达了各系统的线束走向。广州本田雅阁轿车的电路图中，没有标出蓄电池及各个导线线束搭铁的位置，在此介绍它们在车上的具体位置。

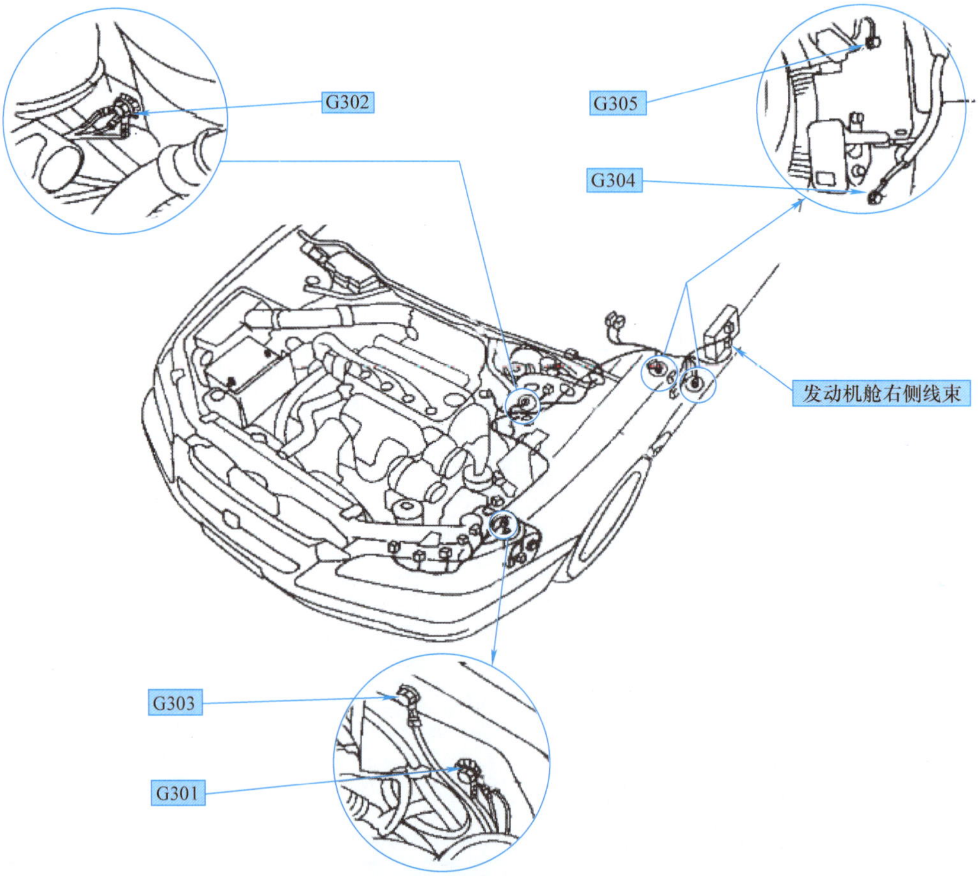

8.2.3 本田雅阁轿车照明和信号系统电路图的识读

广州本田雅阁轿车照明和信号系统主要包括前照灯（多点反射整体式卤素前照灯）、前侧转向信号灯、前侧示宽灯、尾灯、倒车灯、制动灯、高位制动灯、牌照灯、车内灯、转向指示灯、转向信号／危险报警闪光灯、仪表板灯（设有亮度控制装置）以及门控灯等。它们由组合灯开关控制。组合灯开关电路图如下。

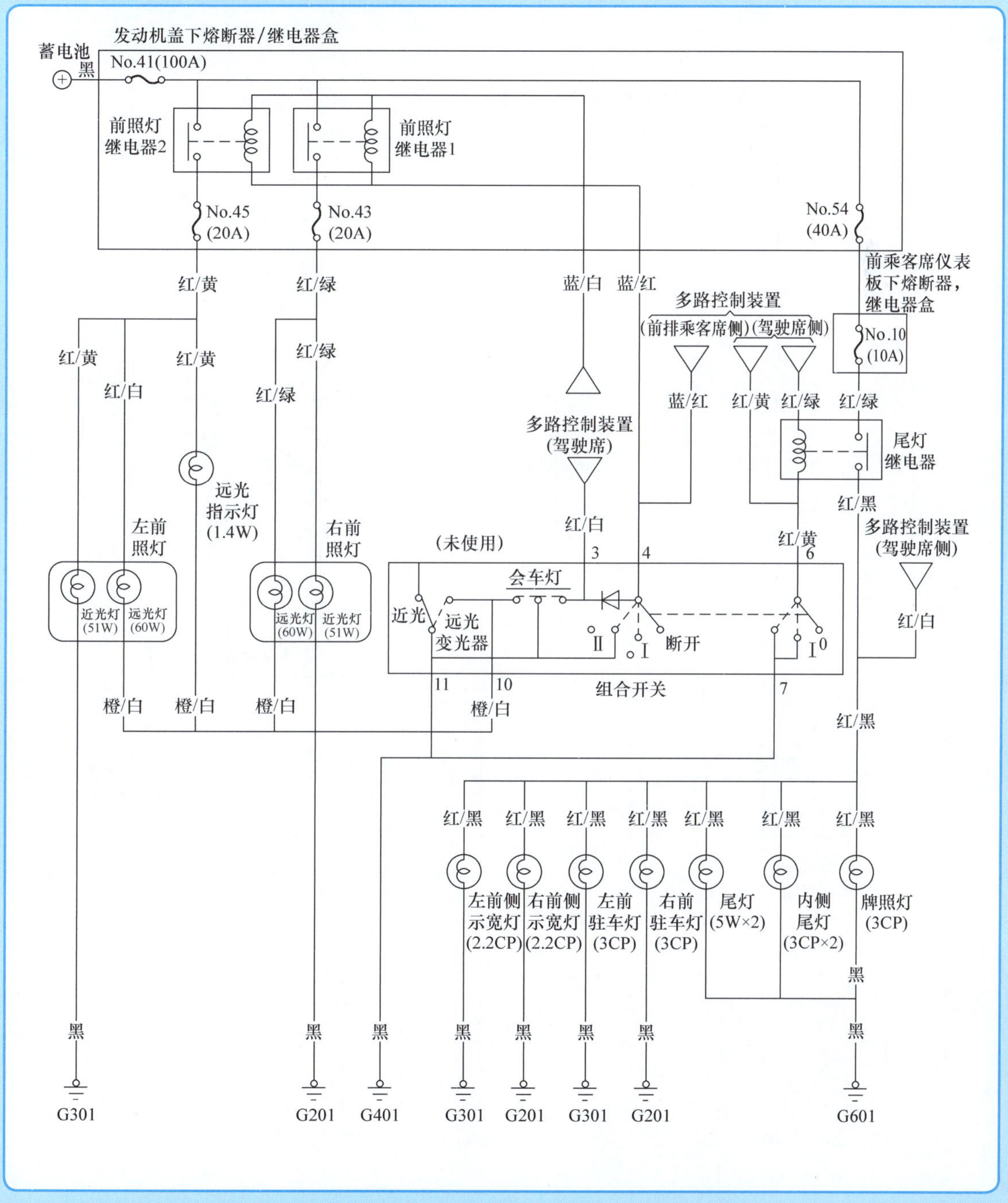

尾灯电路

将点火开关打到点火档时，为其他灯供电做好准备。其电路中电流流向如下：

1. 蓄电池正极 → 2. 经黑线，发动机盖下熔断器/继电器盒中的熔断器No.41(100A) → 3. 经No.42(50A)到点火开关 → 4. 经黑/黄线到驾驶席侧仪表板下熔断器/继电器盒中的熔断器No.10(7.5A)

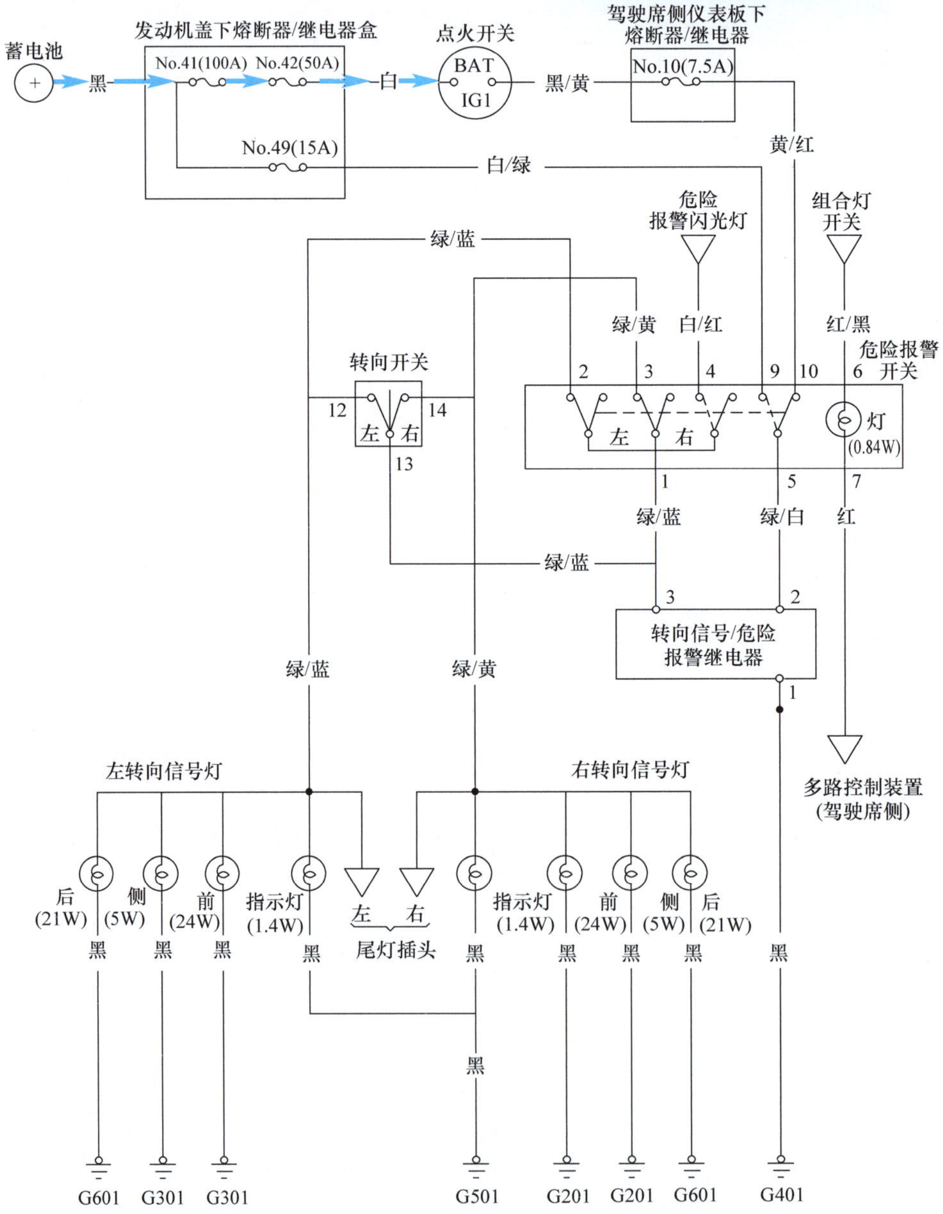

尾灯电路

5 多路控制装置（驾驶席侧） → 6 经红/绿线，到尾灯继电器线圈 → 7 经红/黄线到组合开关 → 8 经黑线到G401搭铁，回到蓄电池负极

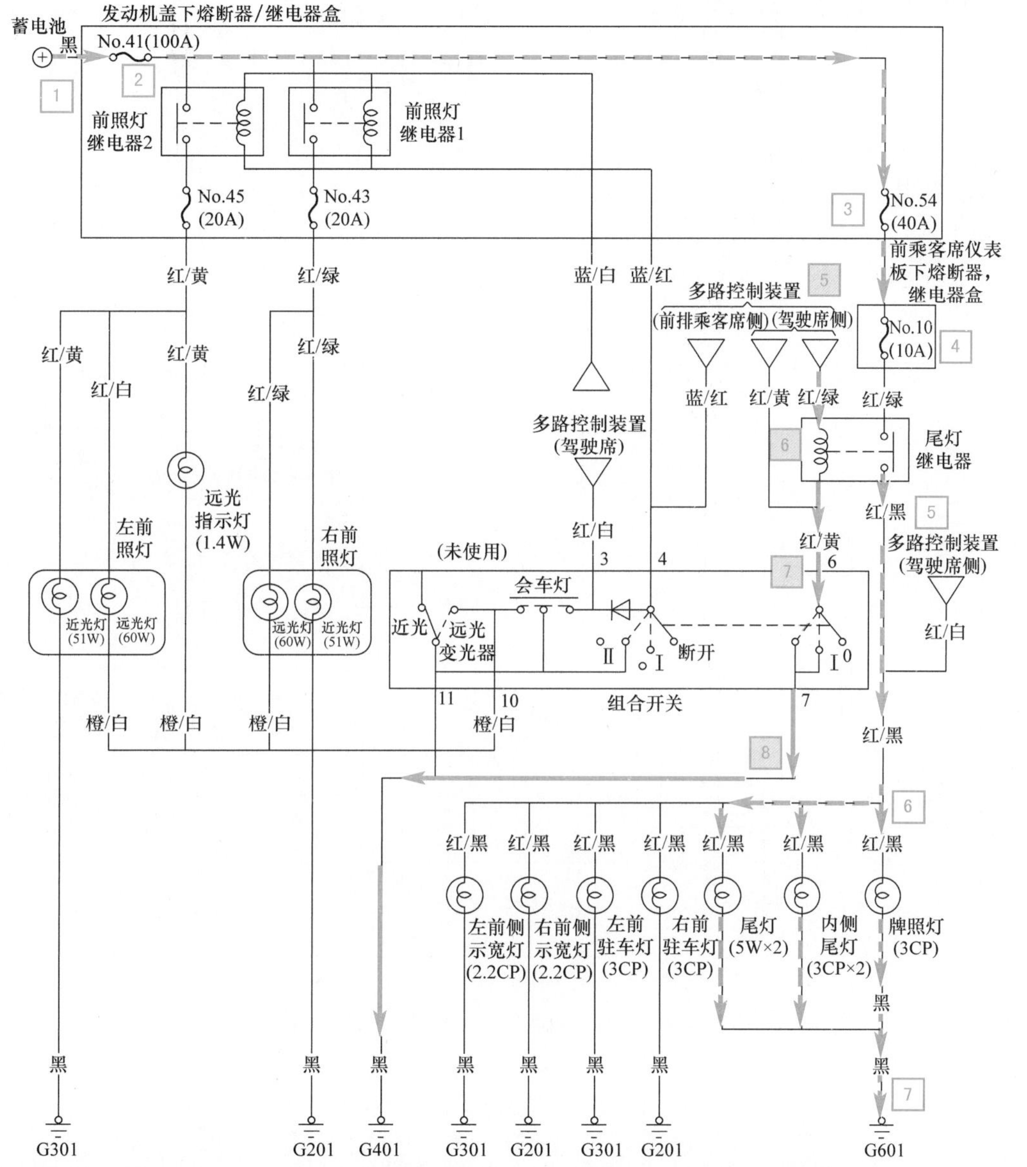

尾灯继电器触点吸合，此时，电路中电流流向（在上图中用 - - - → 表示）如下：

1 蓄电池正极，经黑线流出 → 2 发动机盖下熔断器/继电器盒中的熔断器No. 41（100A） → 3 熔断器No. 54 → 4 熔断器No. 10 → 5 尾灯继电器 → 6 牌照灯（3CP）、内侧尾灯（3CP×2）、尾灯（5W×2） → 7 G601搭铁

示宽灯、驻车灯电路

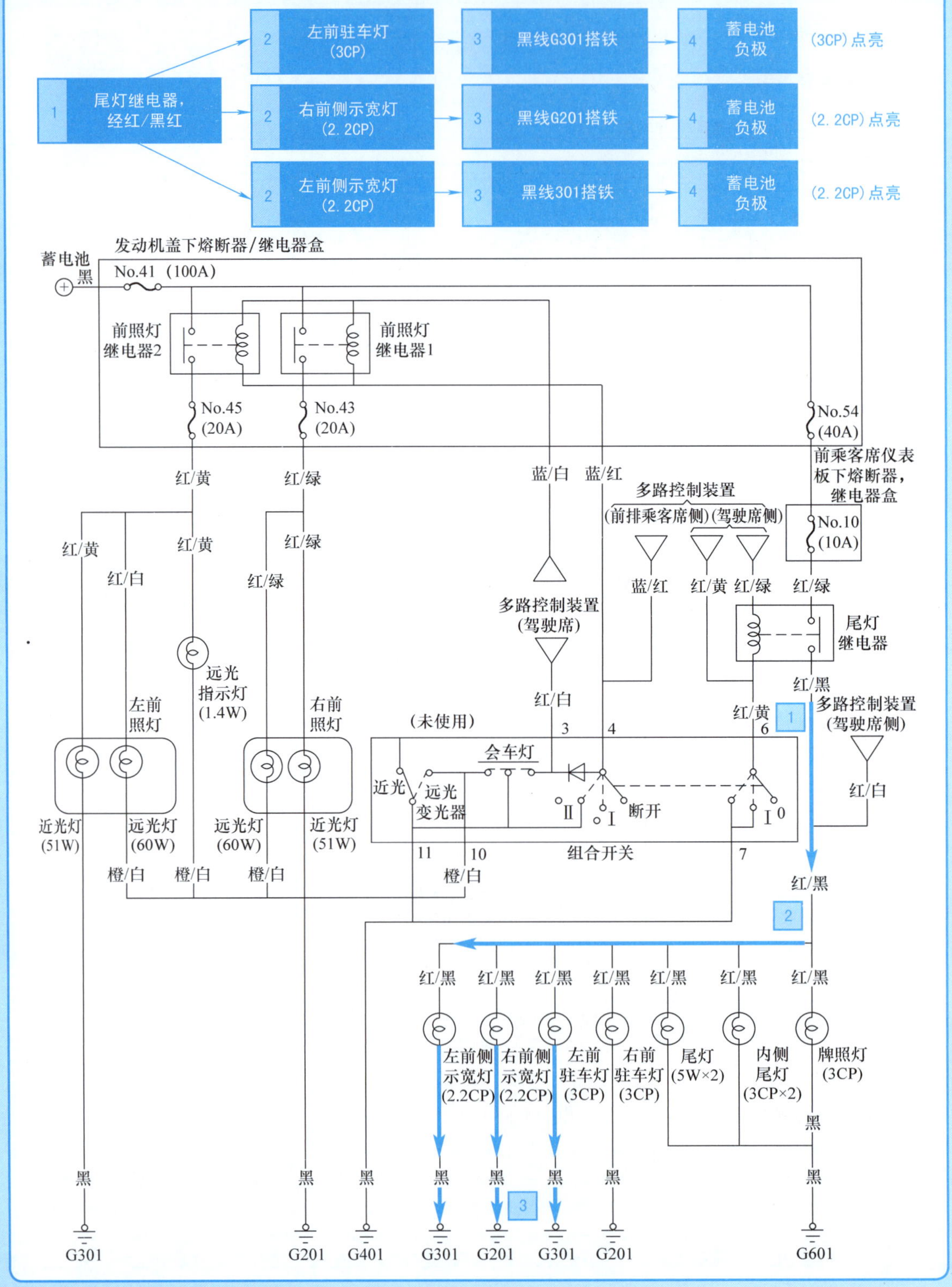

第8章 本田车系电路图的识读

前照灯电路

当组合开关打到Ⅱ档时，接通前照灯继电器1、前照灯继电器2线圈电路如下：

1 多路控制装置（驾驶席侧） → 2 经蓝/白线，到前照灯继电器1、前照灯继电器2线圈 → 3 经蓝/红线到组合开关 → 4 G401搭铁

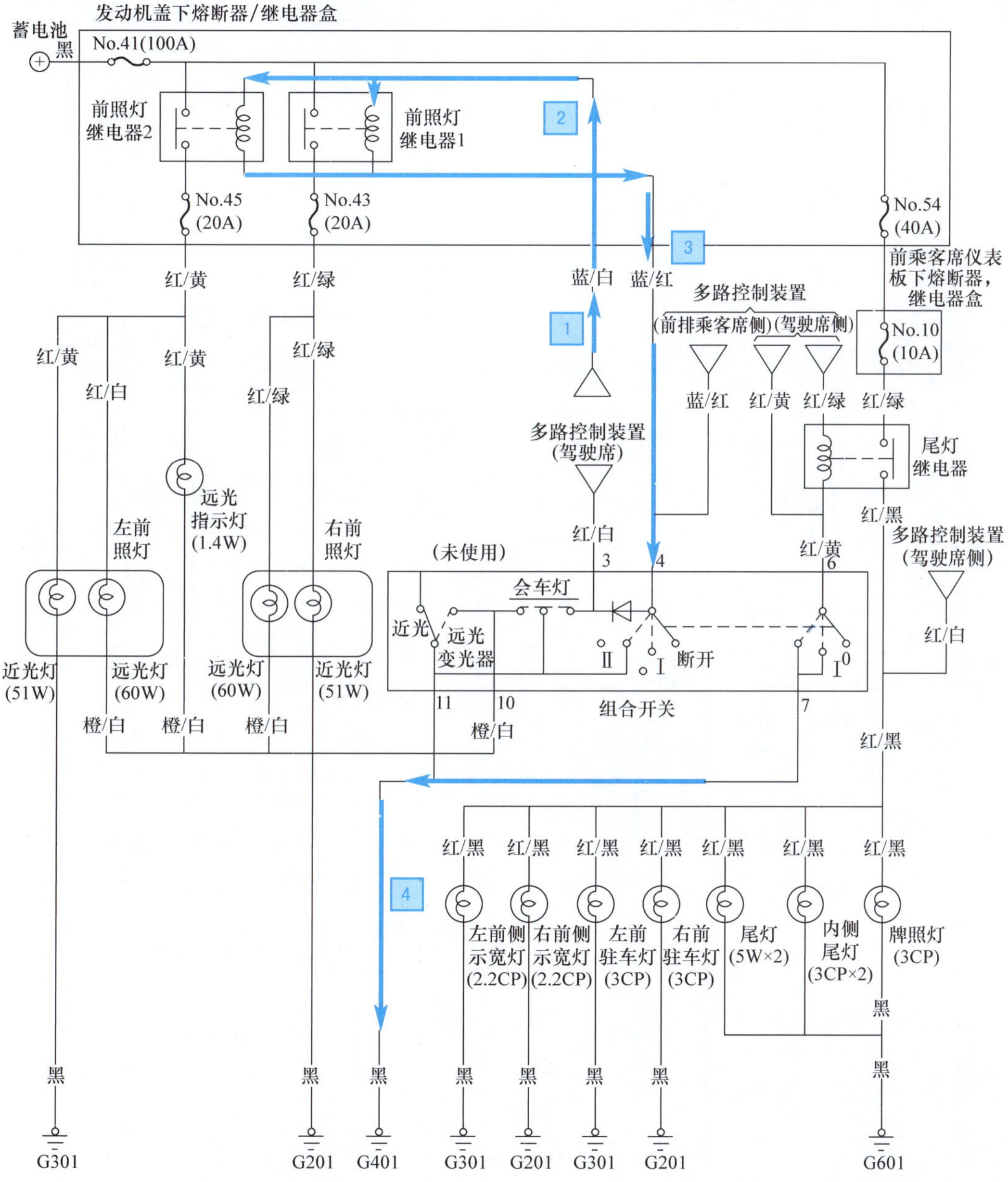

左前照灯远光电路

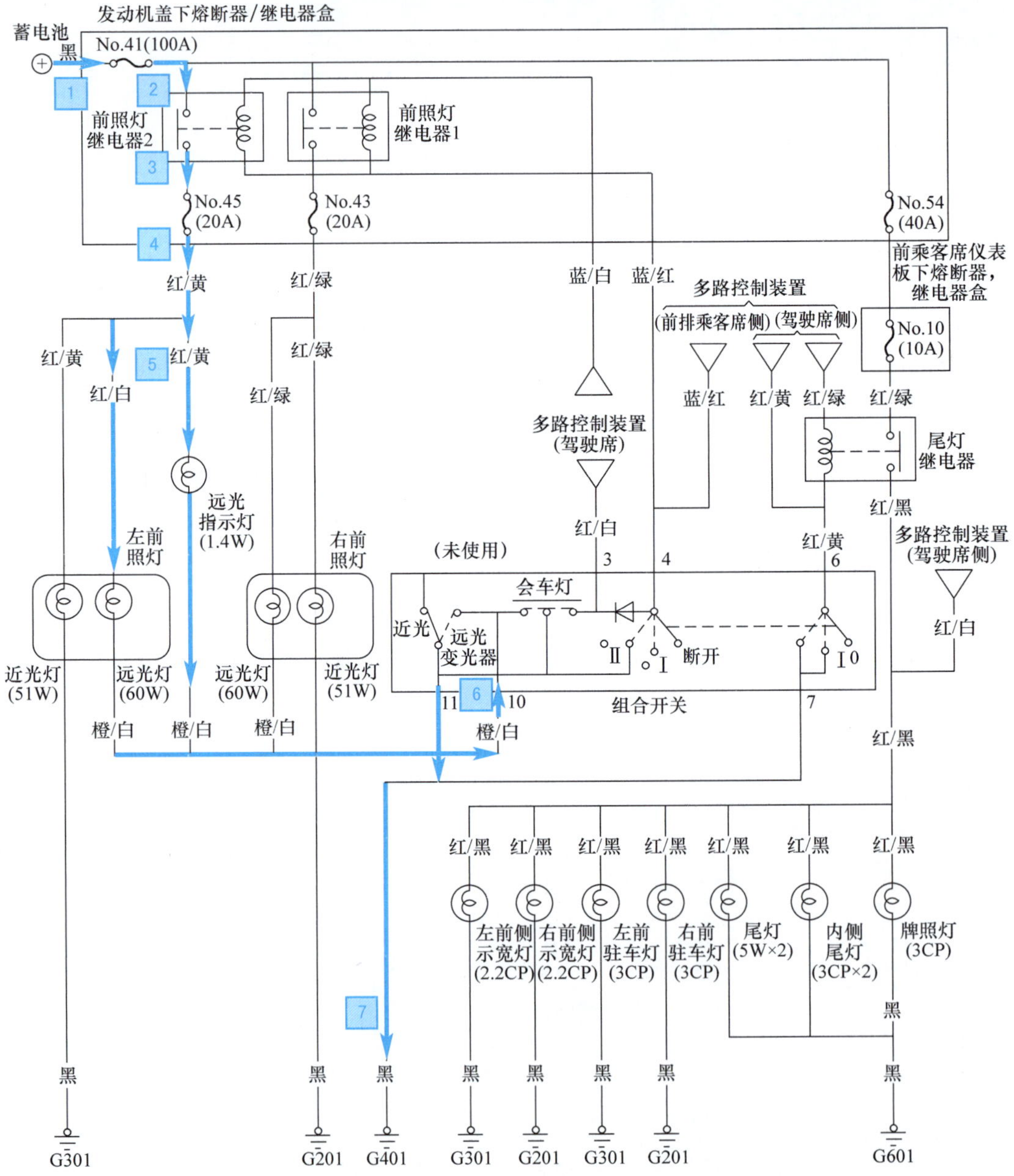

第8章 本田车系电路图的识读

右前照灯远电路

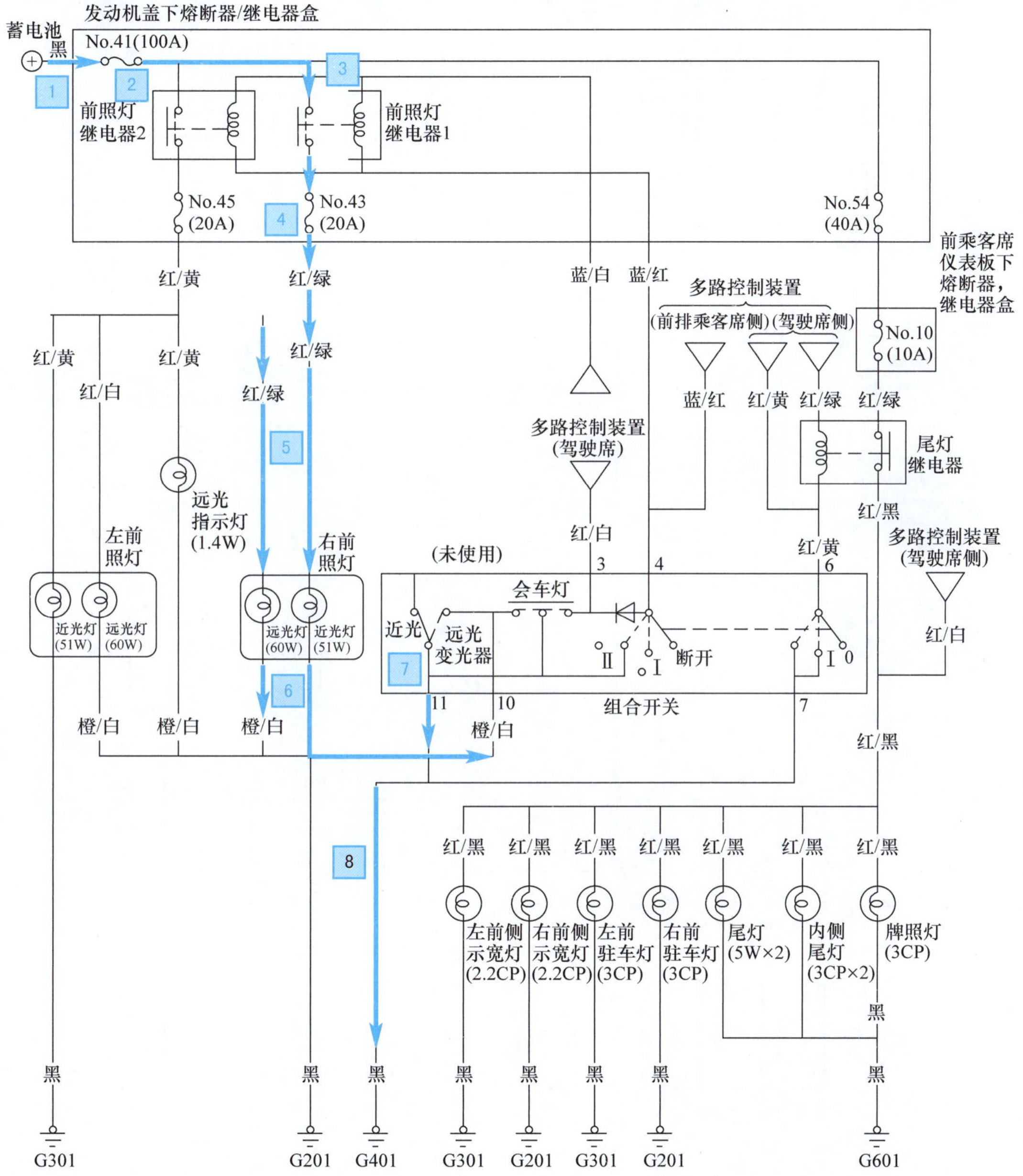

左转向信号灯电路

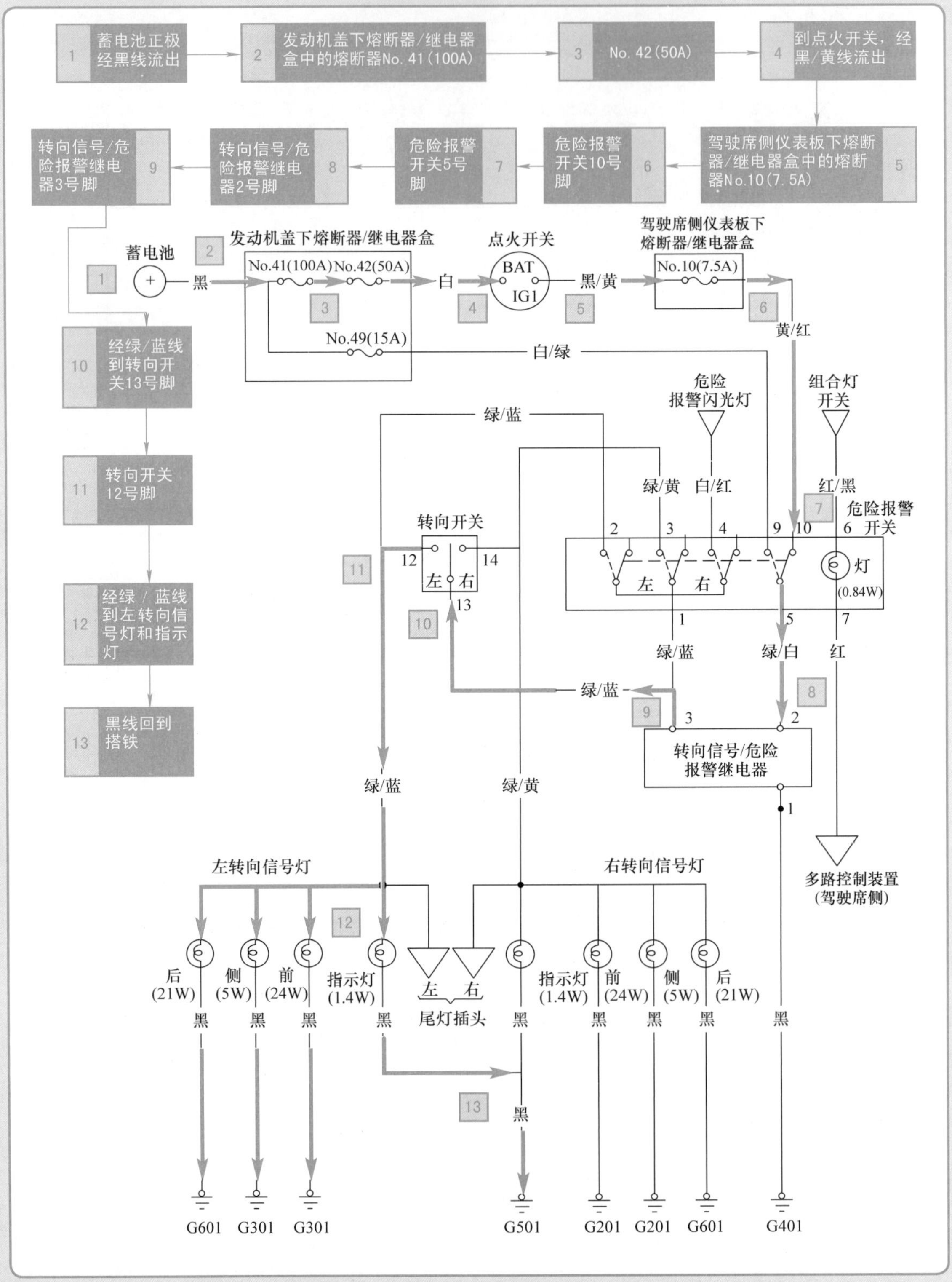

第8章 本田车系电路图的识读

右转向信号灯电路

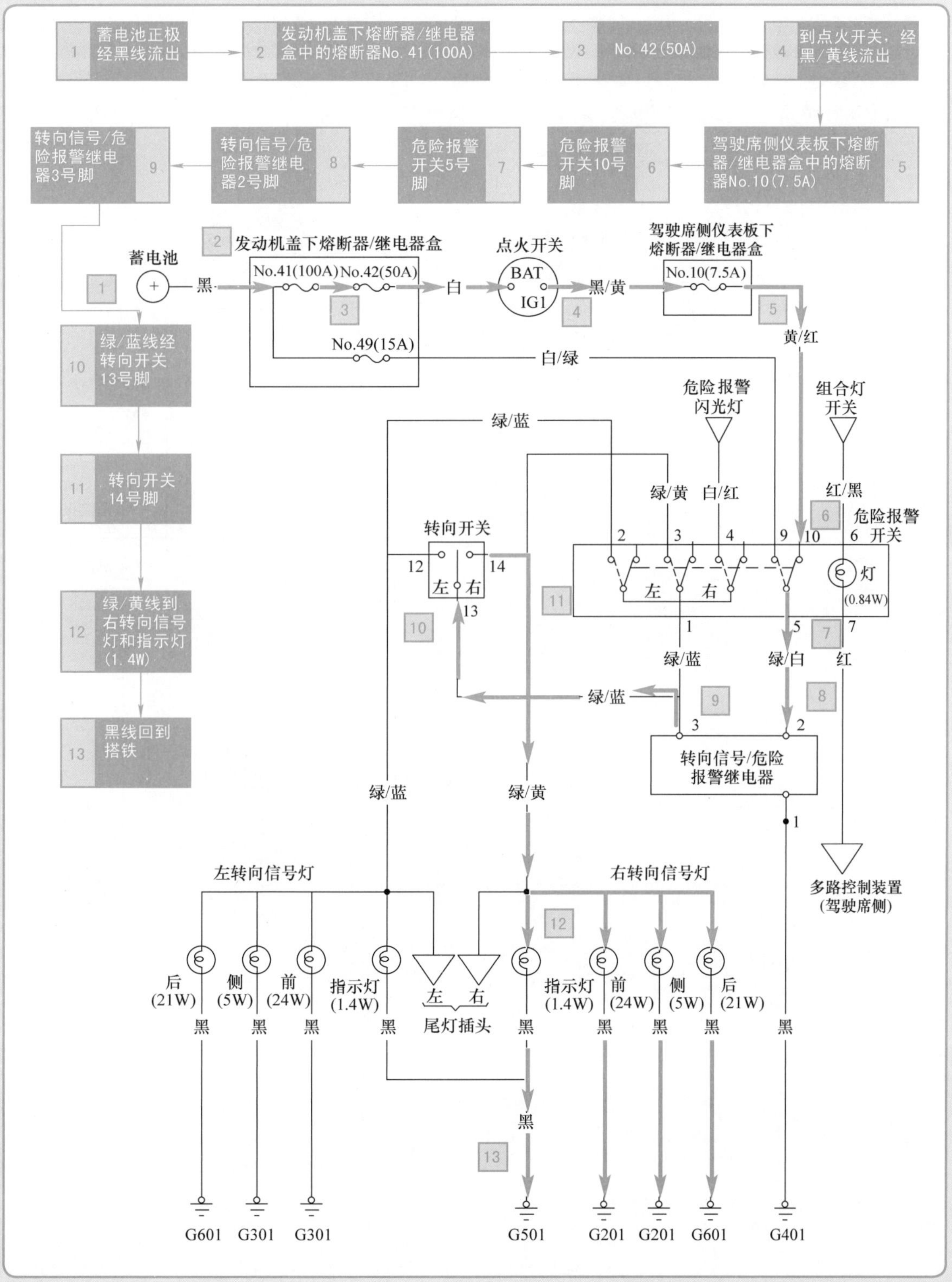

危险报警信号电路

1 蓄电池正极经黑线流出 →	2 发动机盖下熔断器/继电器盒中的熔断器No.41(100A) →	3 经白/绿线到危险警报开关9号脚 → 4 危险警报开关5号脚 ↓
7 危险报警开关2、3和4号脚，将危险报警闪光灯和所有转向信号灯、指示灯点亮 ←	6 转向信号/危险报警继电器3\1号脚 ←	5 转向信号/危险报警继电器2号脚

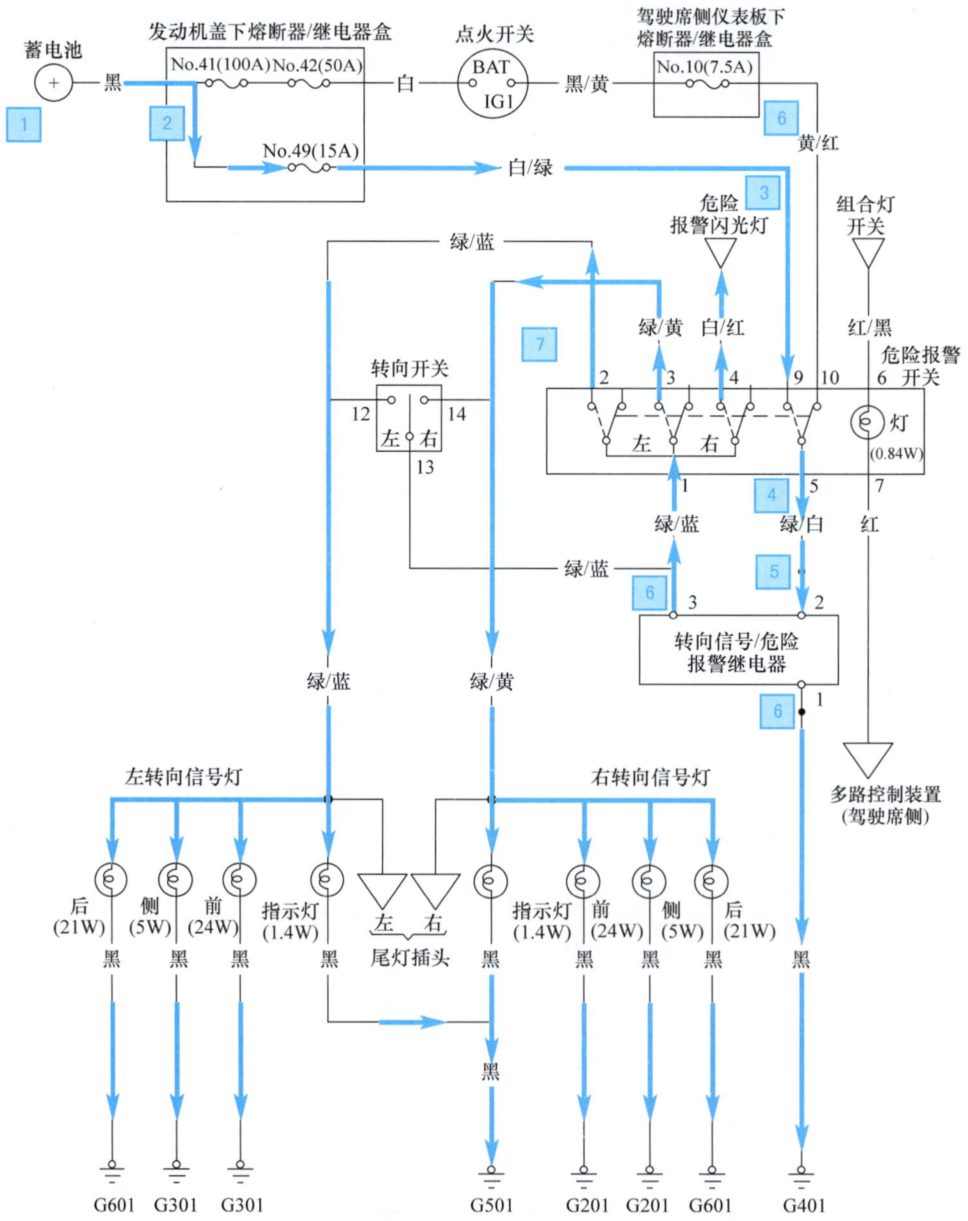

第8章 本田车系电路图的识读

行李箱灯电路

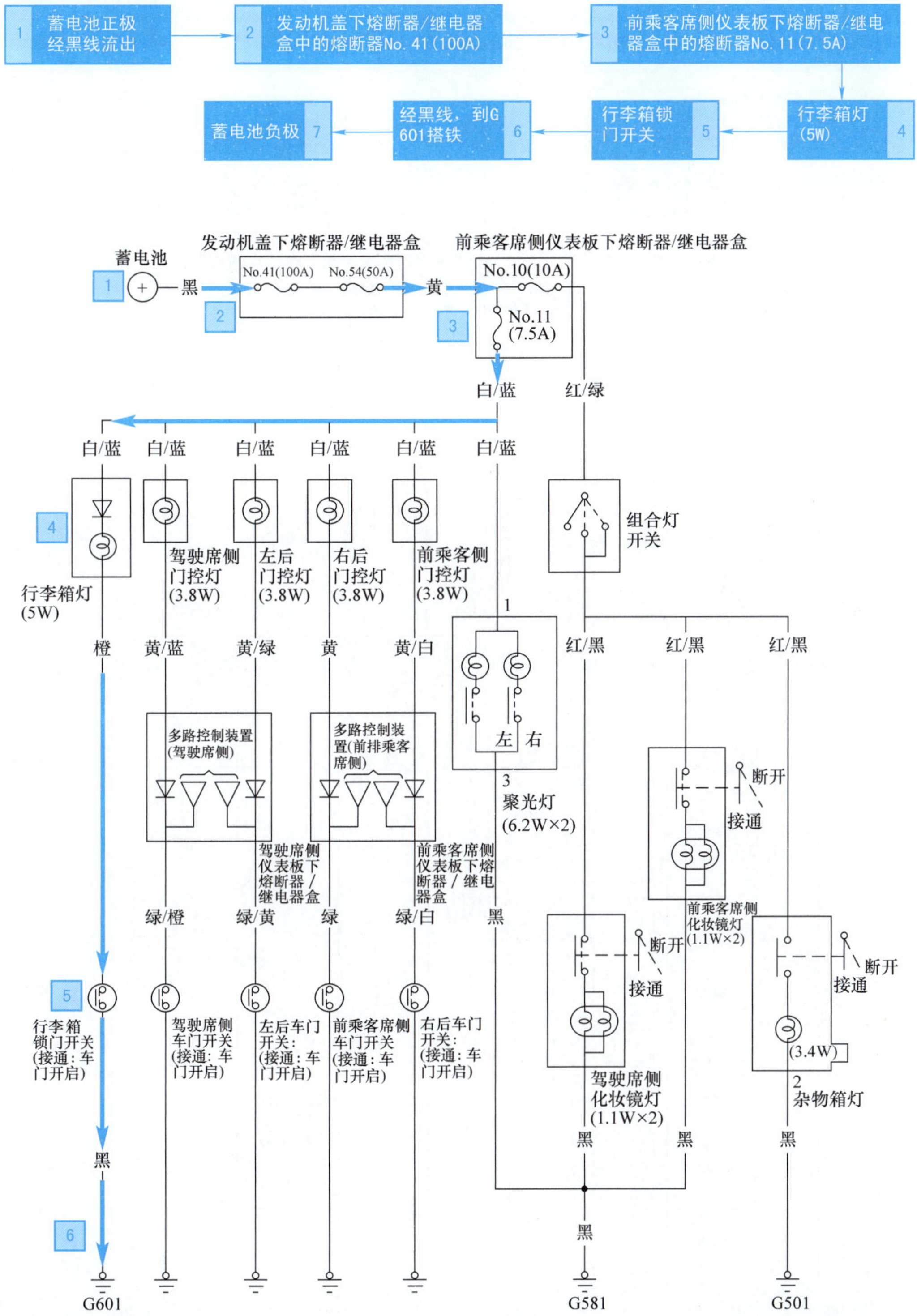

门控灯电路

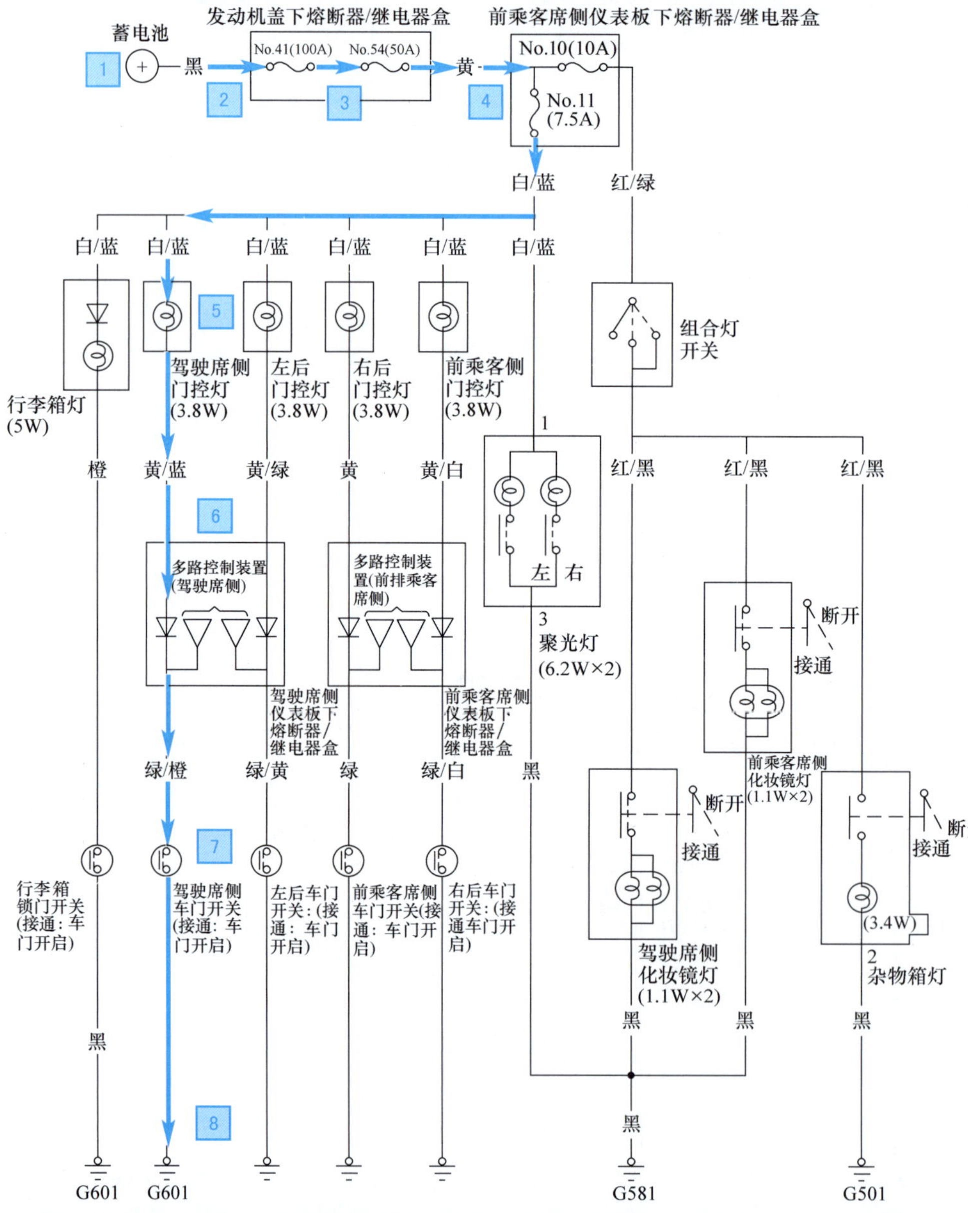

第8章 本田车系电路图的识读

  左、右后门控灯电路

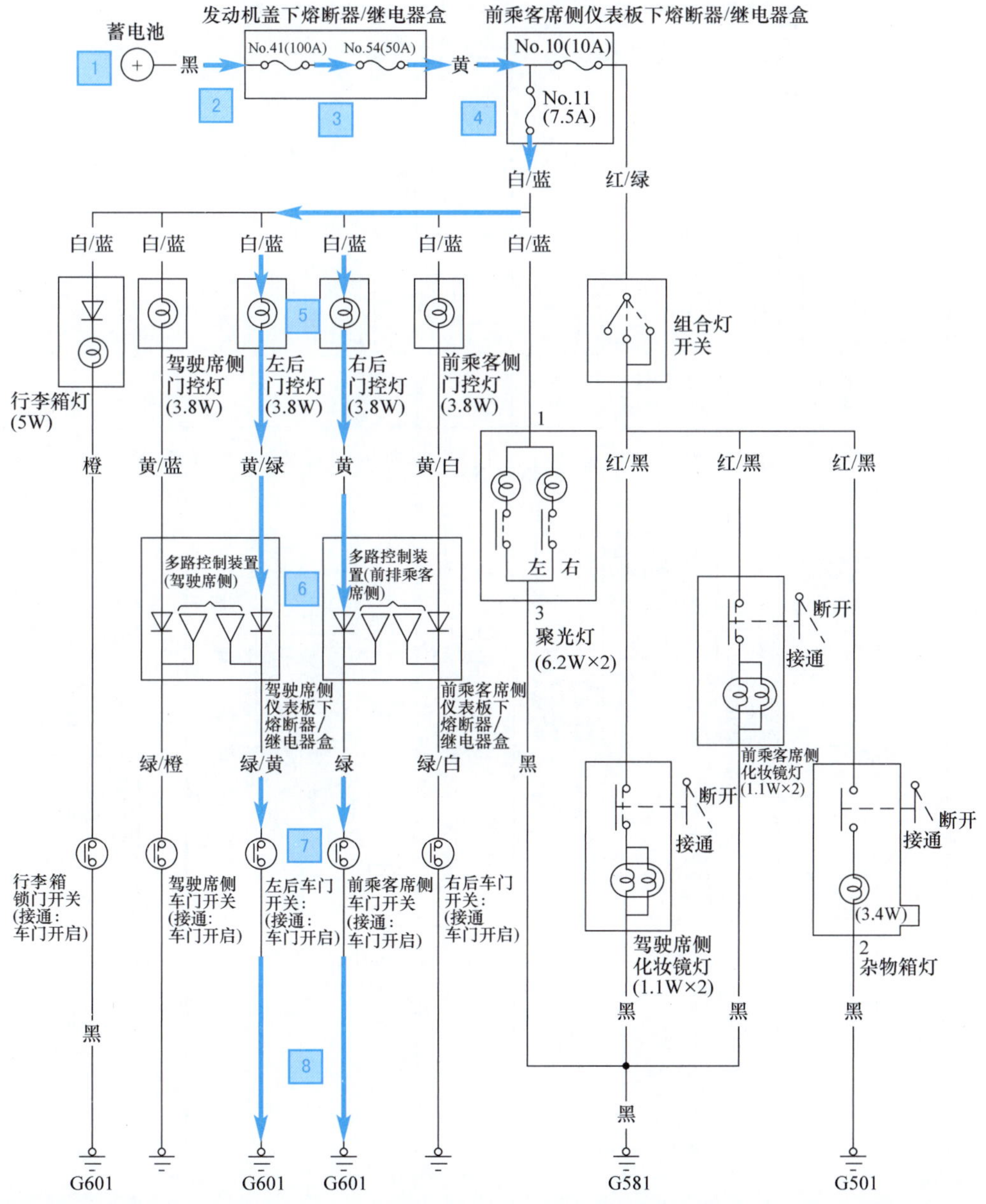

驾驶席侧（前乘客席侧）化妆镜灯电路

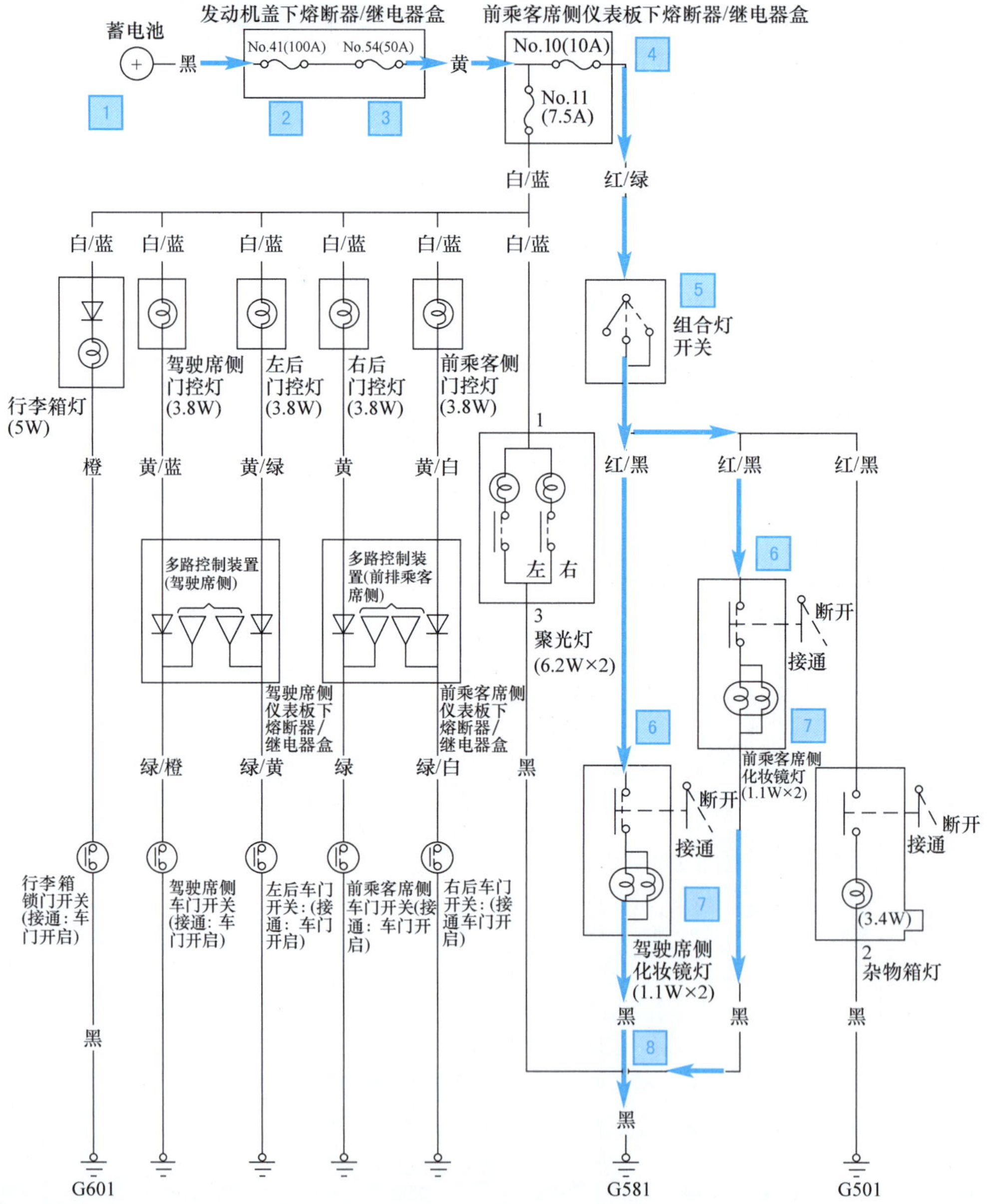

杂物箱灯电路

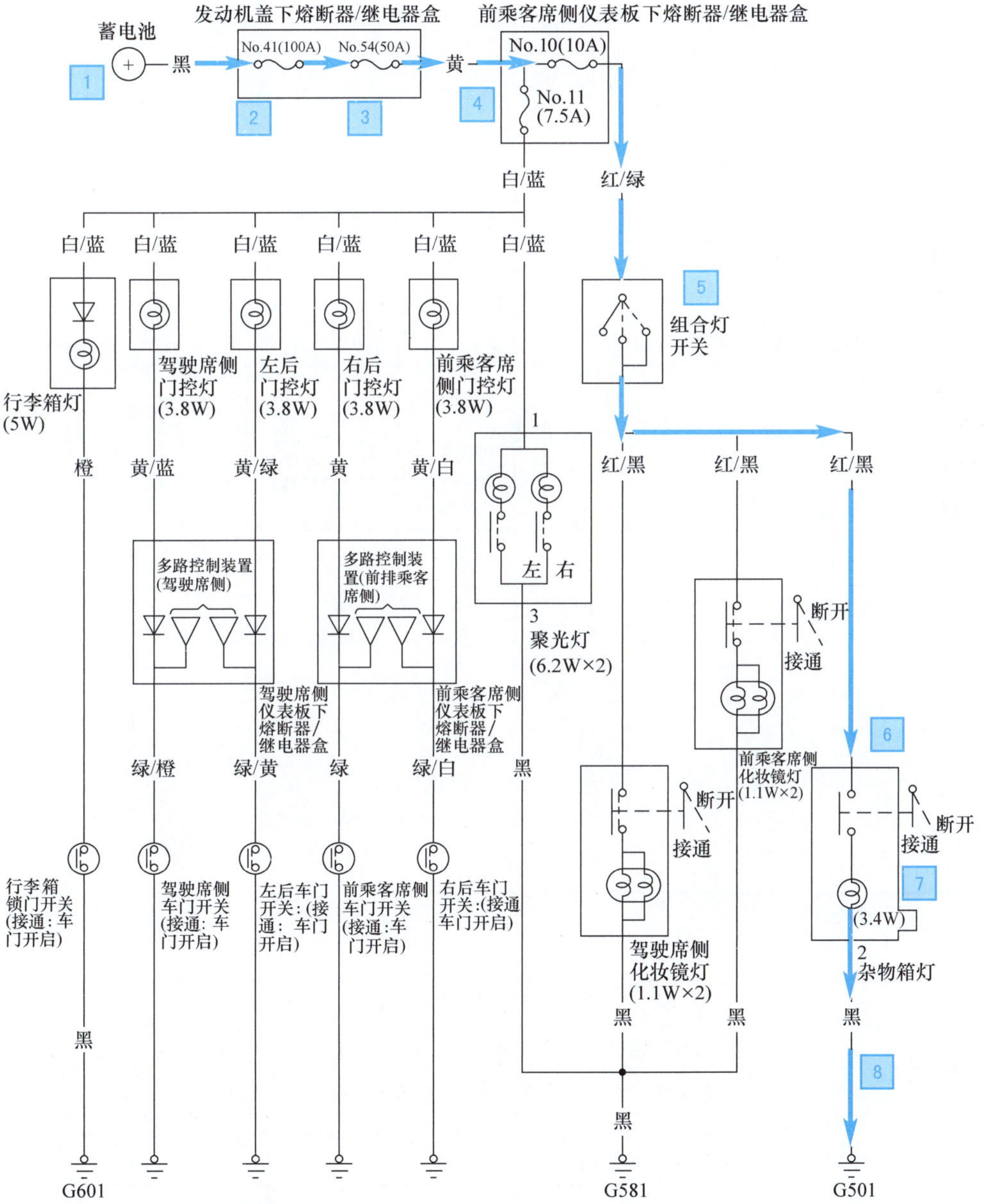

仪表板灯亮度控制装置

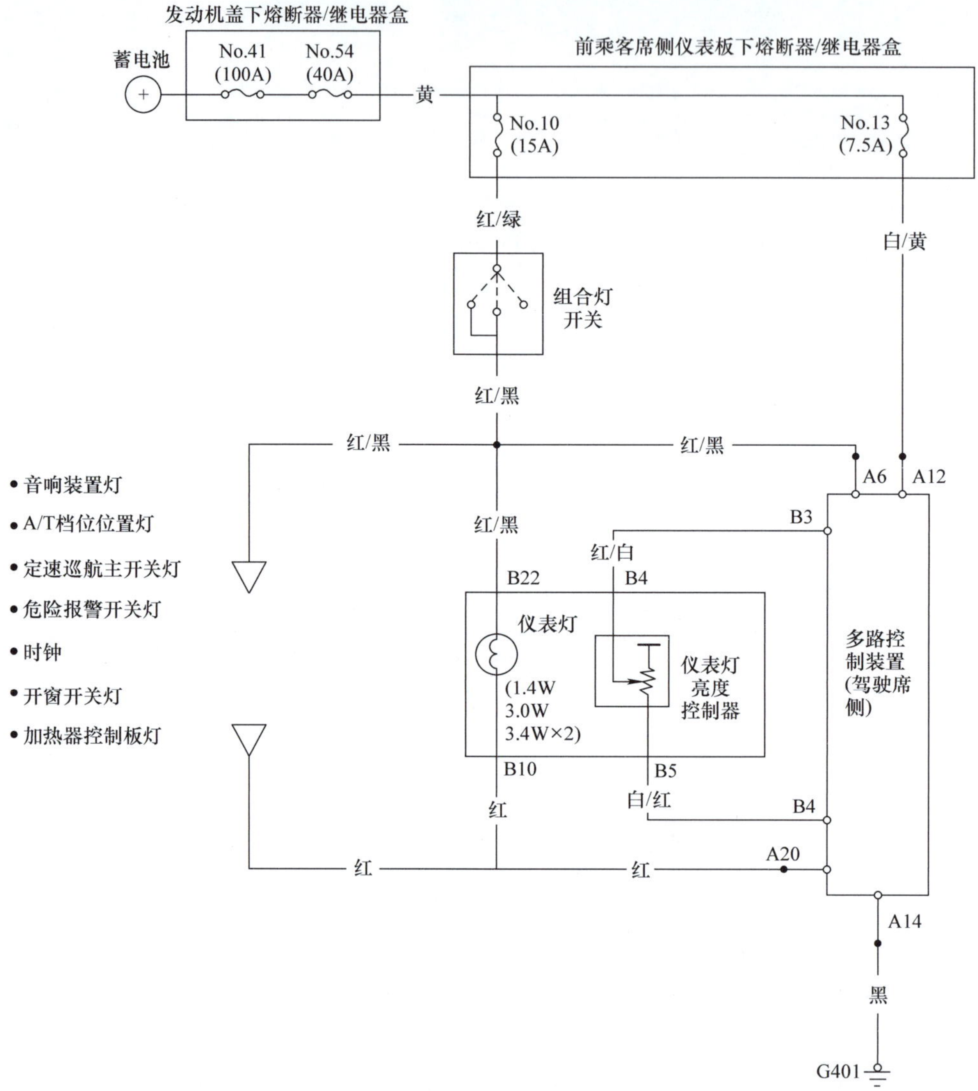

端子号	导线颜色	端子的通断情况
A6	熔断器/继电器盒插座	接通组合开关，端子与搭铁之间的电压应为蓄电池电压
A12	—	接通点火开关，端子与搭铁之间的电压应为蓄电池电压
A14	—	在任何情况下，端子与搭铁之间应为导通
A20	红	接通组合开关，将端子搭铁，仪表板灯应至最大亮度
B3 与 B4	红/白 与 白/红	将插头与继电器盒插座重新连接：转动调整刻度盘，端子 B3 与 B4 之间的电阻值应在 0~200Ω 之间变化

第 9 章　马自达车系电路图的识读

9.1　马自达车系电路图识读基础

9.1.1　电路图中符号的含义

马自达车系电路图中符号的含义如下：

符号	含义		符号	含义	
蓄电池 图示	蓄电池		片状熔丝 图示	熔丝	片状熔丝
			管状熔丝 图示		管状熔丝
接地符号1	接地	通过导线接地	主熔丝/易熔线 图示		主熔丝/易熔线
接地符号2		通过元器件外壳接地	常开继电器 图示	继电器	常开继电器
			常闭继电器 图示		常闭继电器
NPN 图示	晶体管	NPN 型	常开开关 图示	开关	常开开关
PNP 图示		PNP 型	常闭开关 图示		常闭开关
灯 图示	灯		不连接的交叉导线 图示	线束	不连接的交叉导线
M 图示	电动机		有连接点的交叉导线 图示		有连接点的交叉导线
P 图示	泵		可调电阻 图示		传感器（可调电阻）
			热敏电阻 图示		传感器（热敏电阻）
点烟器 图示	点烟器		电容器 图示		电容器
			电磁线圈 图示		电磁线圈
喇叭 图示	喇叭		二极管 图示		二极管
扬声器 图示	扬声器		LED 图示		发光二极管（LED）
			稳压二极管 图示		稳压二极管
加热器 图示	加热器		或门 图示	逻辑符号	或
速度传感器 图示	速度传感器		与门 图示		与
点火开关 图示	点火开关		非门 图示		非

9.1.2 电路图中导线的颜色及电路图各部分的含义

电路图中导线的颜色

为了方便查找线路走向，在电路图中各导线都标明其所在线束的代码。各线束代码如下：

B—黑	L—蓝	R—红	BR—棕	LG—浅绿	V—紫	S—银
G—绿	O—橙	W—白	GR—灰	P—粉红	Y—黄	

电路图各部分的含义

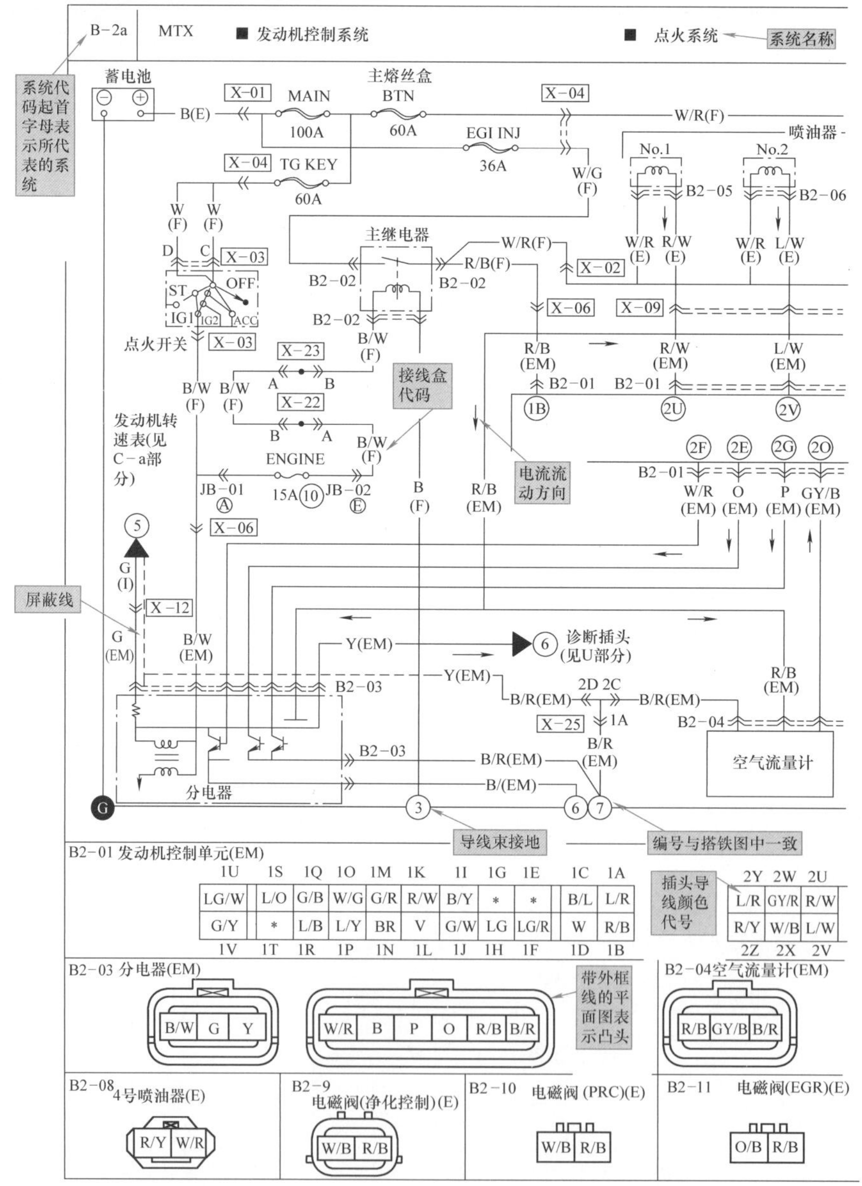

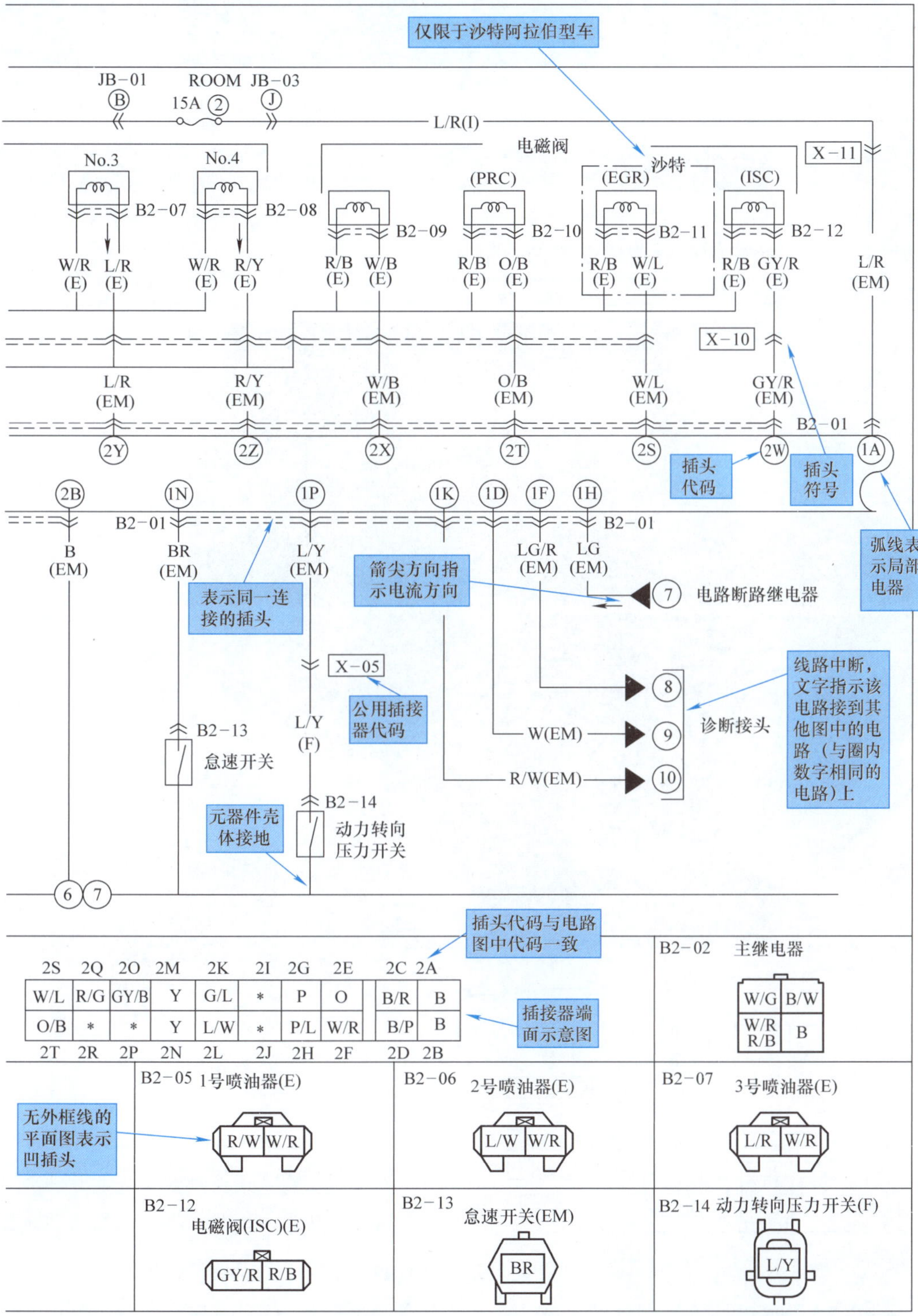

第9章 马自达车系电路图的识读

9.2 马自达6轿车电路图的识读

 第9章

9.2.1 中央配电盒

 发动机舱内继电器与熔断器的位置

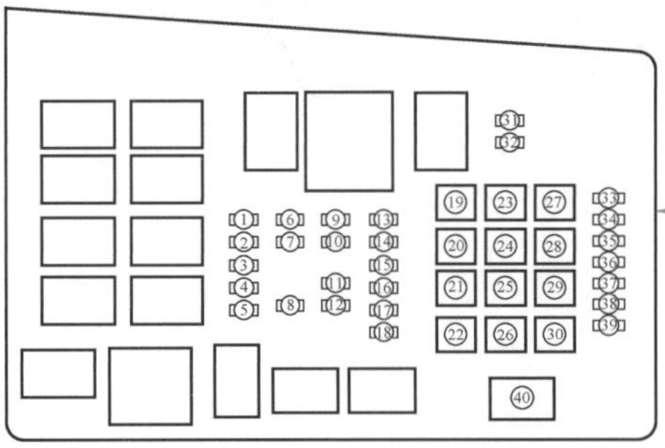

1：冷却风扇继电器 No.2　　2：喇叭继电器
3：冷却风扇继电器 No.3　　4：起动继电器
5：冷却风扇继电器 No.4　　6：低音喇叭继电器　　7：后窗除霜继电器　　8：后雾灯继电器
9：空调继电器　　10：主继电器　　11：前照灯继电器　　12：TNS继电器　　13：冷却风扇继电器 No.1
14：前照灯清洁器继电器　　15：前雾灯继电器

第9章 马自达车系电路图的识读

熔断器位置号	额定电流/A	被保护电路名称
1	20	备用
2	15	备用
3	10	备用
4	—	空
5	5	电控模块
6	15	喷油器
7	10	空气流量计，EGR 控制阀
8	15	氧传感器
9	15	前照灯—近光灯（右）
10	15	前照灯—近光灯（左）
11	10	前照灯—远光灯（左）
12	10	前照灯—远光灯（右）
13	10	智能型电子传动控制单元
14	10	转向信号灯
15	15	制动信号灯/尾灯
16	10	电控模块，智能型电子传动控制单元
17	—	—
18	20	电热器
19	40	刮水器、发动机控制单元、车灯
20	—	—
21	—	—
22	40	电热器
23	30	倒车灯、加热器控制单元
24	40	鼓风机
25	40	车内照明灯，电动门锁
26	20	加热器
27	40	后窗除霜器
28	60	ABS
29	30	冷却风扇
30	30	冷却风扇
31	30	制动信号灯/尾灯、牌照灯
32	10	仪表板照明
33	10	电磁离合器
34	15	音响系统
35	30	自动调整座椅
36	—	—
37	15	座椅加热器
38	20	前照灯清洁器
39	15	前雾灯
40	100	保护所有电路

驾驶室内继电器与熔断器的位置

1：燃油泵继电器

2：鼓风机继电器

熔断器位置号	额定电流 /A	被保护电路的名称
1	15	发动机控制系统
2	15	仪表组
3	15	座椅加热器、后窗除霜器
4	7.5	后视镜除霜器
5	20	风窗玻璃刮水器与清洁器
6	15	ABS 系统、SAS 系统
7	5	倒车灯
8	15	空调加热器
9	5	仪表组
10	15	点烟器
11	15	车内照明灯
12	10	后窗玻璃刮水器与清洁器
13	5	后视镜自动控制系统、音响系统
14	—	—
15	20	驾驶人侧电动车窗
16	30	电动门锁
17	30	乘员电动车窗

第9章 马自达车系电路图的识读

9.2.2 喇叭电路图的识读

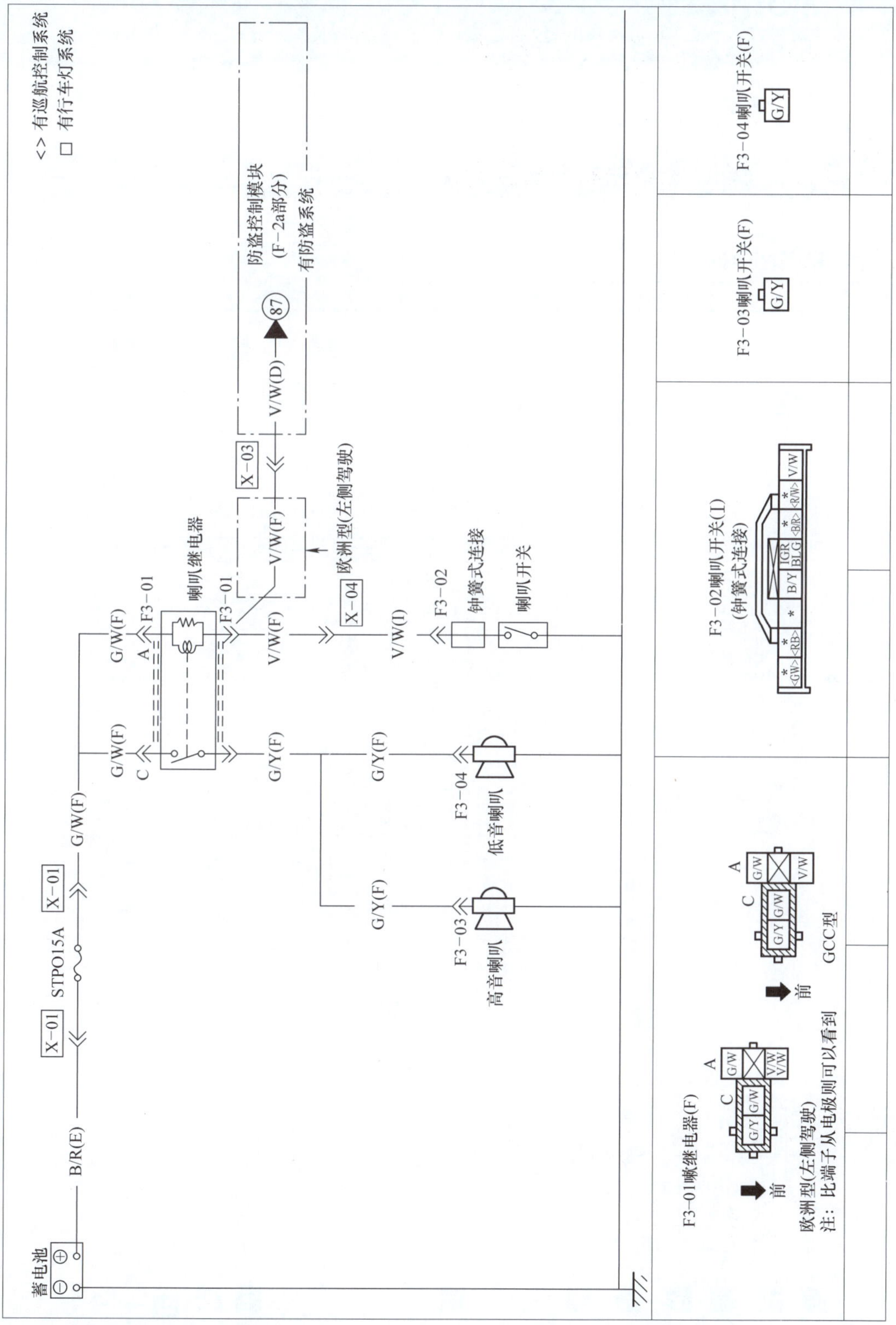

马自达6的喇叭电路比较简单，读者可根据之前的介绍自行分析。

第 10 章　通用车系电路图的识读

10.1 通用车系电路图识读基础

第 10 章

10.1.1　电路图中的符号及其含义

电路图中的符号

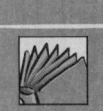

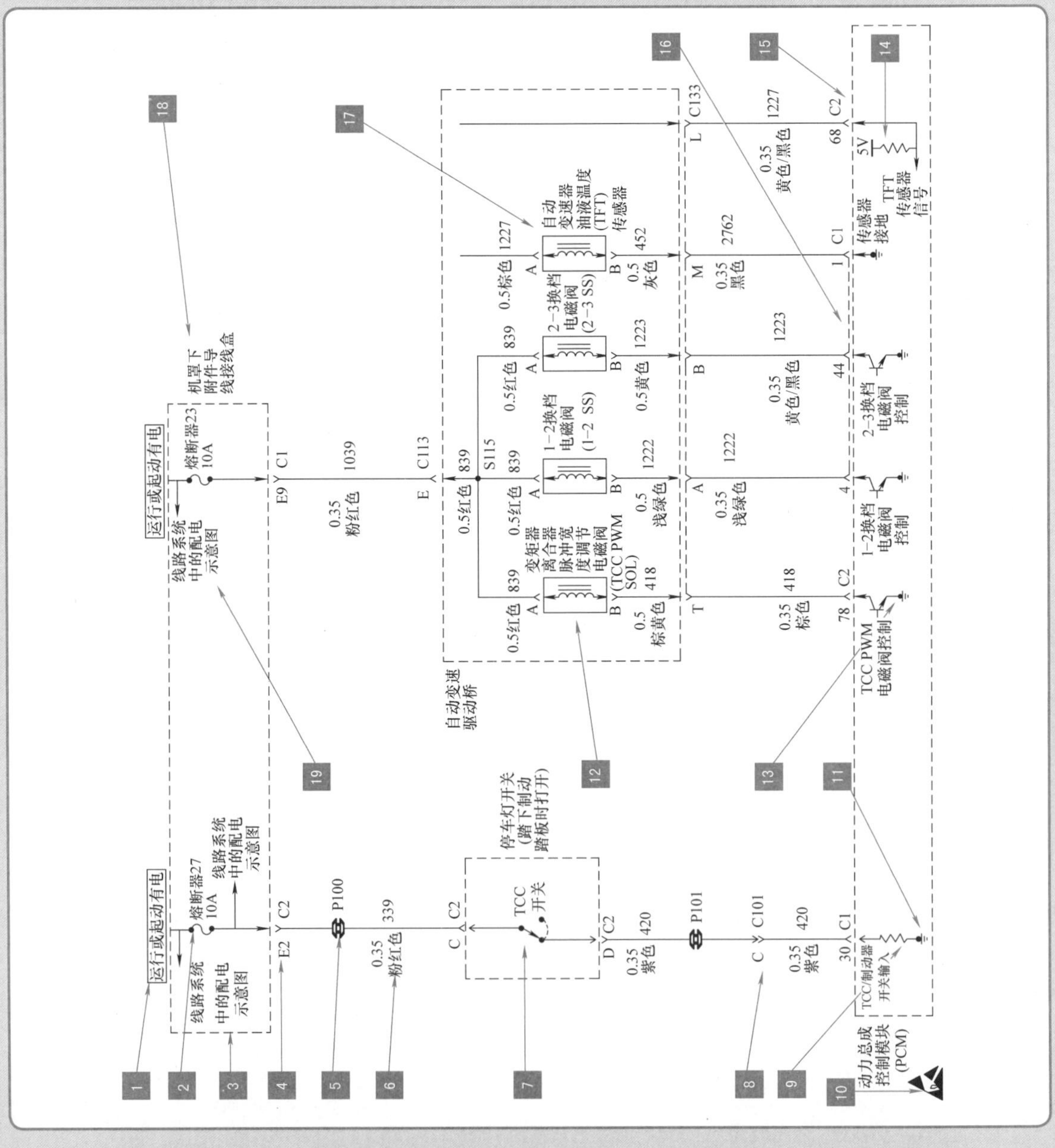

第10章 通用车系电路图的识读

1 ► 表示线路在点火开关处于点火或起动档时有电,电压为蓄电池工作电压。

2 ► 表示10 A的27号熔断器。

3 ► 虚线框表示没有完全表示出接线盒所有部分。

4 ► 表示导线是由发动机罩下导线接线盒的C2插头的E2脚引出,插头编号C2写在右侧,脚编号E 2写在左侧。

5 ► 所指的符号和Ｐ１００表示贯穿式密封圈,其中Ｐ表示密封圈,１００为其代号。

6 ► "0.35 粉红色"表示导线横截面积为 0.35mm^2,粉红色表示线的颜色,数字"339"表示该线束处在乘客室范围。

7 ► TCC(液力变矩器中的锁止离合器控制)开关。图中处于接通状态表示为常闭开关,其开关信号经过 P101 和 C101,由动力总成控制模块(PCM)中的 C1 插头 30 号脚进入 PCM 中。

8 ► 直列线束插接器,右侧的"C101"表示插头编号(其中 C 表示插头),左侧的"C"表示直列线束插接器的C脚。

9 ► 输出电阻器,这里用于把制动灯开关的信号以一定的电压信号的形式输出给动力总成控制模块ＰＣＭ的内部控制电路。

10 ► 表示动力总成控制模块 PCM 为对静电敏感的元器件。

11 ► 表示搭铁。

12 ► 电磁阀。此处表示在自动变速器内部的ＴＣＣ锁止电磁阀,此电磁阀控制液力变矩器内部锁止离合器的接合。它在点火开关处于点火或起动档时,通过10A 的 23 号熔断器供电。

13 ► 带晶体管半导体器件控制的集成电路。这里为动力总成控制单元 PCM 内部集成的控制电路,控制电磁阀驱动电路通过 PCM 搭铁。

14 ► 输出电阻器。PCM 提供 5 V 稳压通过内部串联电阻与自动变速器油温传感器(TFT)连接,同时将自动变速器油温传感器(NTC型电阻)信号传给 PCM。

15 ► 动力总成控制模块 PCM 的 C2 插头的 68 脚。

16 ► 虚线表示4、44、1脚均属于C1插头。

17 ► 自动变速器内部的自动变速器油温传感器。它是一个随温度增加阻值减小的 NTC 型电阻。

18 ► 表示元器件的名称及所处的位置。该机罩下附件导线接线盒位于发动机的左边(从车的正面)。

19 ► 表示导线通往机罩下附件导线接线盒内的其他电路,对目前所显示的电气系统没有作用,是一种省略的画法。

电路图中符号的含义

符 号	含 义	符 号	含 义
所有时间有电 / 于运行时有电 / 开始时有电 / 附件和运行时有电 / 运行和起动时有电 / 于运行、灯泡测试和起动时有电 / 驻车时前照灯开关有电 / 固定式附件电源(RAP)有电	表示电压指示器框。示意图上的这些框格用于指示何时熔断器上有电压	(虚线框)	表示局部元器件。当元器件采用虚框表示时,说明元器件或导线均未完全表示
(实线框)	表示完整元器件。当元器件采用实线表示时,说明所示元器件或导线完整	熔断器符号	熔断器
断路器符号	断路器	可熔断连接符号	可熔断连接
12 插接器符号	元器件上连接的插接器	12 插接器符号	带引出线的插接器
端子符号	带螺栓或螺钉连接孔的端子	12 C100	直列线束插接器
—S100	接头	P100	贯穿式密封圈
G100	搭铁	壳体接地符号	壳体接地
发光二极管符号	发光二极管	双丝灯符号	双丝灯
单丝灯符号	单丝灯	电容器符号	电容器

第10章 通用车系电路图的识读

(续)

符　号	含　义	符　号	含　义
	蓄电池		可调蓄电池
	电阻器		可调电阻器
	位置传感器		输入/输出电阻器
	输入/输出开关		二极管
	晶体		加热电阻丝
	电动机		电磁阀
	线圈		天线
	屏蔽		开关
	单级单掷继电器		单级双掷继电器
	该图标为车载诊断（OBD Ⅱ）图标　　该图标用于提醒技术人员，该电路对OBD Ⅱ排放控制电路的操作十分重要。任一电路如果出现故障，将导致故障指示灯（MIL）亮。该电路就属于OBD Ⅱ电路		该图标为重要注意事项图标　　该图标用于提醒技术人员还有其他附加系统维修的信息

（续）

符　号	含　义	符　号	含　义
	该图标为对静电放电敏感（ESD）图标 该图标用于提醒技术人员，该系统含有对静电放电敏感的元器件，在维修前需要特别注意。防止静电放电损坏所采取的措施如下： 1）在维修任何元器件之前均需触摸金属接地点，去除身体上的静电 2）勿触摸裸露的端子 3）维修插接器时，勿使用工具接触裸露的端子 4）若无要求，勿将元器件从其保护盒中取出 5）避免采取以下行动（除非诊断步骤中有要求）： ① 将元器件或插接器跨接或搭铁 ② 将测试设备探针与元器件或插接器相连接 6）打开元器件保护性包装之前将其搭铁		该图标为辅助充气式保护装置（SIR）或辅助充气式保护系统（SRS）安全气囊图标 该图标用于提醒技术人员，该系统含有辅助充气式保护装置（SIR）/辅助充气式保护系统（SRS）安全气囊部件，在维修时需要特别注意以下几点： 1）在进行任何进一步的检查之前要执行SIR诊断系统的检查 2）在进行维修工作前要使安全气囊失效 3）在完成维修工作后应使安全气囊系统生效 4）在把车辆交给用户前要执行SIR的诊断系统检查

10.1.2　车辆位置分区代码

　　通用轿车电路图上所有的搭铁、直接插接器、贯穿式密封圈和插头都给定了识别代码，并与其在车辆上的位置相对应（见下页图）。通用轿车车辆位置分区代码如下：

车辆位置分区代码	区　位　说　明
100~199	发动机舱（全部在仪表板前部） 001~099为发动机舱内附加号（仅在使用完所有100~199后使用）
200~299	位于仪表板区域内
300~399	乘员室（从仪表板到后车轮罩）
400~499	行李箱（从后轮罩到车辆后部）
500~599	位于左前车门内
600~699	位于右前车门内
700~799	位于左后车门内
800~899	位于右后车门内
900~999	位于行李箱盖或储物仓盖

第10章 通用车系电路图的识读

识别代码在车辆上的位置

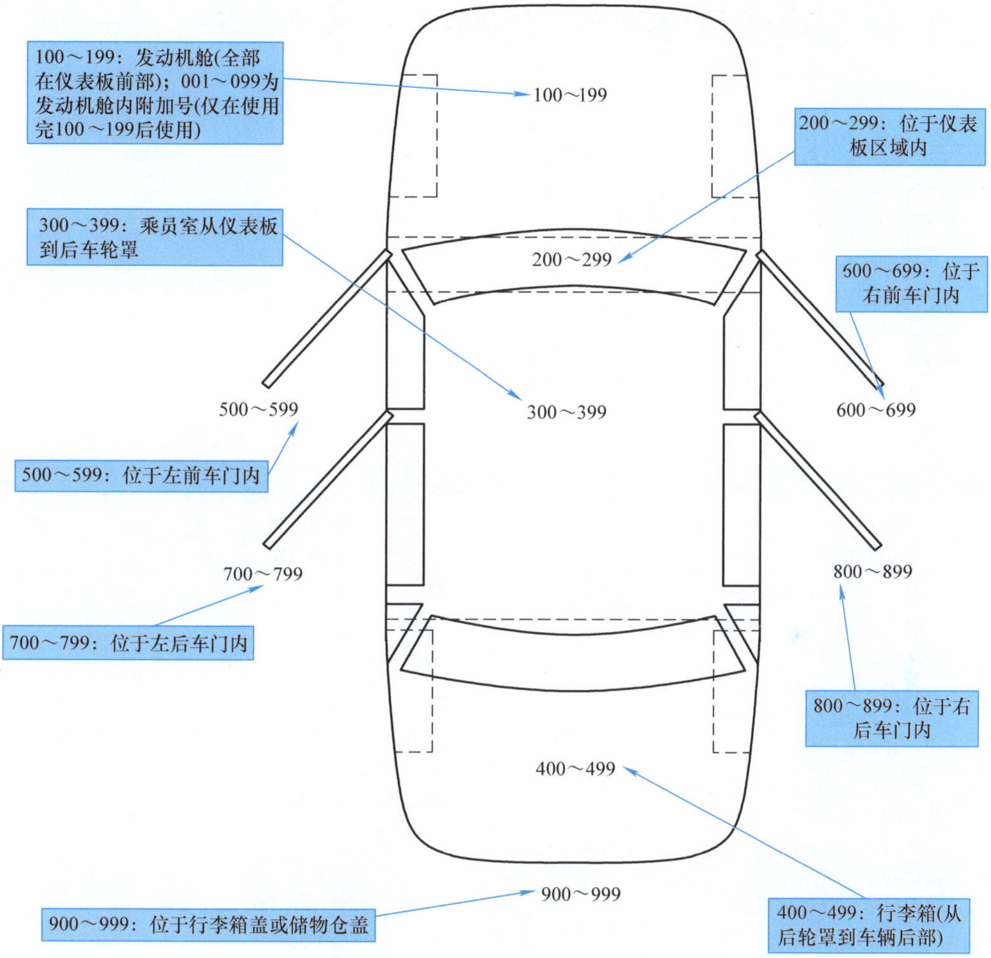

- 100～199：发动机舱（全部在仪表板前部）；001～099为发动机舱内附加号（仅在使用完100～199后使用）
- 200～299：位于仪表板区域内
- 300～399：乘员室从仪表板到后车轮罩
- 500～599：位于左前车门内
- 600～699：位于右前车门内
- 700～799：位于左后车门内
- 800～899：位于右后车门内
- 400～499：行李箱（从后轮罩到车辆后部）
- 900～999：位于行李箱盖或储物仓盖

特别提醒

通用汽车公司（GM）成立于1908年9月16日，由威廉·杜兰特创建。2014年，通用汽车旗下多个品牌全系列车型畅销于全球120多个国家和地区，包括电动车、微车、重型全尺寸卡车、紧凑型车及敞篷车。

通用汽车在全球生产和销售包括雪佛兰、别克、GMC、凯迪拉克、霍顿、欧宝、沃克斯豪尔等一系列品牌车型并提供服务。

10.2 通用轿车电路图的识读

10.2.1 发动机罩下熔断器、断路器及继电器的位置

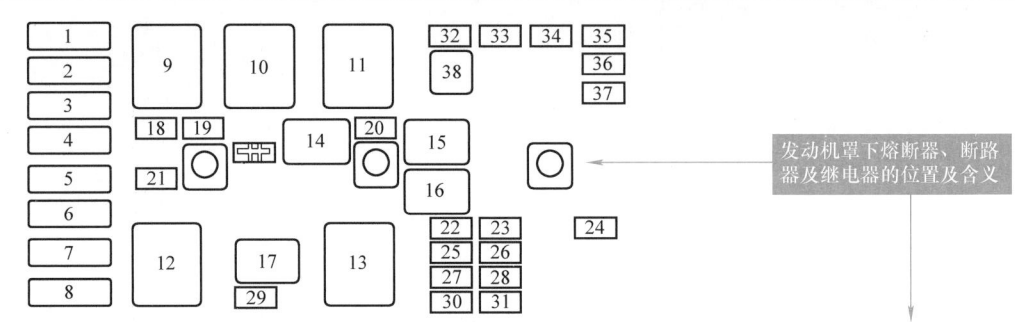

发动机罩下熔断器、断路器及继电器的位置及含义

位置号	说明	位置号	说明
1	ABS 系统	21	冷却风扇
2	起动机电磁线圈	22	电子点火
3	电动座椅、后窗除雾器	23	变速器
4	高速鼓风机、危险报警闪光灯、停车灯、电动后视镜、门锁	24	喇叭
5	点火开关、BTSI、停车灯、转向信号、仪表组件、气囊、自动前照灯控制模块	25	喷油器
6	冷却风扇	26	氧传感器
7	前照灯、自动前照灯控制模块、车身控制模块、预留附件电源	27	发动机排放
8	点火开关、刮水器、收音机、车身控制模块、辅助电源、电动车窗、空调系统、后窗除雾继电器、前照灯控制模块	28	前雾灯
9	冷却风扇2	29	备用灯
10	冷却风扇3	30	示宽灯
11	起动电磁线圈	31	燃油泵
12	冷却风扇1	32	备用
13	点火总电源	33	备用
14	A/C 离合器	34	备用
15	喇叭	35	备用
16	前雾灯	36	备用
17	燃油泵	37	备用
18	发电机	38	熔断器拉出器
19	PCM	图中标记	A/C 压缩机离合器二极管
20	A/C		

10.2.2 冷却风扇低速工作时的电路图识读

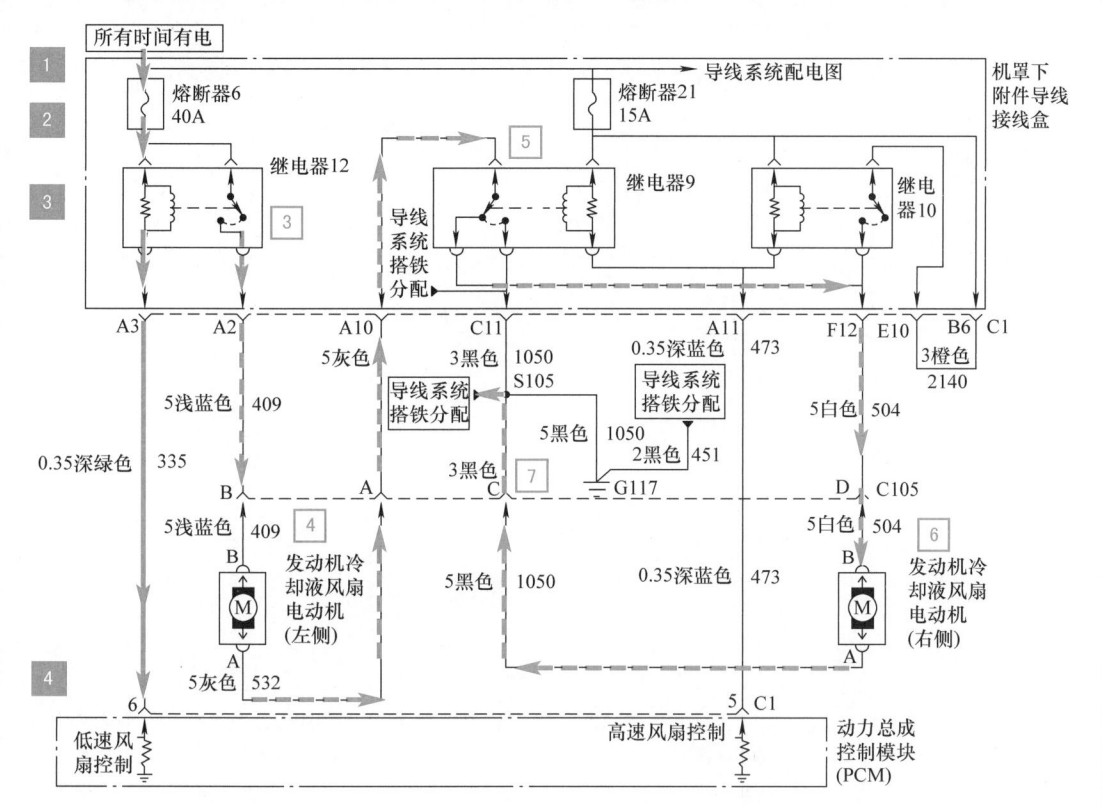

PCM通过低速风扇控制电路为继电器12的控制电路提供搭铁。继电器12控制电路的电流通路（在上图中用 ──▶ 表示）如下：

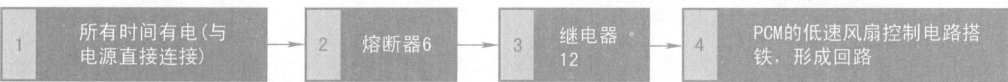

于是，继电器12的线圈中有电流通过，控制常开触点闭合，向冷却风扇电动机供电。此时，由于左侧的冷却风扇电动机与右侧的冷却风扇电动机串联，所以风扇以低速运转，电流通路（在上图中用 ──▶ 表示）如下：

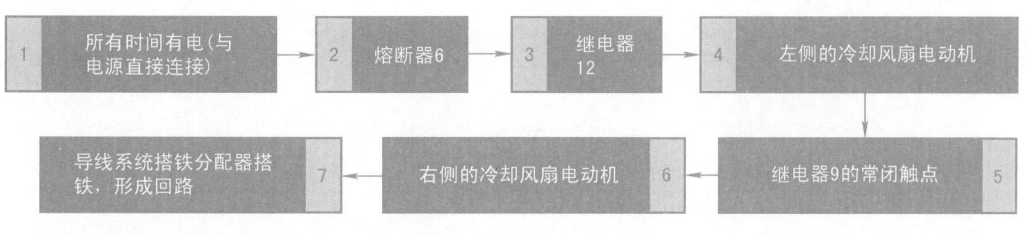

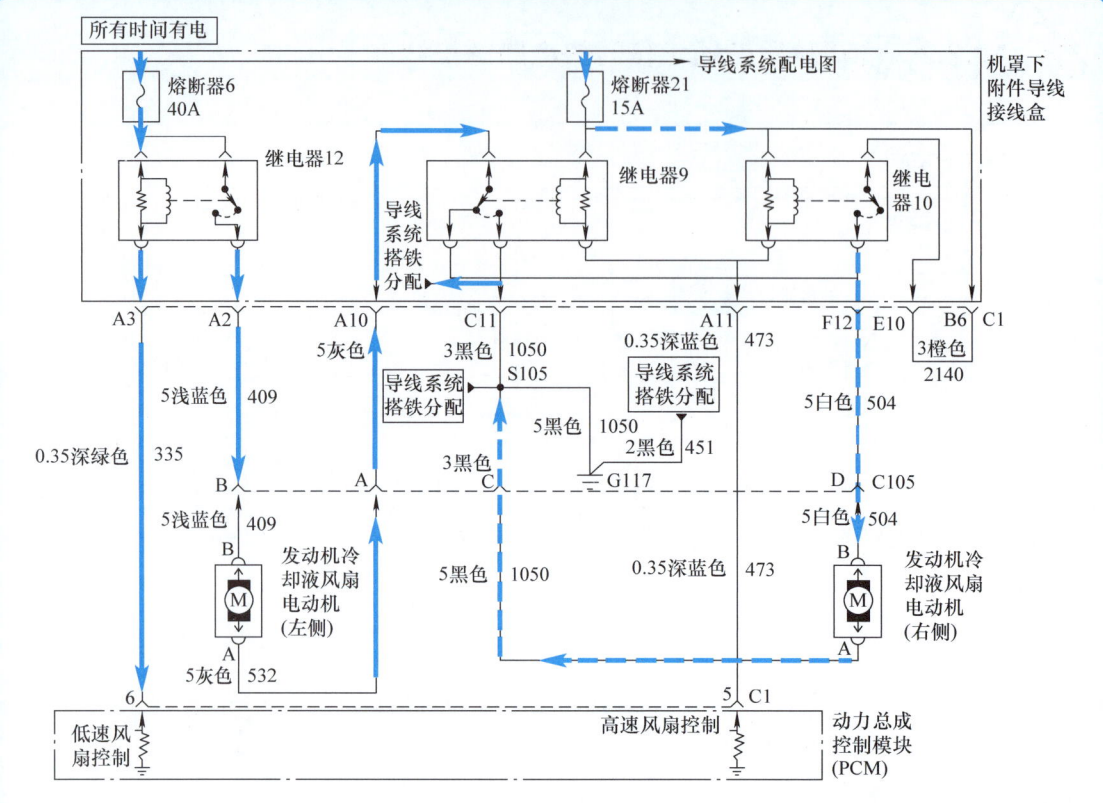

PCM 首先经低速风扇控制电路对继电器 12 提供搭铁路径。经 3s 延时后，PCM 经高速风扇控制电路为继电器 9 和继电器 10 提供搭铁路径。左侧风扇电动机继续由熔断器 6 提供电流。但熔断器 21（15A）为右侧风扇电动机提供电流。各风扇电动机接收不同的搭铁路径。因此，风扇高速运行。左侧风扇电动机电流通路（在上图中用 ──▶ 表示）如下：

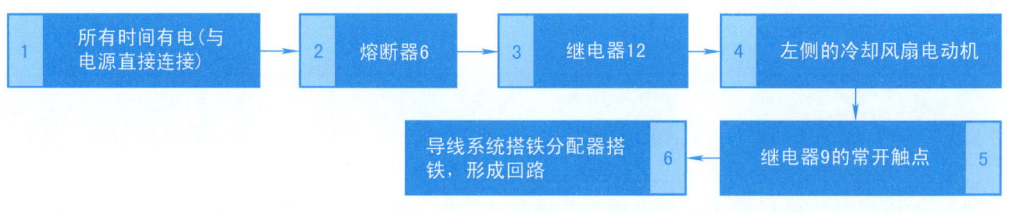

右侧风扇电动机电流通路（在上图中用 ╌╌▶ 表示）如下：

PCM 在以下各情况下为继电器 12、继电器 9 和继电器 10 提供搭铁：
①当发动机冷却液温度超过 110℃时。
②当 A/C 制冷剂压力大于 1.655MPa 时。

第 11 章　克莱斯勒车系电路图的识读

11.1 克莱斯勒车系电路图识读基础

第 11 章

11.1.1　电路图中符号的含义

克莱斯勒汽车公司是世界著名的汽车生产商。其公司的产品在我国比较多，尤其是北京吉普汽车有限公司从克莱斯勒汽车公司引进生产的北京切诺基汽车。正确掌握克莱斯勒公司汽车电路图的识读方法，对于维护、修理克莱斯勒汽车非常有必要。

符　号	含　义	符　号	含　义
+	正极		常闭触点
−	负极		开关闭合
	搭铁		开关打开
	熔断器		组合开关闭合
	带有母线的组合熔断器		组合开关打开
	断路器		单极双掷开关
	电容器		压力开关
Ω	欧姆		电磁开关
	电阻器		水银开关
	可调电阻		二极管或整流管
	串联电阻		稳压管
	线圈		电动机
	升压线圈		电枢与电刷
	常开触点		插接器
	插头		插座
	表示电线继续延伸		表示电线走向
	接头	12 2	接头标记
	热元件		延时器
	多线插接器		可选择性符号：有电线 / 无电线
	星形绕组	88 88	数字显示器
	单丝灯		双丝灯
	发光二极管		热敏电阻
	仪表		传感器

图解汽车电路图识读快速入门

（续）

符 号	含 义	符 号	含 义
STRG COLUMN	表示电线穿过转向管柱插接器	NST PANEL	表示电线穿过仪表盘插接器
ENG	表示电线穿过绝缘圈进入发动机舱		表示穿过绝缘圈的电线
	加热栅元件		

 克莱斯勒汽车电路图图示含义

符 号	含 义	符 号	含 义	符 号	含 义
□	表示全部元器件	C100（插接器代号、插座、插头）	参考插接器代号表可找到其地址		电流断路器
⬜（虚线）	表示元器件的一部分		线插接器与元器件插接		联动开关
	驻车制动开关拉起手柄合上		元器件引线上的插接器	热元件	工作时闭合
	元器件外壳与车身金属部分连接时搭铁	12红	易熔线色标，说明易熔线规格	φ	表示一插头内两点接触 虚线表示元器件间同一插头连接
G103	导线与车身金属部分连接时搭铁		电路继续符号，箭头表示继续方向	熔丝	熔断器与螺栓连接
晶体电路单元	固体电路单元（只包括电子元器件）		表示导线将延续或中断		显示器工作时显示"BRAKE"
	二极管，电流只许按箭头所示方向流动	12红 电线接头	表示电线来路		

除此之外，电路图中还有一些符号和数字。下面以切诺基汽车的起动、点火与电源系统电路图为例予以介绍。

第11章 克莱斯勒车系电路图的识读

克莱斯勒汽车电路图中数字和符号的含义

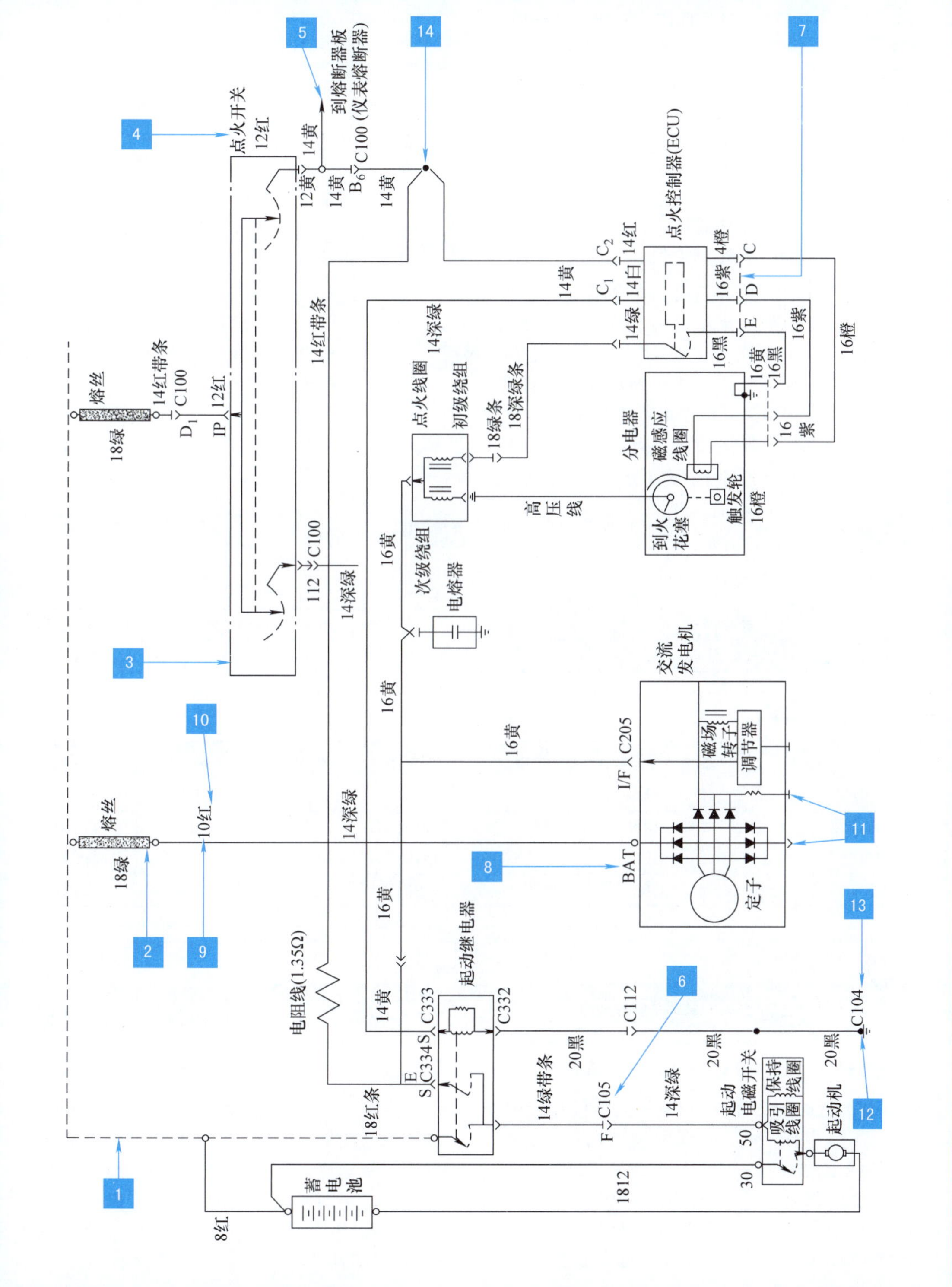

总电源供电线。

 熔丝符号。熔丝色标说明熔丝规格。

 元器件标记。框线为实线时,表示为全部元器件;框线为虚线时,表示元器件的一部分。

 元器件名称。

 电路继续符号。箭头表示电路继续方向。

 插接器代号。C105 表示标号为 105 的插接器,F 表示该插接器的 F 插头/孔。可在电路图后面的说明中查到该插接器的位置及插头/孔排列。

 插接器代号。虚线表示属于同一个插接器的插头/孔。

 接线柱符号。可在元器件上找到该标记。

 导线规格。克莱斯勒汽车电路导线采用美国线规(AWG),电路图上注明的是导线的规格,而不是导线的截面尺寸,二者的对应关系请参阅导线规格表。

 导线颜色标记。克莱斯勒汽车电路图导线的颜色参阅导线颜色标记表。

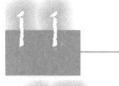 接地标记。该标记表示元器件外壳与车身金属部分连接时接地。

 搭铁标记。该标记表示导线与车身金属部分连接时搭铁。

 导线搭铁点位置标号。可在电路图后面的说明中查到接地点位置。

导线接头标记。表示线束中多条导线的汇集处。

导线规格表

导线标号	2	4	6	8	10	12	14	16	18	20	22	24
导线横截面积 /mm²	32	19	13	8	5	3	2	1	0.8	0.5	0.4	0.2

导线颜色标记表

色标	颜色	色标	颜色	色标	颜色	色标	颜色
BLK	黑	YEL	黄	PPL	紫	LT GRN	浅绿
WHT	白	BRN	棕	ORN	橙	DK BLU	深蓝
RED	红	BLU	蓝	PNK	粉红	DK GRN	深绿
GRN	绿	GRY	灰	LT BLU	浅蓝	TAN	深褐

11.1.2 电路图的构成

导线部分

导线部分在电路图中以粗实线画出。每条导线都标有导线的颜色、导线的规格。

电气元器件部分

电气元器件在图中用框图辅以名称表示。若图中的元器件为全部,则框图边框为实线;若为元器件的一部分,则框图边框为虚线。

插接器

线束与电气元器件以及与线束之间均采用插接器连接。电路图中,详细地注明了插接器的代号以及插头/孔的代号。

电路继续符号

一般使用带箭头的直线表示电路的继续,用于反映在一部分电路图中难以表达的接续部分。

第 11 章 克莱斯勒车系电路图的识读

11.2 切诺基汽车电路图的识读

11.2.1 前照灯电路图的识读

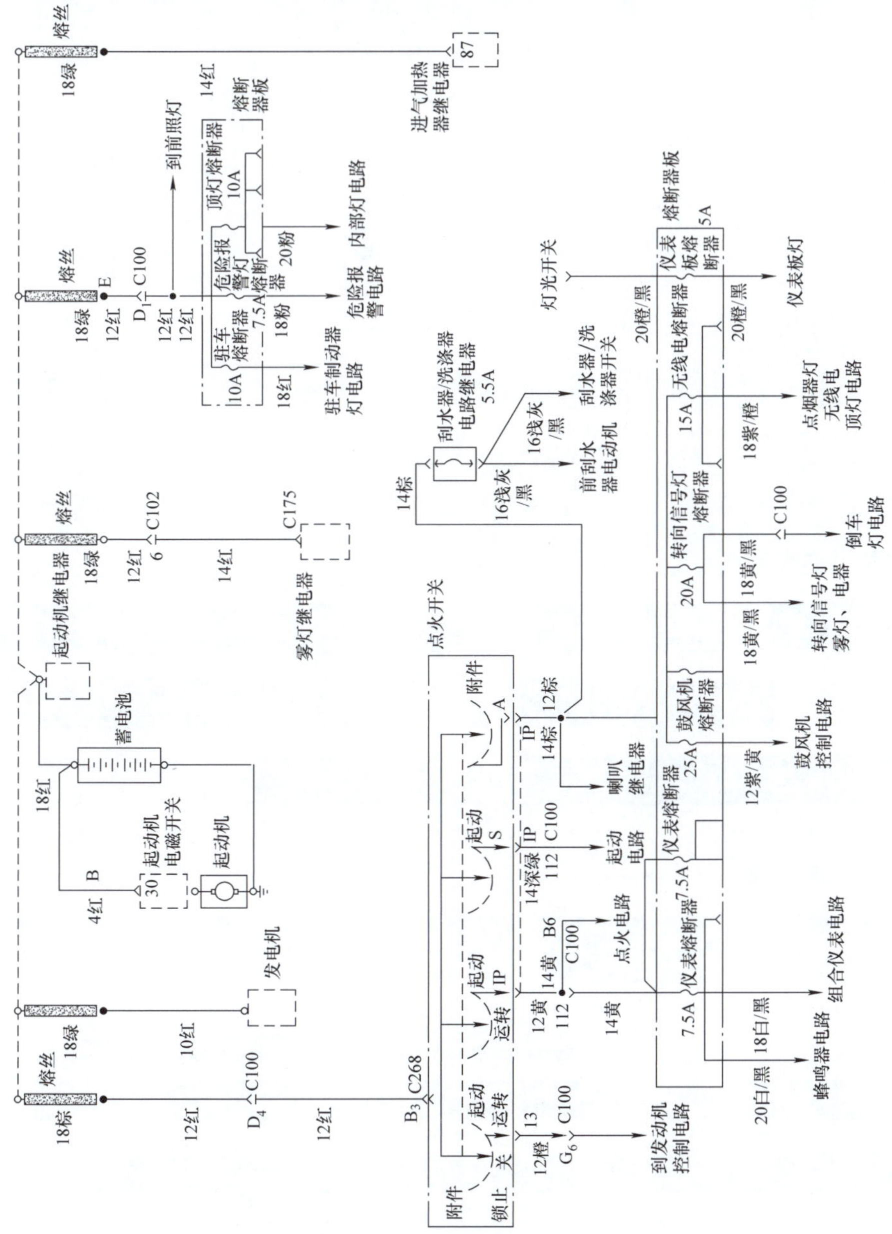

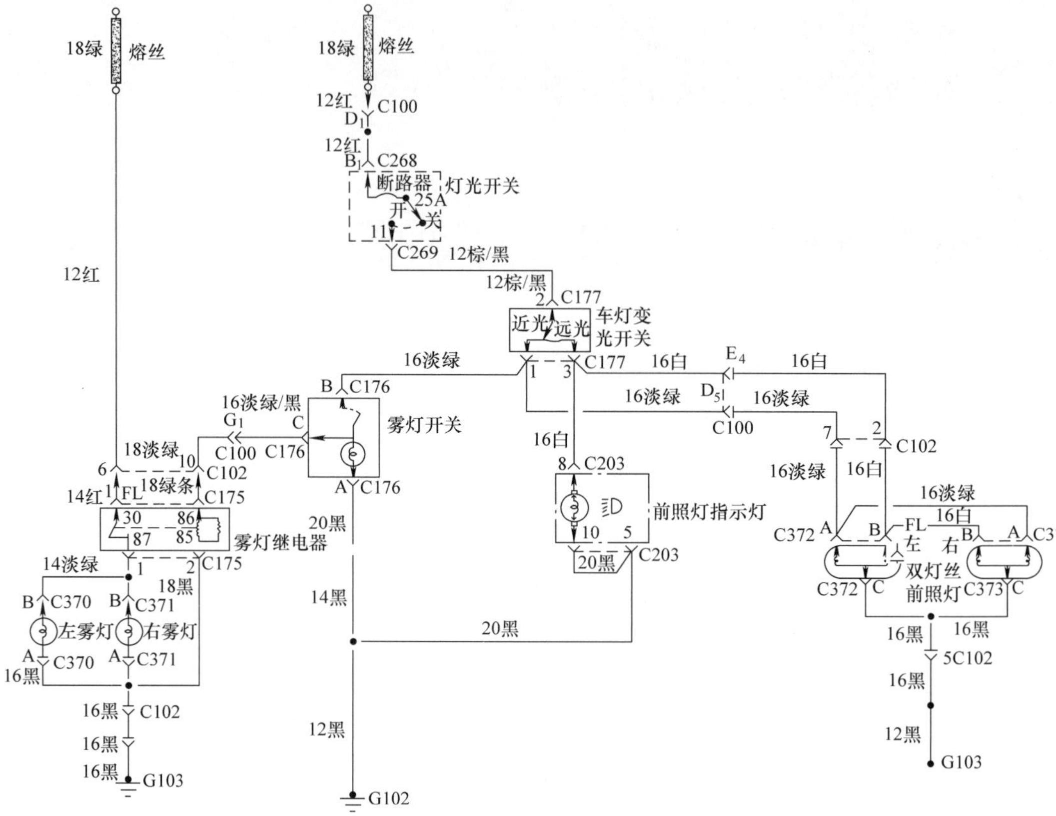

图解汽车电路图识读快速入门

（电路图）

电源到车灯变光开关电路

1. 蓄电池正极 → 2. 起动机继电器 → 3. 熔丝（规格18，绿色）→ 4. 插接器C100（D_1）→ 5. 插接器C269（B_1号插头）→ 6. 灯光开关 → 7. 插接器C269（11号插头）→ 8. 插接器C177（2号插头/孔）→ 9. 车灯变光开关

近光灯的电流通路

1. 车灯变光开关（近光）→ 2. 插接器C177（1号插头/孔）→ 3. 插接器C100（D_5插头/孔）→ 4. 插接器C102（7插头/孔）→ 5. 插接器C372（A插头/孔）→ 6. 左前照灯近光灯丝 → 7. 插接器C372（C插头/孔）→ 8. 插接器C373（C插头）→ 6. 插接器C373（A插头/孔）→ 7. 右前照灯近光灯丝 → 9. 插接器C102（5号插头/孔）→ 10. 电线接头 → 11. 搭铁点G103

远光灯的电流通路

1 车灯变光开关（远光）
2 插接器C177（3号插头/孔）
3 插接器C100（E4插头/孔）
4 插接器C102（2号插头/孔）
5 插接器C372（B插头/孔）
6 左前照灯远光灯丝
7 插接器C372（C插头/孔）
6 插接器C373（B插头/孔）
7 右前照灯远光灯丝
8 插接器C373（C插头/孔）
9 插接器C102（5号插头/孔）
10 导线接头
11 搭铁点G103

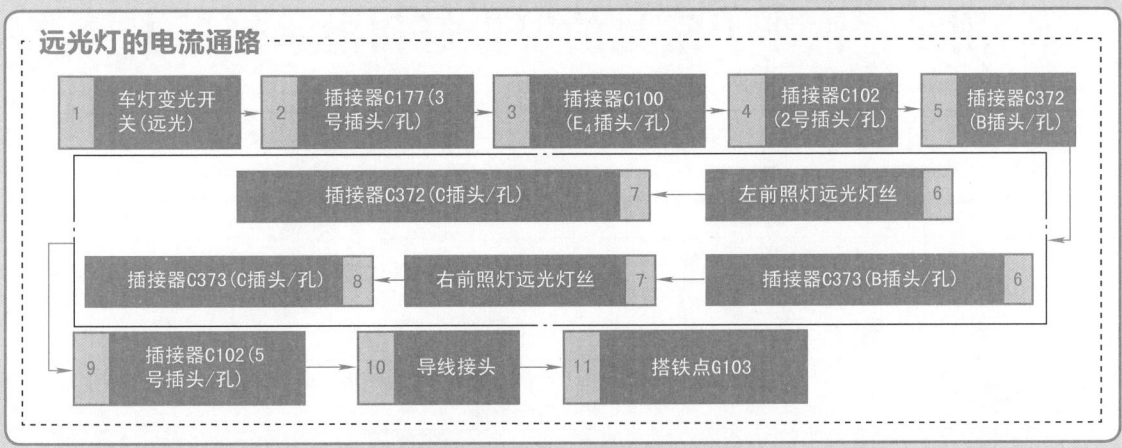

11.2.2 雾灯电路图的识读

雾灯电路参见 189 页和 190 页图，具体如下：

雾灯控制电路

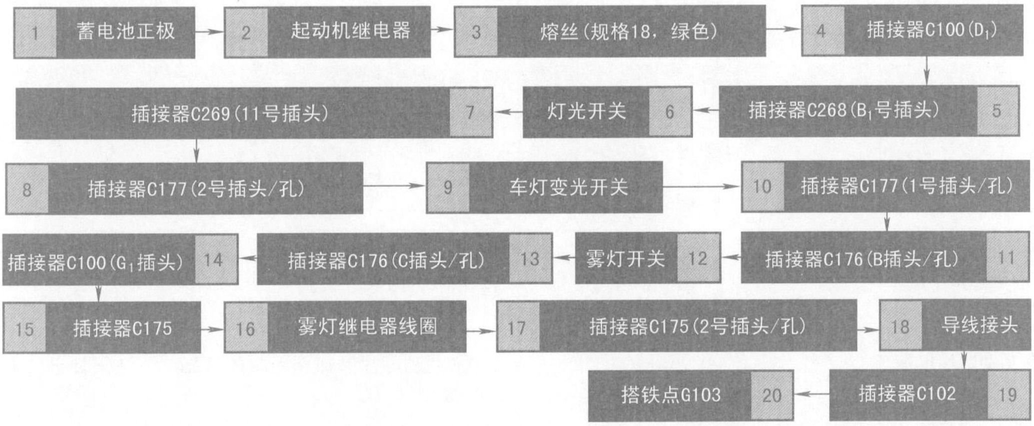

1 蓄电池正极
2 起动机继电器
3 熔丝（规格18，绿色）
4 插接器C100（D1）
5 插接器C268（B1号插头）
6 灯光开关
7 插接器C269（11号插头）
8 插接器C177（2号插头/孔）
9 车灯变光开关
10 插接器C177（1号插头/孔）
11 插接器C176（B插头/孔）
12 雾灯开关
13 插接器C176（C插头/孔）
14 插接器C100（G1插头）
15 插接器C175
16 雾灯继电器线圈
17 插接器C175（2号插头/孔）
18 导线接头
19 插接器C102
20 搭铁点G103

雾灯电流电路

1 蓄电池正极
2 起动机继电器
3 熔丝（规格18，绿色）
4 插接器C102（6号插头）
5 插接器C175
6 雾灯继电器触点
7 插接器C175（1号插头/孔）
8 插接器C370（B插头/孔）
9 左雾灯
10 插接器C370（A插头/孔）
8 插接器C371（B插头/孔）
9 右雾灯
10 插接器C371（A插头/孔）
11 插接器C102
12 搭铁点G103

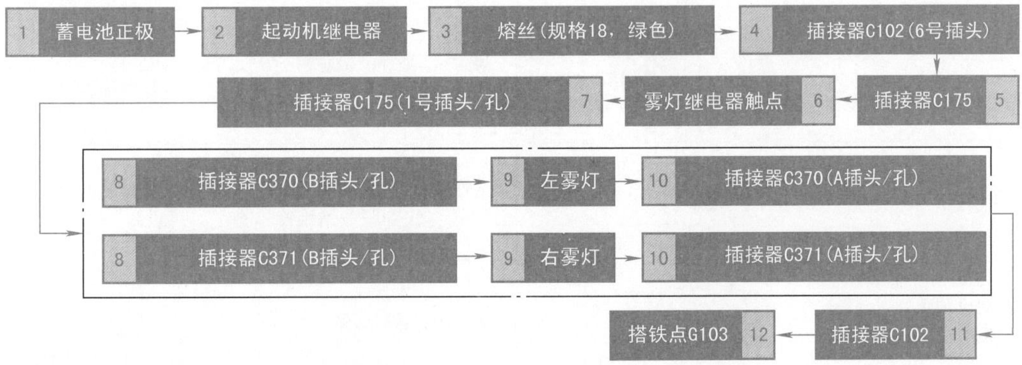

附录　汽车上常见的警告灯和指示灯标志

名　称	图　识	指示灯含义及处理方式
电源总开关	○	电源总开关打开时此灯亮。此灯亮为正常
停车指示	STOP	该指示灯亮时应立即停车将故障排除。应检查制动气压是否低于正常气压，发动机冷却液温度是否过高，发动机机油压力是否过低
机油压力警告灯		指示发动机机油压力过低。当机油压力低于规定值时，灯亮报警
倒车灯	R	当车辆倒车时该指示灯亮
气压表	(!)	当制动气压"Ⅰ""Ⅱ"低于正常制动气压时，此灯亮。此灯亮时应停车检查，排除故障
驻车制动指示灯	(P)	此指示灯亮时表示驻车制动器处于制动状态。若解除驻车制动后此灯亮，则在正常行驶的情况下请到服务站检查线束
倒档指示灯	R	挂倒档时此灯亮
空档指示灯	N	车辆处于空挡时此灯亮
前进档指示灯	D	挂前进档时此灯亮
左制动蹄片报警指示灯	(L)	左前制动蹄片磨损超限时此灯亮。该灯亮时应尽快到服务站维修检查
右制动蹄片报警指示灯	(R)	右前制动蹄片磨损超限时此灯亮。该灯亮时应尽快到服务站维修检查
ABS 工作指示灯	ABS	车辆起动后该指示灯常亮，表示 ABS 有故障。如果该灯亮，ABS 不工作，请尽快到服务站维修检查
ASR 指示灯	ASR	ASR 出现故障时该指示灯亮。如果该灯亮且 ASR 不工作，请尽快到服务站维修检查
发动机预热指示灯		发动机预热指示

附录　汽车上常见的警告灯和指示灯标志

（续）

名　　称	图　识	指示灯含义及处理方式
水位报警指示灯		发动机膨胀水箱冷却液位过低时此灯亮。此灯亮时应停车加入冷却液
冷却液温度过高指示灯		发动机冷却液温度过高时此灯亮。该灯亮时应停车检查维修，正常后方可行车
空气滤清器堵塞指示灯		该灯亮时说明空气滤清器堵塞。该灯亮时应停车检查维修
充电指示灯		该灯亮时说明发电机未发电。该灯亮时应停车检查维修
门1开启指示灯		前乘客门处于开启状态时，该指示灯亮。在行车中该灯亮时，应到服务站检查线束
门2开启指示灯		中乘客门处于开启状态时，该指示灯亮。在行车中该灯亮时，请到服务站检查线束
安全门开启指示灯		当安全门打开时，此指示灯点亮。若关闭安全门后该灯亮，应检查线束或接触开关
舱门指示灯		发动机舱门及侧舱门未关时此指示灯亮。若关闭舱门后该灯亮，应检查线束或接近开关
干燥器指示灯	AIR DRYER	当环境温度低于4℃时，空气干燥器的加热器会自动工作，指示灯亮。当周围温度在15~20℃时，空气干燥器加热器自动停止工作，指示灯熄灭
缓速器指示灯		缓速器工作时，该灯亮。若行车时在未使用缓速器的情况下该灯亮，则应停车检查排除故障
发动机指示灯（白色）		该灯点亮时，应对发动机进气、润滑系统进行保养。该灯亮时应尽快到服务站维修保养

（续）

名　　称	图　识	指示灯含义及处理方式
发动机指示灯（绿色）		该灯点亮时，表明发动机正在进行进气预热
发动机指示灯（红色）		当电喷发动机有严重故障时，此灯点亮。此灯亮时必须停车熄火，排除发动机故障后方可起动发动机
发动机指示灯（黄色）		电喷发动机有故障时，此指示灯亮。此灯亮时应停车检查，排除故障
气囊1指示	ECAS	ECAS系统有故障时，该灯点亮。但ECAS系统有些故障可能不会影响暂时短距离行车
气囊2指示	ECAS	ECAS系统有严重故障时，该灯点亮。此灯亮时，必须停车熄火，排除ECAS系统故障后方可行车
燃油积水指示	WIF	电喷发动机油水分离器中存水过多。此灯亮时需要放水保养
舱温报警指示灯		当发动机舱体温度超过设定温度时，该指示灯点亮。该灯亮时应停车检查，排除故障后方可行车

参 考 文 献

[1] 钱博森. 怎样看汽车电路图 [M]. 北京：电子工业出版社, 1998.

[2] 徐向阳. 汽车电器与电子控制技术 [M]. 北京：机械工业出版社, 2008.

[3] 姚国平, 等. 夏利/奥拓电气系统使用与维修 [M]. 北京：北京理工大学出版社, 1999.

[4] 姚国平, 等. 桑塔纳 2000/桑塔纳电气系统使用与维修 [M]. 北京：北京理工大学出版社, 2002.

[5] 李文桐. 富康电气系统使用与维修 [M]. 北京：北京理工大学出版社, 2000.

[6] 何文冲. 解放系列汽车电气原理及故障排除 [M]. 长春：吉林科学技术出版社, 1998.